suhrkamp

Mit dem ›Geist von Potsdam‹ verbindet sich preußisch-deutscher Militarismus, vor allem der 21. März 1933, der ›Tag von Potsdam‹, als Hindenburg und Hitler symbolisch das Bündnis zwischen dem nationalkonservativen und dem nationalsozialistischen Deutschland besiegelten. In diesem Buch – einer Melange aus essayistischen Betrachtungen, literarischen Texten und Erinnerungen – wird gezeigt, daß es im 20. Jahrhundert in Potsdam auch einen anderen, einen Weimar verwandten Geist gegeben hat, selbst wenn dieser marginal, isoliert und einzelgängerisch war. Der Autor versucht, diesen alternativen Geist in historisch konkreten Situationen zu orten und zu beschreiben, Menschen, Zeitgenossen in Konstellationen der Zeit um 1930, nach 1933 und nach 1945 zu entdecken, die in ihrem Denken und Handeln diesen anderen Geist bezeugen, und sie mit ihren Zeugnissen lebendig werden und zu Wort kommen zu lassen. Dies sind Personen aus alteingesessenen bürgerlichen und adligen Familien, aber auch Künstler und Wissenschaftler, für die Potsdam zum Refugium wurde. Dem Leser begegnen Musiker wie Wilhelm Kempff oder Wilhelm Furtwängler, Schriftsteller wie Reinhold Schneider, Hermann Kasack oder Peter Huchel, Maler wie Magnus Zeller oder Karl Hofer, Verleger wie Peter Suhrkamp oder Werner E. Stichnote, Kirchenmänner wie Otto Dibelius oder Albrecht Schönherr und nicht zuletzt die Verschwörer vom 20. Juli 1944.

Professor Dr. Günter Wirth, geboren 1929, Germanist, Kirchenhistoriker und Publizist (Veröffentlichungen u. a. über Heinrich Böll, Albrecht Goes, Hermann Kasack, Jochen Klepper, Reinhold Schneider), legt mit dieser Arbeit eine Untersuchung zur Zeit-, Geistes- und Kulturgeschichte einer deutschen Stadt mit besonderem historischen Schicksal im 20. Jahrhundert vor.

Günter Wirth
Der andere Geist
von Potsdam

Zur Kulturgeschichte einer Stadt
1918-1989

Suhrkamp

Herausgegeben mit freundlicher Unterstützung
des Brandenburgischen Literaturbüros
und der Landeshauptstadt Potsdam

Umschlagabbildung: Werner Mahler/Ostkreuz

suhrkamp taschenbuch 3134
Erstausgabe
Erste Auflage 2000
© Suhrkamp Verlag Frankfurt am Main 2000
Alle Rechte vorbehalten, insbesondere das der Übersetzung,
des öffentlichen Vortrags sowie der Übertragung
durch Rundfunk und Fernsehen, auch einzelner Teile.
Kein Teil des Werkes darf in irgendeiner Form
(durch Fotografie, Mikrofilm oder andere Verfahren)
ohne schriftliche Genehmigung des Verlages
reproduziert oder unter Verwendung elektronischer
Systeme verarbeitet, vervielfältigt oder verbreitet werden.
Satz: Hümmer GmbH, Waldbüttelbrunn
Druck: Nomos Verlagsgesellschaft, Baden-Baden
Umschlaggestaltung nach Entwürfen
von Willy Fleckhaus und Rolf Staudt
Printed in Germany

1 2 3 4 5 6 – 05 04 03 02 01 00

Inhalt

Präludium 7
Suche nach dem anderen Geist des Ortes 9
Von ›Weimar‹ nach ›Potsdam‹ – Der 21. März 1933 17
Der ›Tag von Potsdam‹ – Eine Dokumentation 33
Potsdam rechts liegengeblieben? Reinhold Schneider und
Die Hohenzollern 46
   Interludium Wilhelm Kempff – Hans Chemin-Petit 54
Weimar in Potsdam 58
   Interludium Siegward Sprotte 66
›Geistige Geselligkeit‹ – ›Grundrisse‹ und ›Gestalt‹
einiger Potsdamer Häuser 68
   Interludium Potsdamer Abiturienten 92
Nach dem ›Tag von Potsdam‹ – Refugien im Umfeld der
Kirche 95
   Interludium Wilhelm Furtwängler 112
Flucht, Tod und Rettung – Der ›Tag von Potsdam‹ und
seine Folgen 115
   Interludium Otto Becker 136
›Der preußische Traum‹ – Potsdam und der 20. Juli 1944 138
Demokratische Erneuerung und ihre Grenzen 163
Potsdam – Im Schnittpunkt zweier Systeme 184
   Interludium Potsdamer Protestanten der 50er Jahre 195
Potsdam und Hiroshima 198
   Interludium Potsdams pazifistische Tradition 207
Von Potsdam nach Moskau 211
   Interludium Potsdamer Kirchenmann und Bonner
   Diplomat: Die Brüder Lahr 221
Wie die Preußen kamen – Ein Nachspiel 224
Potsdam – Europa als Lebensform 246

Literaturverzeichnis und Rechte-Vermerk 249
Personenregister 259
Nachbemerkung 270

Präludium

Als im Herbst 1945 der erste Parteitag der märkischen Sozialdemokratie nach dem Krieg stattfand, sagte der Chefredakteur des SPD-Zentralorgans ›Das Volk‹, Otto Meier, der 1949 Landtagspräsident werden sollte: »Der erste Bezirksparteitag Brandenburg unserer Partei findet auf historischem Boden statt. Hier weht der heiße Atem der Geschichte. Denn der ›Geist von Potsdam‹ ist zum Verhängnis Deutschlands geworden! [...] Er wurde zum Ursprung einer Entwicklung, die hier vor wenigen Wochen auf der Konferenz der leitenden Staatsmänner der Alliierten militärisch, politisch und – in der Wahl des Tagungsortes! – auch symbolisch durch die geschichtlichen Potsdamer Beschlüsse liquidiert wurde [...]« In diesem Text ist ziemlich genau umrissen, was nach 1945 – aber nicht erst dann – als ›Geist von Potsdam‹ angesehen wurde. Auf der einen Seite wurde eine solche Auffassung über einen agitatorischen Leisten gezogen, und mit solchem (Vor-)Urteil wurde letztlich alles exekutiert, was nicht ins Klischee des Progressiven paßte. Andererseits war nicht zu verkennen, daß auch in alles andere denn agitatorischen Texten, in Texten von literarischer Qualität, ›Potsdam‹ in solchem ›Geiste‹ wie selbstverständlich auftauchen konnte – sogar bei Gelegenheiten, wo man dies so gar nicht erwarten mochte: Man liest wieder einmal Johannes Bobrowskis *Levins Mühle*, plötzlich entdeckt man, was man drei-, viermal überlesen hatte, im siebten Kapitel, am Ende des zwölften Satzes über den Großvater, es sei alles – nämlich die Intrige gegen den Juden Levin vor fast 125 Jahren in Westpreußen – »gegangen, einfach, klar, als hätte der bekannte Geist von Potsdam persönlich darüber gewacht [...]« Wie selbstverständlich war der ›Geist von Potsdam‹, so selbstverständlich, daß Weltbürger wie George Bernard Shaw schon vor mehr als siebzig Jahren den Deutschen diesen Geist abgewöhnen wollten und daß Bertolt Brecht vor 50 Jahren, nach der Rückkehr aus der Emigration, notierte: »Berlin, eine Radierung Churchills / nach einer Idee von Hitler. / Berlin, der Schutthaufen bei Potsdam.«

Freilich wäre es unangemessen, wenn man andere Stimmen überhörte. Mußte es überraschen oder war es charakteristisch, daß

1928 der damalige Potsdamer Rabbiner Hermann Schreiber gegenüber Teilnehmern der Jüdisch-liberalen Weltkonferenz bei deren Besuch in der Havelstadt erklärte: »Der Potsdamer Geist, wie ihn die Potsdamer Juden erlebten, ist der Geist von Einfachheit und Strenge, Ordnung und Gesetzmäßigkeit, von Arbeit und Fleiß, Freude am Guten und Schönen.« Wahrscheinlich hatte der Potsdamer Rabbiner ›seinen‹ Fontane gelesen – Fontane, der immer zwischen dem Borussischen und dem Preußischen unterschied, so auch in einem Brief an den jüdischen Literaturkritiker Leo Berg: »Auch über den Borussismus, trotzdem ich auf Preußen und Mark Brandenburg eingeschworen bin, denke ich ähnlich wie Sie. Vieles in diesem ewigen Drill [...] ist mir ein Greul, aber andrerseits (und darin weiche ich total von Ihnen ab) ist doch das vom Borussismus sich stark unterscheidende wahre Preußentum recht eigentlich das, was der deutschen Literatur seit hundert Jahren den geschichtlichen und dichterischen Stoff und zugleich auch die Dichter gegeben hat [...]«

Aber auch in Potsdam selbst konnte man nach 1945 andere Texte als die von Otto Meier lesen. Am 4. Mai 1948 stand in der ›Märkischen Union‹, der gerade erst begründeten CDU-Zeitung: »›Wenn ein Dichter spricht, gibt er einen Teil seiner selbst‹, sagte Prof. Liebknecht in seinem Dankeswort an Hermann Kasack, der, vor der Babelsberger Kulturgemeinde aus seinen Werken vortragend, tiefe Ergriffenheit auslöste. Schon einige Gedichte [...] waren ein Schlüssel zum Verständnis seiner visionären Schau um das uralte Problem von Werden, Sein und Vergehen, der *Stadt hinter dem Strom*. In Potsdam [ab] 1942 geschrieben (Beweis, daß es noch einen anderen Geist von Potsdam als den unrühmlich bekannten gab), ließen Teile dieser Vision des Kommenden [...] [ein] Manifest der Menschlichkeit in unausweichlicher Konsequenz erkennen [...]«

Gehen wir also auf die Suche nach dem Geist des Ortes, danach, ob es mehr von diesem anderen Geist von Potsdam gibt.

Suche nach dem anderen Geist des Ortes

Auf der Suche nach dem Geist des Ortes – das war das Leitmotiv, das Motto, unter das sich Potsdam 1993 anläßlich der Tausendjahrfeier der Stadt gestellt hatte. Wo aber entdeckt man den Geist des Ortes, noch dazu in einer Stadt, deren Geist sprichwörtlich und zum Gegenstand von Lexikonartikeln geworden ist, wenn nicht unter ihren jeweiligen Bürgern?

Sieht man sich heute in der Rückschau auf 1993 die Essays und Reportagen durch, die der Havelstadt zu ihrem Jubiläum gewidmet waren, fällt eine Färbung auf, die wir zumal aus den Frühzeiten der alten DDR gut kennen, die Schwärmerei für die Schönheit des Parks von Sanssouci sowie andere unzerstört gebliebene Stätten und die Exekution des (Vor)Urteils über das Preußische, über den ›Geist von Potsdam‹, diesmal allerdings aus karolingischer Perspektive. Gewiß, man braucht über jene historischen Tatsachen aus Preußen-Deutschland nicht zu streiten, die Theodor Fontane mit dem Blick auf den Haupt-Ort des ›Geistes von Potsdam‹, auf die Garnisonkirche, schlüssig so auf die Pointe gebracht hat: »[...] und am Horizonte stand in scharfen Linien steif, grenadierhaft die Garnisonkirche von Potsdam: das Symbol des Jüngstgeborenen im alten Europa, des Militärstaates Preußen [...]«

Immer wird man also bei der Suche nach dem Geist des Ortes auf die Lasten der Geschichte stoßen, die mit ihm zu tun haben. Erst recht wird dies unstrittig, wenn man an die Haupt-Last dieser Geschichte denkt, die in den Annalen wie in Autobiographien wie in wissenschaftlichen Monographien stets gegenwärtig ist, also an den 21. März 1933, den ›Tag von Potsdam‹.

Daher auch schien es eine geschichtliche ›Gesetzmäßigkeit‹ gewesen zu sein, daß sich die Triumphatoren über den ›Geist von Potsdam‹ in dessen realer und politischer und ideologischer Gestalt, also die ›Großen Drei‹, im Sommer 1945 hier trafen, daß sie hier festlegten, was mit Deutschland, was dann überhaupt mit der One World geschehen solle. Potsdam ist so auch in den Lexikonartikeln durchgängig mit dem Hinweis auf das Potsdamer Abkommen von Anfang August 1945 vertreten. Der Hinweis aber fehlt in solchen Lexikonartikeln, und er muß wohl dort fehlen, wo nur simpel festzumachende Tatsachen stehen, daß diese Potsdamer Konferenz von 1945 irgend etwas mit Hiroshima und Nagasaki zu tun gehabt hat.

Angesichts der Potsdamer Vergangenheit, der Last seiner Traditionen militaristischer Natur, hat es zweifellos immer genügend Potsdamer in der Welt des Militärs und der Bürokratie, in Adel, Bürgertum und altpreußischem Protestantismus gegeben, die solchem ›Geist‹ anhingen; sie bestätigten damit die ›Warnung vor Preußen‹, die – heute etwa Christian Graf von Krockow – auch solche aussprechen, die sich recht eigentlich zum Preußischen hingezogen fühlen, zu einem ›anderen Preußen‹.

Nach dem Zweiten Weltkrieg schien es, unabhängig vom diplomatischen Kalkül der Siegermächte, klar zu sein: »Die Würfel sind gefallen und sie haben gegen den imperialen Anspruch der ›Idee von Potsdam‹ entschieden [...]« Dieser Satz steht in einem »Berlin-Wilmersdorf, 15. 11. 45« datierten und Anfang 1946 gedruckten Vorwort zu einer der ersten, wenn nicht überhaupt der ersten geschichtsphilosophischen Studie, die nach dem Zweiten Weltkrieg in einem deutschen Verlag veröffentlicht wurde: Ernst Niekischs Schrift *Deutsche Daseinsverfehlung*.

Noch nicht einmal fünf Jahre später hielt ein Freund Ernst Niekischs, der deutsch-jüdische Historiker Hans-Joachim Schoeps, der in historiographischen Arbeiten das ›andere Preußen‹ historisch-konkret in der Mitte des 19. Jahrhunderts, also im vorbismarckschen, entdeckt hatte, einen Vortrag, in dem es ihm um die ›Wahrheit über Preußen‹ ging:

»Sie wissen alle, der einstige Staat Preußen erfreut sich keines guten Angedenkens. Für eine sehr breite Öffentlichkeit ist der Begriff Preußen mit Säbelraßlern, Kadavergehorsam und Kaserne als Lebensform gleichbedeutend und somit zum Symbol eines zu verabscheuenden Ungeistes geworden. Ich glaube, daß ein solches Preußen mit vollem Recht die Verachtung treffen würde, aber dieses von der Propaganda geschaffene Schablonenbild sich zum wirklichen Preußen so verhält, wie eine Karikatur zum Original.

Es ist auch oft gesagt worden, Preußen sei der ideale Boden für die Bewegung Adolf Hitlers gewesen. Das ist eine geschichtliche Fälschung. Das Lebensgesetz Preußens gehörte einer ganz anderen Welt an als es die war, in der die braunen Bataillone ihren Marsch ins Nichts angetreten haben. Preußens Farben waren schwarz und weiß: die braune Mischfarbe war allen preußischen

Instinkten zuwider [...] Das Preußen, das wir durch Erziehung und Geschichte kennenlernten und dem zu dienen als Offizier, Beamter und schlichter Zivilist eine Auszeichnung bedeutete, ist ein Rechtsstaat gewesen. Der Beamte, wie er von diesem Staat gemeint war und den es Jahrhunderte hindurch tatsächlich auch gegeben hat, biß sich eher den kleinen Finger ab, als daß er eine Unterschlagung begangen hätte. Preußen war uns gleichbedeutend mit sauber, anständig, gerecht und pflichtgetreu; travailler pour le Roi de Prusse nannten die Franzosen es, wenn sie ausdrükken wollten, daß einer eine Sache um ihrer selbst willen tat. Ich glaube nicht, daß unser neuer deutscher Bundesstaat ohne dieses Erbe, das aus dem echten preußischen Ethos stammt, würde existieren können [...]«

Wir sehen, die Suche nach dem Geist des Orts bewegt sich zwischen Scylla und Charybdis, und wir könnten statt Niekisch, dem von Hitler ins Zuchthaus Verbannten, und statt Schoeps, den in die schwedische Emigration Getriebenen, andere Autoren zitieren, und wir wären neuerlich bei Scylla und Charybdis. In Potsdam selbst, um dies doch aus eigenem Erleben von vornherein hinzuzufügen, erscheint der altböse Geist, erscheint der Gegensatz von Anklage und Apologetik ohnehin gemildert durch das, was ein guter Beobachter einmal – es war Wolf Jobst Siedler – ›Potsdam als Gesamtkunstwerk‹ genannt hat, also die in ihrer großen Zeit gegliederte Stadt mit Sanssouci und Stadtschloß, Neuem Palais und Neuem Garten, mit Garnisonkirche und Schinkels Nikolaikirche, mit holländischem Viertel und russischer Kolonie. Nimmt man noch die Hugenotten mit ihrer kleinen Kirche hinzu, wird die authentische europäische Dimension der Stadt seit Jahrhunderten unübersehbar. Gesamtkunstwerk ist die Stadt trotz allem, trotz der Bombennacht des 14./15. April 1945 und fortgesetzter Zerstörung nach 1945, geblieben – als ›Fragment‹ ...

›Geist von Potsdam‹ und ›Potsdam als Gesamtkunstwerk‹, ›Kaserne und Arkadien‹, Garde du Corps und die den römischen Kirchen St. Clemente und Sta. Maria in Cosmedin verpflichtete Friedenskirche – für viele schien dies ein unabgegoltener Widerspruch gewesen zu sein. Es hat jedoch immer wieder Potsdamer gegeben – ›Ur-Potsdamer‹ und freiwillig Zugewanderte, hier Geborene, dann Weggegangene, hierher unfreiwillig Verschlagene, Pensionäre und ›Wochenendler‹ (die es dann aber nicht blieben) –, in denen dieser Widerspruch produktiv geworden ist.

Sie suchten contre cœur des ›Geistes von Potsdam‹ einen anderen, fanden ihn und artikulierten ihn, öffentlich oder halböffentlich, womöglich so, daß man bei literarischen ›Spaziergängen‹ um Sanssouci hierauf stoßen mußte oder jedenfalls stoßen konnte. Sicherlich, ›Im Rosengarten von Sanssouci‹ konnte man auch das finden, was Ende der sechziger Jahre in einem in der DDR erschienenen Buch mit diesem Titel von Friedrich Schlotterbeck ausgebreitet worden ist: »[...] der Titel ›Im Rosengarten von Sanssouci‹ ist bittere Ironie, weil die Geschichte einer Stadt mit Tränen geschrieben wurde, von denen Könige und Generäle [...] nichts wissen wollten [...]«, zumal in der Zeit, »da Friedrich II. und seine Nachfolger hier blutige Geschichte machten [...]«. Es sollte freilich nicht mehr lange dauern, da wurde ein solches Geschichtsbild in einem anderen literarischen Werk, in Claus Hammels *Die Preußen kommen*, zurückgenommen, dem satirischen Plädoyer für die preußischen Tugenden. Als ›der andere Geist von Potsdam‹ gleichsam trat Friedrich auf die Bühne, ›reintegriert‹ in die Geschichte des Landes und der Stadt.

Hinsichtlich solcher Suche nach dem anderen Geist des Orts wird man zweifellos mit Recht einwenden können: Ja sicher, ganz schön und gut. Möglicherweise hat es in Potsdam immer einmal wieder einzelne gegeben, die einem solchen Geist verpflichtet waren. Der Geist aber, den wir in den Lexika, in den Annalen der Geschichte festgemacht finden, der sofort abrufbare und nachvollziehbare, war ein Herrschaftsinstrument, in Reglements und Verordnungen, in Reden von programmatischer Art und in Predigten mit kirchenamtlicher Autorität, in literarischen und philosophischen Texten, in Leitartikeln, später auch in Radio und Film propagiert und kodifiziert. Dieser ›Geist‹ war ein Normativ, der ›andere‹ Geist indes war marginal, isoliert, einzelgängerisch – ja, einer, der solch anderen Geist, siebzehn Jahre in Potsdam lebend, repräsentierte, nannte sich selbst ›Einsiedler‹, der Philosoph Constantin Brunner.

Gewiß, ein wichtiger Einwand, der zu bedenken ist. Wie aber der lexikalisch faßbare ›Geist von Potsdam‹ in historisch konkreten Situationen seine Gestaltungen, seine Figurationen erhalten hat, im ›Sparta‹-Potsdam Friedrich Wilhelms I., dem Voltaire unter Friedrich II. ›athenische‹ Züge beibringen wollte, im imperialen Gestus Wilhelms II. im Neuen Palais, mit dem er die Libertät Friedrichs III., der das ländliche Bornstedt so liebte, zurücknahm, und mit Goebbels' Inszenierung des 21. März 1933, so wird auch der andere Geist von Potsdam, wenn es ihn gegeben hat, in historisch konkreten Situationen zu orten und dort zu beschreiben sein.

Übrigens wird man dies (die Produktivität der Widersprüche) zuerst zu tun haben im Rückgriff auf das, was an ›Anderem‹ im alten ›Potsdamer Geist‹ schon immer da war; es werden ja auch die heutigen ›Warner vor Preußen‹ sofort an das Potsdamer Toleranzedikt von 1685 erinnern und daran, was davon am Potsdamer ›Urgestein‹ des Soldatenkönigs in seinem Verhältnis zu den böhmischen Asylanten zu entdecken war. Selbst der Verfasser des *Rosengarten von Sanssouci* muß zu seinem eigenen Erstaunen registrieren, was die Garnisonkirche zu Zeiten des Soldatenkönigs für die Wenden bedeutete: »Während im ganzen Königreich Preußen die Wenden nur durch besondere Eingänge die Kirche betreten und auf besonderen Empore-Bänken dabeisein durften, saßen sie hier im Kirchenschiff unter der Kanzel!«

Vor allem aber wird man darauf achten müssen, was denn unter der Oberfläche eines solchen Ortes und seines angeblich irreversiblen Geistes an Strömungen und Unterströmungen vorhanden war, die ihn in Frage stellten, sogar dementierten. Die zusätzliche Frage wäre, ob es womöglich (gleich der Havel und ihren Verzweigungen und Erweiterungen) zum Zusammenfließen solcher Strömungen und Unterströmungen hat kommen können, eben in bestimmten konkreten Situationen – oder sagen wir mit Dieter Henrich, dem Münchner Philosophen: Konstellationen ...

Dieter Henrich hat solche Konstellationen in Tübingen und in Jena in den letzten Dekaden des 18. Jahrhunderts festgemacht, in Jena 1794/95 jüngst Theodore Ziolkowski. Nehmen wir diesen Begriff für Potsdam auf, dann hier allerdings nicht für das 18. und 19. Jahrhundert, also nicht für Friedrich II., Voltaire und Bach, nicht für Schleiermacher und Kleist, Helmholtz und Humboldt, Storm und Fontane – hier vertrauen wir uns dem kulturhistorischen Porträtisten der Stadt, Hans-Joachim Giersberg, an. Auf der Suche nach dem Geist des Ortes, nach dem anderen Geist von Potsdam, geht es uns um das 20. Jahrhundert, noch genauer: um die Zäsuren von 1933 und 1945, die ohne Rückgriff auf die von 1918 allerdings unverständlich bleiben, und es wird immer wieder auf jenen ›Tag von Potsdam‹ zurückzukommen sein.

Wenn denn unser Experiment gewagt werden soll, dann wird

man die ›Einsiedler‹, die Einzelgänger, nicht ignorieren. Es wird aber vor allem solchen Vorgängen nachzugehen sein, die den Charakter jener Konstellationen haben, und es könnte sich zeigen, daß diese durchaus vordergründig festzumachen sind, sogar in Kasernen. Im allgemeinen wird es freilich des Aufspürens von Strömungen und Unterströmungen im Geistigen bedürfen – und dies in einem sozialen Umfeld, das von den geschichtlichen Traditionen der Stadt geprägt ist, also von Adel und Militär, von beamtetem Bürgertum und Bildungsbürgertum, von altpreußisch-protestantischer Gläubigkeit und Gesinnung, von katholischen und jüdischen Intellektuellen. Solches Umfeld selbst wird in einer Topographie von Häusern und Salons, von Predigtstätten und Arbeitszimmern, aber eben auch von Casinos und Kasernen – und vom genauen Gegenpol: Treffpunkten in Kellerräumen des Untergrunds im Winter 1944/45 – zu bestimmen sein.

Dies aber bedeutet, daß es uns darauf ankommen wird, in Konstellationen der Zeit um 1930, nach 1933 und nach 1945 Menschen, Zeitgenossen in Potsdam zu entdecken, die in ihrem Denken und Handeln, in ihrer Haltung, in ihrem (preußischen) Lebensstil, in ihrer Lebensform (›Potsdam als Lebensform‹ im Sinne von Thomas Mann: ›Lübeck als Lebensform‹) diesen anderen Geist der Stadt bezeugen. Und das bedeutet weiter, daß man viele solcher Menschen, Zeitgenossen mit ihren Zeugnissen, mit ihrer ›Philosophie‹ lebendig macht, jedenfalls zu Wort kommen läßt. Es wird also Zeit-, Geistes-, Kultur-, Kirchen-, Militärgeschichte zu traktieren sein, aber nicht systematisch und mit akademischem Anspruch, auch nicht essayistisch mit dem ›Antippen‹ von Namen und Vorgängen zum höheren Ruhm des Autors, sondern narrativ, vor allem aber durch Ausbreitung dessen, was uns von diesen Menschen, Zeitgenossen, von diesen Potsdamern literarisch manifest hinterlassen worden ist, in welcher Gestalt auch immer, in erzählerischen Werken oder Briefen, in Aufsätzen, vor allem in Autobiographien und in Berichten. Ein wenig könnte auf solche Weise dieses Buch auch ein Lesebuch sein, eines, das zum Lesen manch anderen anregt.

Im Grunde könnte man das, was im folgenden entsteht, ein Fugenwerk nennen, ein Fugenwerk der Geschichte. Es wird ein Thema angeschlagen, der ›Tag von Potsdam‹, der 21. März 1933; seine Folgen werden in immer neuen Konstellationen zu entdecken sein, auch im Rückgriff auf die Zeit vor 1933, und es wird in

Engführung und Umkehrung gezeigt werden, wie viele Stimmen der geistigen und politischen Entscheidungen (samt ihrer philosophischen und weltanschaulichen Dimensionen) die Kontrapunktik des anderen Geistes dieser Stadt zu bestimmen vermögen. Freilich ist dieses Fugenwerk nicht so angelegt, daß in ihm alle Züge des gesellschaftlichen Lebens der Havelstadt in je den observierten Zeiträumen zum Tragen kommen. So sind etwa die wirtschaftlichen und sozialen Faktoren, die in eine sozialhistorische Sicht münden würden, im allgemeinen zugunsten jener zurückgetreten, die zwischen 1949 und 1989 im Potsdamer Milieu bei der Definition des Geistes dieser Stadt weitgehend ausgeblendet waren. Die womöglich allzu einseitige kulturhistorische und geistesgeschichtliche Tönung solchen Fugenwerks könnte daher durchaus als Löschung so manchen falschen Tons in den vierzig Jahren aufgenommen werden.

Dieses Fugenwerk könnte verstanden werden im Sinne jener ›Ästhetik‹ einer politisch-geistigen Haltung, ›des Widerstands‹, die ein im heutigen Potsdam-Babelsberg geborener Schriftsteller (im Kontext der weltanschaulichen Dimensionen und internationaler Verflechtungen) beschrieben hat: Peter Weiss. In unserem Falle wäre es eine ›Ästhetik der Alternative‹ zur jeweils herrschenden Macht, die entweder den traditionellen ›Geist von Potsdam‹ mißbraucht oder diesen Geist erst verteufelt und dann letztlich doch zu nutzen sucht.

Eine letzte Vorbemerkung zu ›Potsdam als Lebensform‹ sei erlaubt. Potsdam hat immer im Schatten Berlins gestanden, Potsdam mit seinen ›Urorten‹ und kleinen Nachbarorten, die sich irgendwie symbiotisch zu Potsdam verhalten. Wir sind hierbei nicht so penibel vorgegangen und haben nicht gefragt, ob einer der zu erwähnenden ›Urorte‹ schon oder noch nicht eingemeindet war, als wir von ihm zu reden hatten. Tatsächlich hat es stets eine Art Zwangsvorstellung der ›Ur-Potsdamer‹ und das analoge Mißverständnis von (auch gutwilligen) Besuchern oder Beobachtern gegeben: Potsdam als Wochenend- oder Schlafort der Berliner bzw. der in Berlin Tätigen. Heute könnte dies zu der Auffassung führen, der Rolf Schneider in seinem Potsdam-Essay von 1994 Ausdruck verliehen hat: Seit 1989 sei der »lästige Riesenkonkurrent« Berlin wieder da, und es gehöre nicht viel Weisheit zu der Vorhersage, daß Berlin Potsdam demnächst zur Gänze verschlinge. Man möge, so Schneider, diesen Vorgang bedauern, aber er sei unaufhaltsam. Die Tausendjahrfeier sei das letzte ›automatische Aufbäumen‹ gewesen. Und was war dann die Entscheidung von 1996 gegen die Fusion von Berlin und Brandenburg? Es gab immer und gibt heute vor allem die gegenteilige Auffassung, Potsdam verkläre den Deutschen überhaupt erst Berlin.

Wieder zwischen Scylla und Charybdis, wird Potsdam seinen eigenen Platz finden, einen authentischen, Identität stiftenden, nicht allein in der Absage an den alten ›Geist des Orts‹, sondern in der Kultivierung des anderen Geistes. So geht – jenseits von Untergangsprophetien und jenseits von Schlagzeilen, die diese Stadt wie andere alte Städte in den neuen Bundesländern angesichts schwieriger denkmalpflegerischer, städtebaulicher und eigentumsrechtlicher Probleme macht – die Suche nach dem Geist des Orts jetzt erst recht weiter, in der Bekräftigung von ›Potsdam als Lebensform‹.

Von ›Weimar‹ nach ›Potsdam‹

Der 21. März 1933

1933 veröffentlichte Karl Heidkamp, ein in Potsdam angesehener Buch- und Kunsthändler, im Verlag Alfred Protte einen großen Essay: *Symbol und Allegorie: Potsdam*. Dem Buch war ein Vorwort Eugen Diesels beigegeben, der damals in Bornstedt bei Potsdam wohnte und in dessen Haus (einem ehemaligen Gutshaus) sich Literaten und Kunstfreunde trafen; man weiß von der Freundschaft des nach Preußen verschlagenen Bayern mit Ludwig Justi, dem bedeutenden Kunstkritiker und Direktor der Berliner Nationalgalerie, der sein Domizil in der Orangerie im Park von Sanssouci hatte, mit Willy Kurth, dem Verfasser zahlreicher Studien zur zeitgenössischen Kunst, der nach 1945 erster Direktor der Schlösser und Gärten von Sanssouci werden sollte, und mit Paul Fechter, dem Feuilletonredakteur der ›Deutschen Allgemeinen Zeitung‹; Justi, Verfechter der ›entarteten Kunst‹, war gerade entlassen worden.

Das Vorwort Diesels in Form eines Briefs an Karl Heidkamp handelte vom Geist von Potsdam, aber es war eine für 1933 unzeitgemäße Bestimmung dieses Geistes, wenn Diesel – in Übereinstimmung mit dem Verfasser – schrieb: »Wir erkennen [...] deutlich, daß Potsdam nicht etwa ein absoluter Ausdruck des militärischen Preußengeistes ist [...]; vielmehr leuchtet Potsdamer Wesen in sehr vielen Farben, zeigt sich in den mannigfaltigsten Perspektiven, weist die verschiedensten Schichtungen und Lebenszustände auf [...]« Und weiter: »Potsdam ist ein deutscher Mittelpunkt, insofern es Preußens Mittelpunkt war, und doch ist es wiederum weniger und mehr als ein Mittelpunkt. Es ist lebendig durch seine Geschichte, aber es ist nicht nur historisch, sondern es ist immer noch aus sich selbst heraus lebendig. Von Berlin ist es keinesfalls erdrückt worden, vielmehr muß man sich fragen, was Berlin ohne Potsdam wäre. Potsdam verklärt dem Deutschen Berlin, das Vielen als Hauptstadt des Reiches immer noch keine reine Freude bereitet. Potsdam ist nicht intellektuell, hingegen ist es künstlerisch und geistig auf Grund der Echtheit seines gesamten Wesens. Man stellt oft Potsdam Weimar gegenüber, aber die primitive Gegenüberstellung dieser beiden Welten als einer militaristisch-spartanischen und einer geistig-kulturellen ist ganz unzulänglich; denn vieles Geistige, Philosophische und Künstlerische Gesamteuropas ist durch Potsdam hindurchgegangen, wobei seine weltgeschichtliche Bedeutung ihm allerdings einen kräftigen Charakter verleiht. Die lebendige Kraft Potsdams wird durch ein kleines Gedankenexperiment sehr deutlich. Man stelle sich Potsdam nicht nur im Vergleich zu Weimar vor, sondern im Vergleich zu München, Wien, Würzburg, Dresden, Köln und vielen anderen unserer herrlichen von Geist, Geschichte, Künstlertum erfüllten Städte. [...] Potsdam ist sowohl ein Phänomen der Landschaft wie ein solches der Geschichte, der Stadtbaukunst, der Mark Brandenburg, die wieder etwas anderes bedeutet als Preußen. Es ist auch an irgend einer Ecke ein berlinisches Phänomen, es ist adlig und bürgerlich. Es ist Gesamtdeutschland und Norddeutschland, eine kleine Huldigung an mehrere europäische Nationen, kurz ein kleiner Kosmos, der einen immer wieder durch den Reichtum seines Inhalts begeistert. Es ist nicht nur durch einen Fürsten bedingt wie Versailles, es ist eine Folge verschiedener großer durch Monarchen und Künstler bedingten Epochen, die aber nicht kraus ineinander verschachtelt sind, sondern klar und preußisch in dem lichten und vielseitigen Stadtbild ineinander und miteinander aufgehen und sich doch deutlich voneinander scheiden. Das haben Sie ja so treffend geschildert.«

Wie wir sehen, hatte sich Diesel in seinem Geleitwort geweigert, ›Potsdam‹ gegen ›Weimar‹ zu stellen – und umgekehrt, und wenn der Verfasser des Potsdam-Buchs zu den mehr militärischen Symbolen des Soldatenkönigs, wie sie die Stadt unverkennbar prägen, die die Havelstadt in gleicher Weise auszeichnenden künstlerischen Allegorien des großen Friedrich stellte, dann war dies für beide, für Diesel und Heidkamp, die »Begegnung des französisch und klassisch geschulten Sohnes mit dem Preußisch Potsdamischen Geist des Vaters«. Dieses Potsdam in solcher Spannung »wurde Teil [des] Traumes von Deutschland«, der im 19. Jahrhundert durch Deutschland gegangen sei, wobei Heidkamp immer von neuem Goethe, also den ›Geist von Weimar‹, beschwört.

Heidkamp war der Gegensatz zwischen Potsdam und Weimar nicht neu. Auch schon vor 1933 war er ihm als eingesessenem Potsdamer begegnet, und es war gerade fünf Jahre her, daß er (1928) in seiner Verlagsbuchhandlung einen Vortrag herausgegeben hatte, der am 11. August 1928, zum Tag der Weimarer Verfassung, in Potsdam gehalten worden war und den ebenso schlichten wie provozierenden Titel trug: *Potsdam und Weimar*. Der Festredner am Verfassungstag war der Potsdamer Regierungs-Vizepräsident, der 1880 geborene Dr. Karl Leopold Mayer, gewesen. Mayer hatte eine bemerkenswerte Karriere als Verwaltungsjurist absolviert, er hatte aber auch als Schriftsteller mit einer Anthologie *Bismarck in der Dichtung*, mit Potsdamer Miniaturen von sich reden gemacht. Er war, was für einen Potsdamer hohen Beamten nicht ungewöhnlich war, konservativ, aber ein konservativer hoher Beamter eigener Art: Er war Jude, und so wurde er im März 1933 entlassen und im November 1938 in Haft genommen – 1939 gelang ihm, spät genug, die Emigration nach Lateinamerika. »Wir feiern«, so sagte Mayer 1928, »den 11. August 1919 nicht, weil äußere Gründe und Anordnungen uns dazu nötigen. Wir feiern diesen Tag, weil uns die Verfassung Symbol ist für die Rettung und den Wiederaufstieg des Reichs nach den Erschütterungen des Krieges, weil sie uns die magna charta neuer deutscher Einheit bedeutet [...]« Und der Geist von Potsdam? »Der Geist von Potsdam ist abgewendet bequemer augenfälliger Lust, doch strebt er nie ins Grenzenlose [...] – er ist ein nüchterner Geist [...]« Mayers Fazit: »Beide ergänzen sich [...]« Hier die entscheidenden Redepassagen: »Die Reichsverfassung ist in Weimar geschaffen worden, und es wird immer betont, in welchem Maße der Geist von Weimar sie trage und erfülle. Oft hat man dem Geist von Weimar den Geist von Potsdam entgegengehalten – aber es muß mit allem Nachdruck gesagt werden, daß auch er das Verfassungswerk maßgebend mitbestimmt hat. Beide gegeneinander auszuspielen ist um so weniger angebracht, als man sich in der Regel nicht klarmacht, was sie bedeuten. Darum mag der Versuch lohnen, dem Geist von Potsdam und dem Geist von Weimar einige flüchtige Umrisse zu geben. [...]

Der Geist von Potsdam [...] liebt mit schmerzlicher Liebe das holde Formenspiel seiner Umwelt, aber es ist im Grunde nicht seine Form, er braucht überhaupt keine Gestalt – Gesetz genügt ihm, Dienstanweisung, Gebot des Gebietenden. Darin liegt unzweifelhaft sittliche Größe. Es ist nicht nötig, daß ich lebe, daß wir leben, daß die Stadt lebt, daß der König lebt – es ist nur nötig, daß der Staat lebt! Ein gewisser Trotz, ein Dennoch atmet aus dieser Gesinnung: je lockender die Schönheit der äußeren Welt sich darbietet, je notwendiger ist Selbstzucht, schlichte Einfachheit, innere

Gradheit, Treue. Je wichtiger ist es, seine Pflicht zu tun. Seine streng begrenzte Pflicht um des Staates willen bis zum Äußersten zu erfüllen: das ist das Höchste. Der Staat als Ideal, als sittliche Forderung, das ist das oberste Gesetz des preußischen Geistes, das ist der wahre Geist Potsdams, ein Geist, der noch lebendig ist und uns auch aus dem Werk von Weimar, das wir heute feiern, mahnend wie ein pochendes Herz entgegenschlägt. [...] Es greift der Geist von Weimar hinüber zum Geist von Potsdam. Beide ergänzen sich, beide geben einander Sinn und Leben. Das deutsche Volk ist durch Blut und Tränen gegangen, durch Zeiten der Erniedrigung und der Not, an sich und allem verzweifelnd – doch die geistigen Werte, die uns Potsdam und Weimar bedeuten, sind nicht verloren worden. Diese Werte sind uns vielleicht jetzt, da sie von der Aura der Vergangenheit umstrahlt werden, in ihrer ganzen Bedeutung aufgegangen. [...]«

Doch zurück zum ›21. März‹, zum ›Tag von Potsdam‹, zur Heraufbeschwörung eines ›Geistes von Potsdam‹, der den von Weimar austreiben sollte ...

Nachdem Adolf Hitler am 30. Januar 1933 Reichskanzler geworden war, sah er sich noch einem Reichspräsidenten gegenüber, der vor allem von Konservativen gewählt worden war, und er war noch umgeben von Ministern aus dem konservativen deutschnationalen Milieu. Es schien ihm daher für die Verfolgung seiner eigentlichen Pläne zunächst günstig zu sein, nicht nur den parlamentarischen Pluralismus Weimarer Prägung einzudämmen und speziell den Aktionsradius der sozialistischen und bürgerlichen Linken administrativ und juristisch und nicht zuletzt terroristisch einzugrenzen, sondern auch der Vision der Versöhnung der ›nationalen Revolution‹ mit den Konservativen Raum zu geben, für eine Übergangszeit wenigstens.

Nach dem Reichstagsbrand und noch vor den Wahlen am ersten Märzsonntag 1933 kamen daher die NS-Propagandisten, die ja jetzt gerade ihr eigenes Ministerium erhielten, auf die Idee, die Konstituierung des Reichstags in Potsdam vorzunehmen.

War man 1919 aus der Hauptstadt Berlin gewichen, weil man neue spartakistische Aufstände und eine linksrevolutionäre Störung der Nationalversammlung fürchtete und gegen solche Turbulenzen den Genius loci der Stadt Goethes, Schillers und Herders stellen wollte, sollte im März 1933 der Geist Preußens, der Geist Potsdams dem nationalrevolutionären Pathos geschichtliches Profil geben und zusätzliche Verbündete in dem Milieu gewinnen, aus dem bei den Wahlen Anfang März noch für die ›Weimarer Parteien‹ gestimmt worden war (›Märzgefallene‹ sollten sie später genannt werden).

Daß für die Eröffnung des Reichstags die Garnisonkirche vorgesehen wurde, war freilich keine originäre Idee im Führungskreis der NS-Propagandisten. Dort wußte man nur, es müßte irgendein Ort in Potsdam sein, womöglich ein Schloß oder ein anderes repräsentatives Gebäude, in dem so und so viele Personen unterzubringen waren.

Merkwürdigerweise – merkwürdig angesichts fehlender Transparenz in NS-Zeiten – ist schon Mitte der dreißiger Jahre in der Zeitschrift des Potsdamer Geschichtsvereins mitgeteilt worden, ›wie es eigentlich war‹.

Danach erhielt am Nachmittag des 1. März 1933 Magistratsrat Dr. Friedrich Bestehorn – er ist der Verfasser des Aufsatzes – den Anruf eines Ministerialrats aus dem Berliner Innenministerium, wonach der Reichskanzler die Absicht habe, den Reichstag in Potsdam zu eröffnen; man brauche schnell entsprechende Vorschläge. »Nie in meinem Leben war ich mir einer größeren Verantwortung bewußt«, schreibt Bestehorn, der vor 1933 für die DVP kandidiert hatte und mit zahlreichen lokalhistorischen Arbeiten nationalistischer Prägung hervorgetreten war. »Da schoß mir [...] der Gedanke an die Garnisonkirche durchs Gehirn, als an die Kirche, in der ich vom alten Hofprediger Rogge, dem Pfarrer der Kaiserkrönung im Versailler Spiegelsaal, konfirmiert worden war [...]«

Doch freilich: So einfach war – trotz Zustimmung der Militär- und Zivilgemeinde der Garnisonkirche und Unterstützung der Potsdamer Behörden – der Plan nicht auszuführen. Nachdem in den Abendausgaben großer Zeitungen am 2. März 1933, so im ›Berliner Börsen-Courier‹, gemeldet worden war, die Eröffnung des am Wochenende zu wählenden Reichstags sei für die Potsdamer Garnisonkirche vorgesehen, mußte noch vor den Wahlen die Meldung publiziert werden (Morgenausgabe des ›Börsen-Courier‹ vom 4. März 1933), Vertreter des Evangelischen Oberkirchenrats hätten Einwände gegen eine reguläre Parlamentssitzung erhoben; man könne sich dort allein mit einem Eröffnungsgottesdienst und einer feierlichen konstituierenden Sitzung befreunden.

Bestehorn als unmittelbar Beteiligter und nunmehr auch persönlich Interessierter hat in seinem Aufsatz für den 3. März 1933 (also den Tag zwischen den beiden einander konkurrierenden Meldungen) »peinliche Auseinandersetzungen zwischen dem Schreiber dieser Zeilen und Vertretern des Oberkirchenrates, geführt vom damaligen Generalsuperintendenten der Kurmark Dr. Dibelius«, notiert. Die Vertreter des EOK hätten »aus religiösen Gründen« geglaubt, »Widerstand leisten zu müssen«; die Kirche, so hätten sie gesagt, stehe über aller politischen Ordnung, und sie sei völlig unabhängig, sowohl in einem faschistischen wie in einem kommunistischen Staat. Auf seinen, Bestehorns, Hinweis auf einen Kabinettsbeschluß sei ihm geantwortet worden, der Staat könne der Kirche »keine Befehle« geben; die oberste Kirchenbehörde sei eine »absolut selbständige«. »Der Widerstand des Oberkirchenrates«, so Bestehorn weiter, »war so heftig, daß die Presse jener Tage darüber berichten mußte.« (Als Bestehorn dies Mitte der dreißiger Jahre niederschrieb, war er offenbar selber überrascht davon, daß in den ersten Monaten der NS-Zeiten noch manches publiziert wurde, was später der ›Gleichschaltung‹ geopfert werden mußte.)

Nach einigem Hin und Her wurde dann tatsächlich beschlossen, die Konstituierung des Reichstags in feierlicher Weise am 21. März 1933 (nach Gottesdiensten in der Nikolaikirche und in der katholischen Pfarrkirche St. Peter und Paul) in der Garnisonkirche vorzunehmen, die reguläre Sitzung indes in der Berliner Krolloper abzuhalten. Ursprünglich war – noch in der Kabinettsitzung vom 7. März – Anfang April als Termin vorgesehen; der 21. März bot sich in der Goebbels-Inszenierung insofern an, als am 21. März 1871 der Reichstag des ›Zweiten Reichs‹ eröffnet worden war ...

Wenn diese Auseinandersetzung um die Garnisonkirche als Ort des ›Tags von Potsdam‹ nicht stärker ins öffentliche Bewußtsein der Zeitgenossen, geschweige denn ins Gedächtnis der nachfolgenden Generationen gedrungen ist, so hat dies vor allem damit zu tun, daß vor dem 21. März, an diesem Tage und danach ein Rauchschleier von Propaganda erzeugt wurde, der vordergründig offenbar erreichte, was er erreichen sollte: die Deutung dieses ›Tages von Potsdam‹ im Sinne des Nationalsozialismus (und dies bis in Darstellungen geschichtswissenschaftlicher Natur, die diesen Tag entlarven wollten, hinein). Der 21. März 1933 war die Anmeldung und zugleich die erste Bewährungsprobe dessen, was ›Reichsaufklärung und Propaganda‹ des gerade ernannten Reichsministers Dr. Joseph Goebbels bedeuteten und in Zukunft erst recht bedeuten würden. Hinter diesem Rauchschleier verschwand denn auch sofort das gewisse Zurückweichen der Reichsregierung und NS-Führung vor den kirchlichen Forderungen, und in ihn wurde die Taktik Hitlers gehüllt, in der Garnisonkirche zurückhaltend aufzutreten und erst in der Krolloper »die Katze aus dem Sack zu lassen«; so jedenfalls äußerte sich Ernst Udet gegenüber der Gesellschaftskorrespondentin Bella Fromm von der ›Vossischen Zeitung‹.

Erstmalig am 18. März 1933 wurde ein Aufruf des Reichspropagandaministers veröffentlicht, in dem es hieß: »Potsdam ist die Stadt, in der das unsterbliche Preußentum die Grundlage zu der späteren Größe der deutschen Nation gelegt hat.« Die Garnisonkirche sei die »geweihte Ruhestätte unserer großen preußischen Könige«. Heute stünden »alle Stämme, Stände und Bekenntnisse« hinter der Regierung der nationalen Revolution. »Deutschland ist erwacht!« Daß dieser Aufruf am 18. März erschien, war nicht ohne Bezug zum 18. März 1848, der gerade in Potsdam wie in Berlin nicht ohne Höhepunkte bürgerlich-demokratischer revolutionärer Aktionen verlaufen war (und ein Staatsakt in der Garnisonkirche war überdies Zurücknahme der 48er Paulskirche).

Der Abdruck dieses Aufrufs ist mehrfach erfolgt, auch im ›Börsen-Courier‹, in dem damals noch Emil Faktor und Oskar Bie, L.L. Matthias und Jakob Wassermann, Günther Anders (mit seinem bürgerlichen Namen Günther Stern) und Veit Valentin schrieben. Ebenfalls mehrfach wurde im Umfeld des 21. März mitgeteilt, wie im einzelnen der ›Tag von Potsdam‹ ablaufe – und vor allem wurde immer wieder (›Die Wiederholung als Element der Propaganda‹ hat Hans Mayer in einem faszinierenden Essay in den ›Frankfurter Heften‹ der späten vierziger Jahre beschrieben) das Rundfunkprogramm abgedruckt. Wie schon am 30. Januar 1933 wurde am 21. März das Radio als das neue Medium der Massenpropaganda exekutiert. Der 21. März 1933 sei, so Hajo Holborn in seinem Werk über die deutsche Geschichte, eine Inszenierung von Goebbels geworden.

Ganz ohne Pannen ging die Inszenierung allerdings nicht ab, und wiederum waren es die Kirchen, die dafür verantwortlich zeichneten. In dem evangelischen Gottesdienst in Schinkels Nikolaikirche – der Reichspräsident und einige Minister wurden von Generalsuperintendent Otto Dibelius, von Superintendent Görnandt und Pfarrer Lahr begrüßt – waren Töne nicht zu überhören, die die Exponenten des NS-Regimes lieber nicht gehört hätten. Wenn der Staat seines Amtes walte gegen die, die die Grundlagen der staatlichen Ordnung untergrüben und den Glauben verächtlich machten, dann solle er in Gottes Namen seines Amtes walten, konnte man über die Predigt des Generalsuperintendenten im ›Börsen-Courier‹ lesen. »Aber wir wären nicht wert, eine evangelische Kirche zu heißen, wenn wir nicht mit demselben Freimut, mit dem Luther es getan hat, hinzufügen wollten: Staatliches Amt darf sich nicht mit persönlicher Willkür vermengen!« Daß der kurmärkische und eher konservative Generalsuperintendent damit den Konsens im deutschen Protestantismus diesseits der ›Deutschen Christen‹ (DC) formuliert hatte, wissen wir aus dem Zeugnis eines damals jungen Theologen, dessen Weg alsbald ins KZ Sachsenhausen führte, Werner Koch.

Zeitgenössisch womöglich größeres Aufsehen erregte die Tatsache, daß der katholische Bischof von Berlin, Dr. Schreiber, »wegen Erkrankung« nicht nach Potsdam gekommen war und den Prälaten Georg Banasch geschickt hatte. Es wurde dies damals im Zusammenhang mit einer »amtlichen Erklärung« aus Regierungskreisen gesehen, die begründen sollte, warum Hitler und Goebbels nicht am katholischen Gottesdienst teilnahmen und statt dessen einen Friedhof besuchten, wo ›Märtyrer der Bewegung‹ beigesetzt waren. Diese alsbald kirchenamtlich dementierte Erklärung besagte, die Kirche habe Führer und Mitglieder der NSDAP als ›Abtrünnige‹ bezeichnet, die nicht in den Genuß der Sakramente kommen dürften.

Warum gehe ich so ausführlich auf die Details jenes ›Tags von Potsdam‹ 1933 ein, warum breitet man nicht den Mantel des Schweigens darüber angesichts dessen, was ihm folgen sollte? Man muß es wohl gerade auch deshalb tun, um auf die selbst von Historikern und vor allem von Kulturkritikern oft genug übersehene merkwürdige Tatsache aufmerksam zu machen, daß der meist mit dem ›Tag von Potsdam‹ in Verbindung gebrachte ›Geist von Potsdam‹ in jener historischen und ideologischen Figuration, die von seinen Urhebern intendiert und von seinen Kritikern an den Pranger gestellt wird, seine eigentliche inhaltliche Bestimmung erst am Abend des 21. März in der Berliner Krolloper erhielt. Dort brachte, nach den (wie schon angedeutet) eher zurückhaltenden, einen staatsmännischen Gestus vortäuschenden Darlegungen des Reichskanzlers, Göring als Reichstagspräsident die Sache auf den Punkt: »Als man im Jahre 1919 glaubte, Deutschland auf der Basis der Demokratie, des Parlamentarismus und im Geiste des Pazifismus neuordnen zu müssen, glaubte man auch damals, dies symbolisch tun zu müssen. Man hat in bewußter Betonung damals das Wort Potsdam verfemt und hat geglaubt, aus dem Geist von Potsdam herausgehen zu müssen nach Weimar, und hat dann auch nicht verstanden, dort den wahren Geist von Weimar zu übernehmen, sondern hat diesen Geist von Weimar neu bestimmt im Zeichen dieser anonymen Majorität der Demokratie und des Parlamentarismus. Nun ist Weimar überwunden, und auch heute war es symbolisch, daß der neue Reichstag [...] in alter Würde, Ehre und Freiheit zurückgefunden hat zu der Stätte, von der einst Preußen und von Preußen Deutschland ausgegangen ist, daß wir zurückgegangen sind nach Potsdam, daß wir damit bewiesen haben, daß der Geist von Potsdam in Zukunft auch uns erfassen soll [...]« In Demut, Dankbarkeit und Ergriffenheit seien die Repräsentanten der nationalen Revolution nach Potsdam gegangen, und das, was vier Jahre einer Welt von Feinden im Weltkrieg standgehalten habe, müsse jetzt im ›Geist von Potsdam‹ mobilisiert werden: Pflicht, Disziplin, Arbeit, Sauberkeit.

Daß dennoch weniger die verbale Fassung des ›Geistes von Potsdam‹ in der Berliner Göring-Rede ins Bewußtsein der Massen trat, sondern das Ambiente der Garnisonkirche mit den Insignien der preußischen Tradition, mit dem ›Üb' immer Treu' und Redlichkeit‹ des Glockenspiels und mit dem Händedruck des altpreußischen Reichspräsidenten und des neudeutschen Reichskanzlers – dies hat eben insonderheit mit der propagandistischen Inszenierung des ›Tags von Potsdam‹ durch Goebbels und seine Trabanten zu tun.

Heinrich Anacker, NS-Reimer, in einem seiner Potsdam-Gedichte:

Der Geist von Potsdam ist es, der sie eint,
Den Kanzler und den Feldmarschall des Krieges.
Ein Glorienstrahl aus ferner Zeit bescheint
Die stolzen Fahnen des errungenen Sieges.
Denn aus dem Dunkel hebt sich, grau und alt,
Den Krückstock in befehlsgewohnten Händen,

Des großen Königs eherne Gestalt,
Sein preußisches Vermächtnis zu vollenden.

Nun sei Weimar überwunden, hatte Göring verkündet und hinzugefügt: »Die nationale Revolution ist noch nicht vollendet, sie schreitet weiter fort.« Der ›Börsen-Courier‹ blockte wohl nicht zufällig in den Abdruck dieser Göring-Rede die Mitteilung über die Bildung von ›Sondergerichten‹ ein ...

Zwei Tage nach dem ›Tag von Potsdam‹ sollte denn auch schon eine Verhaftung erfolgen, die die konservativen Kreise aufschrekken lassen mußte, auch wenn sie, was damals strukturell mit dem ›Geist von Weimar‹ in Verbindung gebracht wurde, durch die Vorwürfe der ›Korruption‹ gedeckt werden sollte. In der Nacht vom 23. zum 24. März 1933 wurde Günther Gereke, Reichskommissar für Arbeitsbeschaffung und Mitglied des am 30. Januar gebildeten Kabinetts, festgenommen. Gereke hatte 1932 den Hindenburg-Wahlkampf geführt und hierbei, gegen Hitlers Kandidatur als Reichspräsident, konservative und sozialdemokratische Kräfte – bis hin zu den Gewerkschaften – vereinigt. War er auf ausdrücklichen Wunsch Hindenburgs in Hitlers Kabinett eingetreten, mußte er sich bald eingestehen, daß dies ein Fehler sei. In seinen Lebenserinnerungen berichtet er:

»Mit den anderen Mitgliedern des Kabinetts saß ich in der Garnisonkirche und wurde Zeuge der theatralischen Hitlerrede und des ›legendären‹ Händedrucks zwischen Hindenburg und Hitler. Ich empfand den ganzen Vorgang mehr als peinlich und war über Hindenburgs Haltung auf das tiefste enttäuscht. An diesem Tag befielen mich erneut starke Zweifel, ob ich mich noch an das Hindenburg im Februar gegebene Wort halten oder nicht kurzerhand mein Amt niederlegen sollte.

Zwei Tage nach dem Potsdamer Schauspiel, am 23. März 1933, trat der neugewählte Reichstag in der Krolloper zusammen. Mit den anderen Mitgliedern des Kabinetts neben der Rednertribüne sitzend, ließ ich Hitlers Anklagerede gegen die Regierungen der Weimarer Zeit über mich ergehen. Der neue Kanzler verkündete eine herrliche Zeit und verlangte zum ungehinderten Handeln die Annahme des ›Ermächtigungsgesetzes‹ nach der noch geltenden Verfassung mit einer Zweidrittelmehrheit. [...] Am Abend dieses Unglückstages begab ich mich wieder in mein Reichskommissariat, wo eine Menge Arbeit auf mich wartete. Schon auf dem Weg zu meinem Wagen wurde ich von SS-Leuten in kurzem Abstand verfolgt. Sie stiegen in einen Wagen und fuhren hinter mir her direkt bis zum Ministerium, ohne jedoch das Gebäude zu betreten. Wie gewöhnlich erledigte ich die Eingänge. Als ich mit dem Diktieren aufhören wollte – es war eine halbe Stunde nach Mitternacht –, erschienen sechs SS-Leute. In Gegenwart meines persönlichen Referenten forderten sie mich auf, ihnen in das Hotel ›Prinz Albrecht‹ zu folgen. Dort müsse eine wichtige Unterredung wegen schwerer gegen mich erhobener Vorwürfe stattfinden. Ich stieg in Begleitung von zwei SS-Offizieren in meinen Wagen, während die anderen SS-Männer in ihrem Auto folgten. Zu meiner Überraschung fand ich im Hotel ›Prinz Albrecht‹, also gerade dort, wo ich vor einem halben Jahr mein ›Hauptquartier‹ gehabt hatte, in einem kleinen Konferenzzimmer den früheren Reichsinnenminister von Keudell vor. Er war von der Landvolkpartei zu den Nazis übergetreten. Neben ihm stand mein Mitarbeiter aus dem Deutschen Landgemeindetag, der Ministerialrat z.D. Schellen [...]. Kaltschnäuzig warfen sie mir vor, ich hätte Hindenburg-Wahlgelder zu persönlichen Zwecken verwendet und Einnahmen aus meiner kommunalen Zeitschrift ›Die Landgemeinde‹ veruntreut. Mit unbewegten Gesichtern äußerten sie, es handele sich um so schwere Verfehlungen, daß sie diese im Interesse der Sauberkeit des neuen nationalsozialistischen Staates als Parteimitglieder ungeachtet ihres früheren freundschaftlichen Verhältnisses zu mir aufdecken müßten. [...] Ich wies ihn [v. Keudell] darauf hin, daß er als Vorstandsmitglied im Landgemeindeverband ebenso wie Herr Schellen wissen müßte, daß ›Die Landgemeinde‹ nie Eigentum des Verbandes gewesen und in den alljährlichen Haushaltsplänen überhaupt niemals erwähnt worden sei. Wenn wir noch einen Rechtsstaat hätten, dann würden diese Verleumdungen gerichtlich geklärt werden. Dazu werden Sie schnell Gelegenheit haben! warf der anwesende SS-Führer ein, zeigte einen Haftbefehl vor und forderte mich nunmehr in barschem Ton auf, ihm zu folgen. Er hätte mich in das Polizeigefängnis am Alex zu bringen. [...]«

All dies (und es ist ohnehin nur pars pro toto) verschwand indes hinter dem Rauchvorhang von Goebbels' Inszenierung. So ist denn auch zu verstehen, wie viele Potsdamer Konservative aus Bürgertum und Adel, in den letzten Jahren der Weimarer Republik irritiert vom widersprüchlichen Agieren der Ultralinken und Ultrarechten, die je ihren Beitrag zur Zerstörung dieser Republik geleistet hatten, auf nationale Töne, auf Beschwörung ihrer Traditionen und alter Werte zunächst durchaus positiv reagierten (und Hitler, der nie etwas von Potsdam gehalten hatte und die Stadt im allgemeinen mied, schien für sie nach Potsdam ›heimgekehrt‹ zu sein). Henning von Tresckow, später im engsten Verschwörerkreise Stauffenbergs, gehörte als junger Offizier zu diesen vom ›Tag von Potsdam‹ zunächst Beeindruckten, um dann (wie viele andere auf je eigene Weise) aus den auch zum 21. März 1933 in Potsdam gehörenden, damals aber marginal gebliebenen Bekundungen der Rechtlichkeit, der Abwehr persönlicher Willkür, der authentischen Treue und Redlichkeit heraus den ›Geist von Potsdam‹ neu zu sehen, ihn anders aufzunehmen und zu vertreten. Heute wissen wir: Es hatte diesen anderen Geist auch schon im März 1933 gegeben.

Am 21. März 1933 notierte Hermann Kasack, der in Potsdam geboren worden war und bis Anfang 1949 fast ununterbrochen in Potsdam gewohnt und gearbeitet hatte und dort sein opus magnum schreiben sollte, in sein Tagebuch: »Will man den Fahnen- und Volksfest-Rausch verbildlichen: Straßenbild und ›Geist Potsdams‹ wirken wie ein Manöver im Vergleich zu den Schicksalstagen von 1914. Es ist zahlenmäßig und erlebnismäßig der Tag der Nach-Kriegs-Generation [...] Dies muß man [sich] immer vor Augen halten. Im übrigen, seit dem 30. Januar: Die ›circenses‹ verstehen die Führer großartig [...]«

Der Schriftsteller war am 21. März nicht in Potsdam gewesen, seine Mutter und die beiden Kinder hatten »Hindenburg hier herzlich und jubelnd« gesehen. »Die rein idealistischen Momente des Nationalsozialismus [...] sind durchaus die deutschen (im positiven wie im fragwürdigen) [...]« Auch der Hinweis auf die Reaktionen der katholischen Kirche fehlt nicht: »Es wird gesagt, daß noch gestern telefonische und telegraphische Versuche bis zum Vatikan unternommen wurden, Dispens zu erhalten.«

Kasack, hellsichtiger und scharfsinniger Analytiker, der er war, hatte die Dinge schon früh auf den 21. März sich hinentwickeln sehen. Am 8. März hatte er das Wahlergebnis lapidar so charakterisiert: »Historisch ein wesentlicher Augenblick: Fortsetzung der Politik Friedrichs II., d.h.: die Hegemonie Preußens im Gebiete Deutschlands.« Und am 18. März schrieb er konfessorisch: »Man übersieht allmählich dieses: Wird der faschistische Staat sich in den konservativen Elementen stabilisieren, so ist mit einer langen

Dauer zu rechnen. Er wird dann auch eine Form annehmen, in der eine gewisse geistige und kulturelle Möglichkeit für uns besteht [...] Anders: wenn sich die Entwicklung zuspitzen sollte zu reiner Macht, zur inquisitorischen Ausrottung [...] der ›anderen‹ – also zu einem Reich, in dem Geistiges, Überlegenes keinen Rang, keine Geltung, nicht einmal eine Bleibe hätte: Jede Unterstützung hierin muß sich bitter rächen [...]«

Am 24. März schließlich registrierte Kasack die »diktatorischen Vollmachten« des Ermächtigungsgesetzes: »Damit ist nun auch formell der Faschismus in Deutschland Wirklichkeit geworden [...]«

Die ›circenses‹ hatte der Schriftsteller, der seit 1925 Rundfunkmitarbeiter war, in literarischen wie in Unterhaltungssendungen, nicht zuletzt als Hörspielautor, als kennzeichnend für den ›Tag von Potsdam‹ angesehen – und er wußte, wovon er schrieb. Er war selber in diese circenses, in die Goebbels-Inszenierung einbezogen worden, ob er wollte oder nicht.

Am Vorabend des 21. März wurde nämlich sein Ende 1932 uraufgeführtes Hörspiel *Der Ruf* wiederholt, ein aktuelles Stück, denn der ›Ruf‹ war der – nach Arbeit. Die Wiederholung der Sendung erfolgte freilich in einer von Kasack nicht gebilligten Fassung, in die sogar eine Hitler-Rede im Originalton einmontiert worden war. Allerdings funktionierte die Abstimmung in der NS-Propaganda nicht einwandfrei, und so wurde der Potsdamer Autor, den die Berliner Funkstunde dem ›Tag von Potsdam‹ opferte, als ›Systemautor‹, also als ›Weimarer‹, in einigen Tageszeitungen geschmäht ...

Wie Hermann Kasack hat ein anderer, in Weimarer Zeiten prominenter Potsdamer den ›Tag von Potsdam‹ nicht als unmittelbar Beteiligter erlebt, wohl aber als einer, an den die Goebbels-Regisseure sehr wohl gedacht hatten, nämlich als Radiohörer: Die Familie von Veit Valentin, dem damals am Reichsarchiv tätigen bekannten Historiker, sei in der Nikolaikirche dabeigewesen, er selber habe zu Hause gesessen, »wie die Urgroßeltern Daniel, als die Preußen einmarschierten«, und habe Radio gehört, schrieb er in einem Brief an seine Schwester in Frankfurt am Main, von wo er herstammte und wo die Urgroßeltern ihr ›preußisches‹ Erlebnis gehabt hatten. »Der politischen Entwickelung sehe ich mit größter Sorge entgegen. Außenpolitisch und wirtschaftlich sind schlimme Zeiten bevorstehend [...]« In einem Brief vom 14. Mai 1933 –

wiederum an die Schwester Klara, Lehrerin in Eschersheim: »Immer ekelhafter werden die Zustände in Deutschland. Ich erwäge ganz ernsthaft, mich um etwas im Auslande zu bemühen [...]«

Schließlich muß Veit Valentin am 24. Juni 1933 seiner Schwester mitteilen, daß er am 22. Juni 1933 vom Reichsminister des Innern entlassen worden sei, weil er nicht »die Gewähr« dafür biete, daß er jederzeit »rückhaltlos für den nationalen Staat« eintrete. »Der Präsident hat mir sehr ehrenvolle Abschiedsworte gewidmet [...]« Der Präsident des Reichsarchivs war, freilich auch nur noch einige Monate, Dr. Hans von Haeften.

Wir sehen also, daß es Zeitgenossen gab, die den Rauchvorhang der circenses durchschauten, alte Potsdamer wie Kasack, die wußten, was es mit dem wirklich Preußischen auf sich hatte, aber ebenso neuere, die Potsdam nicht nur als ihre Arbeitsstätte ansahen! Valentin, der subtile Erforscher der 48er Revolution und Biograph Friedrichs des Großen, war lange Jahre Vorsitzender des Potsdamer Ortsverbandes der Deutschen Demokratischen Partei gewesen und hat sich auch publizistisch für die Belange der Stadt eingesetzt.

Mit einer gewissen Vorsicht konnten von der offiziellen Meinung abweichende Auffassungen noch in der Öffentlichkeit artikuliert werden. So schrieb etwa Samuel Saenger, der Diplomat und Schriftsteller, im April 1933 in der ›Neuen Rundschau‹ zur »Huldigung der neuen Zeit« in der Garnisonkirche, Potsdam versinnbildliche, von Friedrich dem Großen aus gesehen, »nicht nur gebändigten Machtwillen [...], sondern auch den das Dasein gestaltenden Geist in der Fülle seiner Offenbarungen und Vermenschlichungen«. Dieses sei wirklich »ein schönes Symbol«. Und in den bei Alfred Protte bis Juni 1933 herausgekommenen, bis Februar von Paul Tillich verantworteten ›Neuen Blättern für den Sozialismus‹ hieß es im April 1933 in einem redaktionellen Leitartikel, die Feier in Potsdam habe »eine überaus seltsame Verbindung zwischen Revolution und Reaktion [...] in einer besonders feierlichen Form bestätigt«. Der Leitartikler, der offenbar immer noch auf national-sozialistische Elemente setzte und hoffte, meinte, so warnen zu sollen: »Wie sehr fesselt sich, wer sich und sein Werk immer von neuem ausschließlich an die Vergangenheit anknüpft!«

So wundert man sich denn nicht, wenn viele Potsdamer, zumal konservative, die vom Weg der Weimarer Republik enttäuscht und daher zeitweilig bereit waren, andere Wege – Wege möglichst zurück nach ›Potsdam‹ – zu gehen, sich sehr bald neuerlich getäuscht fühlen mußten; sie mußten sich von dem am ›Tag von Potsdam‹ beschworenen ›Geist‹ verhöhnt vorkommen. Angesichts solcher Verhöhnung wurden sie besonders hellhörig und zogen – viele von ihnen nach der inszenierten Niederschlagung des sogenannten Röhm-Putsches am 30. Juni 1934 – ihre Konsequenzen. Sie – damit meine ich bekennende Evangelische unterschiedlicher Observanz, praktizierende Katholiken, liberale Wissenschaftler mit einem weiten universalhistorischen Horizont, Schriftsteller mit einem differenzierten Bild des Menschen und der Wirklichkeit. Zu ihnen gehörten auf eigene Weise jene Unbekannten in der Welt der Arbeit, denen zumeist die Chronisten fehlen.

In Karl Heidkamp und Eugen Diesel, in Otto Dibelius und Superintendent Görnandt, in Hermann Kasack und Veit Valentin haben wir im zeitlichen Umkreis des 21. März 1933 Persönlichkeiten kennengelernt, für die der ›Geist von Potsdam‹ vom Großen Kurfürsten her mit Toleranz, von Friedrich Wilhelm I. her mit Rechtlichkeit und von Friedrich II. her mit Aufklärung geprägt war. Was Otto Dibelius in der Nikolaikirche gesagt, wie er vor Willkür gewarnt hatte, das machte Karl Heidkamp in seiner 1935 in der Akademischen Verlagsgesellschaft Athenaion (Potsdam) erschienenen Biographie *Friedrich Wilhelm I. Ein deutsches Vorbild* klar, wenn er dort einen Historiker des 19. Jahrhunderts, Friedrich R. Paulig, zitierte: »Kein Beamter durfte sich Übergriffe erlauben. Gegen diese verfuhr er [Friedrich Wilhelm I.] ohne Nachsicht, gegen seine Untertanen aber mit Schonung [...]«

Und Heidkamp – ganz im Sinne von Jochen Kleppers *Vater* – machte es erst recht dort klar, wo er (1935!) das »deutsche Vorbild« des Soldatenkönigs sah: »[...] seine Gestalt ist lebendiges Zeugnis, daß Christliche[!] Staatsführung möglich ist; und sein Symbol sollte wieder unter uns leben, wie er es gewollt hat durch die Gruft in der Potsdamer Garnisonkirche [...]« Analog schrieb Kurt Ihlenfeld 1935 in dem von ihm herausgegebenen Buch *Preußischer Choral*, die Geschichte lehre, »daß es der christliche Glaube war, der auf dem kargen Boden der preußischen Geschichte die Kräfte einer neuen Staatsgesinnung wirksam werden ließ [...]«.

Im Umkreis des 30. Juni 1934 seien die aufgewacht, denen es in Potsdam um das authentisch Preußische, um Toleranz, Redlichkeit und Recht, ging – so hatten wir gesagt. Sie waren aufgewacht – nein, aufgeschreckt nicht zuletzt durch die Schüsse, die den ehemaligen Reichskanzler General von Schleicher und seine Frau in seinem Neubabelsberger Haus (Griebnitzstr. 4) niederstreckten, aufgeschreckt durch den Zynismus der inzwischen gleichgeschalteten ›Potsdamer Tageszeitung‹, deren Leitartikel am 2. Juli 1934 überschrieben war: »Allein Hitlers Wille gilt«.

Ein seit 1932 in Potsdam lebender Schriftsteller, der hier den Weg von einer tragischen Lebensauffassung zurück zur Kirche, zur katholischen Weltkirche, ging, notierte am 24. August 1934 in sein Tagebuch, und es war dies womöglich die Replik auf die Überschrift der ›Potsdamer Tageszeitung‹ – jedenfalls war es der ethische Kontrapunkt: »Das Recht muß über dem Staat stehn, nicht der Staat über dem Recht.« Es war Reinhold Schneider, der diesen Satz schrieb – und dieser Satz steht heute auf einer Gedenktafel in dem Haus Birkenstraße 1, in der Nähe des Potsdamer Neuen Gartens, des Cecilienhofs; es war dies eines der Häuser, in denen der Dichter in seiner ›hohenzollernschen‹ Zeit (1932 bis 1937) in der Havelstadt bescheiden wohnte.

Der ›Tag von Potsdam‹

Eine Dokumentation

I

In seinem Tagebuch beschreibt Joseph Goebbels die Vorbereitung und Inszenierung des ›Tags von Potsdam‹. Das Tagebuch als Regiebuch:

»17. März 1933.

Die Potsdamer Feier soll zum erstenmal im Stil nationalsozialistischer Formgebung abgehalten werden. Der Rundfunk wird für ganz Deutschland eingeschaltet. Die Nation muß an diesem Tage teilnehmen. Ich arbeite das Projekt bis tief in die Nacht hinein in allen Einzelheiten durch, rufe in einem kurzen Aufruf die Nation zur Teilnahme auf und tue alles, um diesen feierlichen Staatsakt unverlöschlich in das Gedächtnis der lebenden Generation einzuprägen. Im Rundfunk haben wir nun die für alle Kulturgebiete so notwendige Vereinheitlichung bereits durchgeführt. Er befindet sich ausschließlich in den Händen des Reichs. Die ewige Zwischenschaltung ist abgestellt; somit haben wir eine klare Führung gewährleistet. Ich nehme gleich eine Reihe von Kündigungen vor, um das Personal wenigstens in den Spitzen zu säubern. An alle wichtigen Stellen werden einwandfreie Nationalsozialisten gesetzt [...]

18. März 1933.

Der Potsdamer Tag geht in Ordnung. Er wird von nachhaltiger Wirkung sein.

19. März 1933.

Ich orientiere mich in Potsdam an Ort und Stelle, ob alle Vorbereitungen getroffen sind. Bei solchen großen Staatsfeiern kommt es auf die kleinsten Kleinigkeiten an [...]

22. März 1933.

Der große Tag von Potsdam wird unvergeßlich sein in seiner historischen Bedeutsamkeit. Morgens fahre ich mit dem Führer zum Luisenstädtischen Friedhof. Wir gehen nicht zum Gottesdienst, sondern stehen an den Gräbern unserer gefallenen Kameraden. Die Fahrt nach Potsdam geht von Berlin aus durch ewig jubelnde Menschenmassen. Potsdam ist in Flaggen und Grün getaucht. Der Weg des Kabinetts und der Abgeordneten von der

Nikolai- zur Garnisonkirche ist fast nicht durchzuhalten. Wir werden von den Menschenmassen nahezu erdrückt. Hindenburg betritt mit dem Führer zusammen die Garnisonkirche. Ein feierliches Schweigen legt sich über alle Anwesenden. Knapp und ernst verliest der Reichspräsident seine Botschaft an die Abgeordneten des Reichstags und an das deutsche Volk. Sein Ton ist stark und gesammelt. Mitten unter uns steht ein Mann, der Generationen in sich vereinigt. Dann spricht der Führer. Er redet mit harter und zwingender Eindringlichkeit. Am Schluß sind alle auf das tiefste erschüttert. Ich sitze nahe bei Hindenburg und sehe, wie ihm die Tränen in die Augen steigen. Alle erheben sich von ihren Plätzen und bringen dem greisen Feldmarschall, der dem jungen Kanzler seine Hand reicht, jubelnde Huldigungen dar. Ein geschichtlicher Augenblick. Der Schild der deutschen Ehre ist wieder reingewaschen. Die Standarten mit unseren Adlern steigen hoch. Hindenburg legt an den Gräbern der großen Preußenkönige Lorbeerkränze nieder. Draußen donnern die Kanonen. Nun klingen die Trompeten auf, der Reichspräsident steht auf erhöhter Estrade, den Feldmarschallstab in der Hand und grüßt Reichswehr, S. A., S. S. und Stahlhelm, die an ihm vorbeimarschieren. Er steht und grüßt. Über all dem liegt die ewige Sonne, und Gottes Hand steht unsichtbar segnend über der grauen Stadt preußischer Größe und Pflicht. Das Kabinett tagt mittags im Innenministerium. Einstimmig wird die Notverordnung gegen unbefugtes Uniformtragen, die sehr harte Strafen vorsieht, beschlossen. Dann tagt das Plenum. Der ausgebrannte Reichstag bietet keine Unterkunft. Wir sind zur Krolloper übergesiedelt. Ein feierlicher Augenblick, als der Führer die Krolloper betritt. In einer halben Stunde sind alle Formalitäten, die sonst fast eine Woche in Anspruch nehmen, erledigt. Göring wird wieder zum Präsidenten gewählt und führt sich mit einer festen und männlichen Rede ein [...]«

II

In seinen Lebenserinnerungen *Ein Christ ist immer im Dienst* schreibt der ehemalige kurmärkische Generalsuperintendent Otto Dibelius:

»Als der neugewählte Reichstag zusammentreten sollte, erreichte uns die Nachricht: Adolf Hitler habe bestimmt, daß die Eröffnung in Potsdam stattfinden solle, und zwar in der Alten

Garnisonkirche, die seit zweihundertfünfzig Jahren mit der Geschichte Preußens so eng verbunden war. Dort standen die Särge Friedrichs des Großen und seines Vaters, des Soldatenkönigs. Potsdam gehörte zu meinem Sprengel. Und wenn auch die Alte Garnisonkirche unmittelbar dem Oberkirchenrat zugeordnet war, so fühlte ich doch, daß ich selbst der Verantwortliche sei. Ich war entschlossen, eine Parlamentseröffnung in der Kirche nicht zuzulassen. [...] Es gab einen harten Kampf. Die Nationalsozialisten verstanden nicht, daß man sich einem ausgesprochenen Willen des ›Führers‹ widersetzen könne. Der Oberbürgermeister [!] von Potsdam, der seiner Stadt das große Ereignis nicht entgehen lassen wollte, beschwor mich immer aufs neue, ich solle meinen Einspruch fahren lassen. Schließlich kam es zu einem Kompromiß: zunächst Gottesdienst, ein evangelischer in der Nikolaikirche und ein katholischer in der kleinen katholischen Ortskirche; dann ein Staatsakt in der Alten Garnisonkirche mit Ansprachen des Reichspräsidenten und des neuen Kanzlers mit kirchlicher Umrahmung; dann Parade der Wehrmacht; am nächsten Tage die Parlamentseröffnung in der Krolloper in Berlin.

Am 21. März wimmelte Potsdam von Menschen. Mit Mühe bahnten sich unsere Autos den Weg durch die Masse. Dann stand ich mit Superintendent Görnandt und Pfarrer Lahr auf der großen Freitreppe der Nikolaikirche, um den Reichspräsidenten zu erwarten. Hitler und Goebbels kamen nicht. Aber Göring war da und mit ihm das gesamte neue Reichskabinett, soweit es evangelisch war. Unmittelbar vor Beginn fuhren die Autobusse mit den nationalsozialistischen Abgeordneten vor. Die Männer sprangen heraus und stürmten eilig die Treppe herauf. Es war wie der Sturmangriff einer feindlichen Macht auf die Kirche.

Endlich kam Hindenburg, von seinem Sohn begleitet. Der Jubel der Menschen tat ihm sichtlich wohl. Als er mich begrüßte, sagte er mit seiner tiefen Stimme: ›Gott sei Dank, daß wir endlich so weit sind!‹

Ich hielt die Predigt. An entscheidender Stelle sagte ich:

›Wir haben von Dr. Martin Luther gelernt, daß die Kirche der rechtmäßigen staatlichen Gewalt nicht in den Arm fallen darf, wenn sie tut, wozu sie berufen ist. Auch dann nicht, wenn sie hart und rücksichtslos schaltet. Wir kennen die furchtbaren Worte, mit denen Luther im Bauernkrieg die Obrigkeit aufgerufen hat, schonungslos vorzugehen, damit wieder Ordnung in Deutschland werde. Aber wir wissen auch, daß Luther mit demselben Ernst die christliche Obrigkeit aufgerufen hat, ihr gottgewolltes Amt nicht zu verfälschen durch Rachsucht und Dünkel, daß er Gerechtigkeit und Barmherzigkeit gefordert hat, sobald die Ordnung wiederhergestellt ist.

Das muß die doppelte Aufgabe der evangelischen Kirche auch in dieser Stunde sein. Wenn der Staat seines Amtes waltet gegen diejenigen, die die Grundlagen der staatlichen Ordnung untergraben, gegen die vor allem, die mit ätzendem und gemeinem Wort die Ehe zerstören, den Glauben verächtlich machen, den Tod für das Vaterland begeifern – dann walte er seines Amtes in Gottes Namen! Aber wir wären nicht wert, eine evangelische Kirche zu heißen, wenn wir nicht mit demselben Freimut, mit dem Luther es getan hat, hinzufügen wollten: Staatliches Amt darf sich nicht mit persönlicher Willkür vermengen! Ist die Ordnung wiederhergestellt, so müssen Gerechtigkeit und Liebe wieder walten, damit jeder, der ehrlichen Willens ist, seines Volkes froh sein kann. Die beiden Reiche, die Luther so sorgfältig auseinanderhielt, das Reich der weltlichen Gewalt und das göttliche Reich der Gnade, werden eins in der Person des Christen. Das ist unser heißes Anliegen, daß eine neue deutsche Zukunft heraufgeführt werde von Männern, die aus Dank für Gottes Gnade ihr Leben heiligen in Zucht und Liebe, und daß der Geist solcher Männer dann das ganze Volk durchdringe! Herr, laß uns wieder werden, was unsere Väter waren: durch Gottes Gnade ein geheiligtes Volk!‹

Die Nationalsozialisten sahen mich feindselig an. Sie haben mir diese Worte nie vergessen. [...] Dann ging es zum Staatsakt in die benachbarte Garnisonkirche. Hitler hielt seine Rede. Ich hatte ihn nie vorher sprechen hören und war gespannt. Aber die Rede war eine Enttäuschung. Es war nichts darin, was ein Herz hätte höher schlagen lassen. Hindenburg antwortete würdig, aber ohne etwas Markantes zu sagen.

Der Staatsakt war zu Ende. Die militärische Parade schenkte ich mir.

Als ich mit meiner Frau nach Hause fuhr, sagte ich zu ihr: ›In sechs Monaten haben wir den erbitterten Kampf zwischen Staat und Kirche!‹ Ich hatte mich geirrt. Es dauerte nicht sechs Monate, sondern nur sechs Wochen!«

III

Den Konsens im damaligen deutschen Protestantismus zum Vorgehen des kurmärkischen Generalsuperintendenten stellt Werner Koch in seinem Erinnerungsbuch heraus – Koch nach 1945 als Sozialdemokrat und Mitglied des Berliner ›unterwegs‹-Kreises ein scharfer Kritiker von Otto Dibelius:

»Am 19. März, als ich gerade mit Barth in seinem Studierzimmer bin, läutet das Telefon. Das Fräulein vom Fernamt meldet sich: ›Sie werden von Herrn Generalsuperintendent Dibelius aus Berlin verlangt.‹ Barth legt die Hand auf die Hörmuschel und flüstert mir mit schelmischem Augenzwinkern zu: ›Dibelius!‹ Barth weiß, daß ich über sein gespanntes Verhältnis zu Otto Dibelius seit langem unterrichtet bin. Derselbe Dibelius, der noch im Februar 1931 in einem Vortrag in der neuen Aula der Universität Berlin die Theologie Karl Barths als die schwerste Herausforderung der evangelischen Kirche seit den Tagen der Reformation bezeichnet hat, ruft jetzt bei ihm an und erbittet seinen Rat! Dibelius erläutert am Telefon, was er am ›Tag von Potsdam‹ dem Reichspräsidenten, den evangelischen Reichsministern sowie den Spitzen von Partei und Wehrmacht sagen will, die sich unter seiner Kanzel versammeln werden. Noch jetzt sehe ich Karl Barth vor mir, wie er gespannt und von Satz zu Satz erfreuter zuhört und immer wieder einwirft: ›Ja, ja, Herr Generalsuperintendent – das ist jetzt fällig – ja, das sollten Sie so sagen – ja, ganz wie Luther das seinerzeit gemacht hat –. Ja, ganz meine Meinung, jawohl, sehr einverstanden! Ich danke Ihnen, daß Sie mir das mitgeteilt haben. Ich darf Ihnen viel Weisheit und Kraft wünschen für die große Aufgabe, die Sie vor sich haben.‹ Nach dem Telefongespräch, dessen zufälliger Zeuge ich geworden bin, erklärt mir Barth, daß Dibelius ihm erstaunlicherweise einen vertraulichen Rundbrief zugeschickt habe, den er am 8. März als Generalsuperintendent der Kurmark an seine Pfarrer geschrieben hat. Dieser Rundbrief sei im großen und ganzen überraschend gut gewesen. Er, Barth, habe Dibelius vorgestern geantwortet, daß er mit seinen Grundgedanken völlig übereinstimme. Er bäte aber nicht zu vergessen, daß Luther den Machthabern seiner Zeit auch ins Gewissen geredet habe und daß viele Menschen, während ›in Potsdam die Glocken läuten und die Fahnen wehen, jetzt an Gewaltherrschaft und Unterdrückung denken‹ würden. Er, Dibelius, würde doch gewiß die Gelegenheit wahrnehmen und sich zum Sprecher der Unterdrückten machen. [...] Tatsächlich müssen die hohen Herren es sich zwei Tage nach diesem Telefongespräch gefallenlassen, daß ihnen von der Kanzel der Potsdamer Nikolaikirche aus gesagt wird:

›Martin Luther hat zwar im Bauernkrieg die Obrigkeit dazu aufgefordert, schonungslos vorzugehen, damit wieder Ordnung in Deutschland werde. Aber wir wissen auch, daß Luther mit demselben Ernst die christliche Obrigkeit aufgefordert hat, ihr gottgewolltes Amt nicht zu verfälschen durch Rachsucht und Dünkel, daß er Gerechtigkeit und Barmherzigkeit gefordert hat, sobald die Ordnung wieder hergestellt worden war ... Wir wären nicht wert, eine evangelische Kirche zu heißen, wenn wir nicht mit dem Freimut, mit dem Luther es getan hat, hinzufügen wollten: staatliches Amt darf sich nicht mit persönlicher Willkür vermengen! Ist die Ordnung hergestellt, so müssen Gerechtigkeit und Liebe wieder walten, damit jeder, der ehrlichen Willens ist, seines Volkes froh sein kann.‹

Obschon der Prediger zu Beginn seiner Rede deutlich genug das allgemeine Verdammungsurteil über die nun abgewirtschaftete Weimarer Republik zu seinem eigenen gemacht hat – seine nationalsozialistischen Zuhörer hören aus allem Gesagten doch nur das Nein zu sich selbst und ihrer Gewaltherrschaft heraus!«

IV

Heinz Werner Hübner (Jahrgang 1921), von 1977 bis 1985 Programmdirektor des WDR-Fernsehens, erinnert sich, wie er den ›Tag von Potsdam‹ als Potsdamer Gymnasiast erlebt hat:

»Der 21. März 1933 war ein kalter Tag. Es war der ›Tag von Potsdam‹. Ein historisches Datum, für immer in das Buch der deutschen Geschichte eingetragen, solange es eine deutsche Geschichte geben wird.

Um halb sieben morgens wurde ich geweckt, denn um acht Uhr sollten wir uns auf dem Wilhelmplatz zur Aufstellung einfinden. Noch vor dem Frühstück hatte ich Streit mit meiner Mutter, denn sie bestand darauf, daß ich unter dem für den Tag vorgeschriebenen weißen Hemd einen Pullover anzuziehen hätte. Auf meinen Einwand, daß ein deutscher Junge an einem solchen Tag nicht friert, ließ sie sich nicht ein. Mürrisch folgte ich ihrer Anweisung. Um Viertel vor acht war ich auf dem Wilhelmplatz; die Lehrer waren schon da, bis auf jene, die der SA oder dem Stahlhelmbund angehörten. Die hatten sich an anderer Stelle zu versammeln, ebenso jene Klassenkameraden, die schon der Hitler-Jugend angehörten oder dem deutsch-nationalen Scharnhorst-Bund. Aber das war von 35 Schülern in meiner Klasse, der Quinta des Realgymnasiums, nur eine Handvoll, davon zwei in der HJ.

Wir und die anderen Schüler Potsdams bildeten Spalier. Die Schüler des Realgymnasiums besetzten die südwestliche Seite des Wilhelmplatzes. Mit meiner Klasse stand ich genau gegenüber der Potsdamer Synagoge, links davon war das Haus der Handels- und Gewerbebank und etwas weiter rechts das Gebäude der Hauptpost. Dort konnte man schon drei Jahre später in einem kleinen Extraraum die ersten Fernsehsendungen, in Berlin ausgestrahlt, ansehen. Die Eintrittskarten waren gratis.

Vor dem Staatsakt fanden Gottesdienste statt. Sie begannen um elf Uhr, bis dahin standen wir schon drei Stunden Spalier. Mehrere Mitschüler, ohne Pullover unterm Hemd, waren von den Lehrern nach Hause geschickt worden, um sich warm anzuziehen. Sie versäumten nichts. Gegen Mittag läuteten die Glocken der Kirchen. Auf den menschengesäumten Straßen liefen SA-Männer und Stahlhelmer geschäftig umher, alles untere Ränge. Für den Verkehr, Autos, Pferdefuhrwerke, die damals noch zahlreich waren, und für Radfahrer waren die Straßen, die zur Garnisonkirche führten, in der der Staatsakt stattfand, gesperrt. Sie mußten den Vormittag lang Umwege fahren. Dann waren die Gottesdienste zu Ende, in der Nikolaikirche, mitten in der Stadt, der für die Protestanten und der in der katholischen Peter-Pauls-Kirche am Bassinplatz. Bis zuletzt hielt sich das Gerücht, daß Hitler, der ›Führer‹, daran teilgenommen habe. Es blieb ein Gerücht, und so sahen wir, die am Wilhelmplatz Spalier standen, allein die Reichstagsabgeordneten des Zentrums, auch einige Nationalsozialisten in Uniform, die nun nach dem Gottesdienst gemessenen Schrittes quer durch die Stadt zur Garnisonkirche gingen. Hitler hatte auf Gottes Wort verzichtet. Von denen, die uns passierten, erkannten wir Elfjährigen niemand. Auch der einzige Katholik in unserer Klasse wußte keinen, der da an uns vorüberschritt, mit Namen zu benennen.

Am Nachmittag dieses historischen Tages spielte ich mit Freunden Schlagball, und als es nach einer Sonnenphase wieder zu schneien begann, tranken wir, zu fünft, bei einem Freund Schokolade. Am späten Nachmittag des Tages kam der Vater des Freundes nach Hause, ein höherer Beamter des Reichsrechnungshofes. Für ihn wie für alle anderen Mitarbeiter in der Behörde war ein normaler Arbeitstag zu Ende gegangen. Weder er noch wir hatten an diesem Tage Hindenburg oder Hitler zu Gesicht bekommen. Doch daß es ein ganz außergewöhnlicher Tag gewesen war, das war greifbar, fühlbar, nur, dies bleibt unbeschreibbar. Jedenfalls zu jener Zeit für einen noch nicht Zwölfjährigen. [...] Meine Freunde und ich waren stolz darauf, dabeigewesen zu sein. Aber außer daß man gefroren, sich viele Stunden gelangweilt und eben nichts Außergewöhnliches gesehen hatte, war eigentlich nichts geschehen. Für die Spalierstehenden jedenfalls.«

V

Wie sich der ›Tag von Potsdam‹ im I. R. 9 spiegelte, liest man – mit Rückerinnerungen ehemaliger Angehöriger – in der Regimentsgeschichte von Wolfgang Paul so:

»Für I. R. 9, dessen Offizierkorps zunächst aufgeschlossen für die ›nationale Erneuerung‹ war, mit der sich manche Offiziere eine Erneuerung der Monarchie erhofften, wurde der ›Tag von Potsdam‹ zum ersten herausragenden Ereignis der neuen Zeit, die nun angebrochen sein sollte.

Es bestehen keine Zweifel, daß diese neue Zeit erregend begann. Jeder suchte sich einen Sinn dieser Zeit aus seiner Sicht der Vorgänge. Der ›Geist von Weimar‹, der ein Ungeist gewesen sein sollte, wurde durch den ›Geist von Potsdam‹ ersetzt, so glaubten viele. Hans v. Hirschfeld erinnert sich: ›Mit dem 21. März 1933, dem sogenannten ‚Tag von Potsdam', kam die erste große Geschichtsfälschung Hitlers, als er sich in der Garnisonkirche von Hindenburg als Reichskanzler bestätigen ließ. Diese Stunde leitete den Untergang Potsdams ein. Der Tag bedeutete den Bruch mit 500jähriger Brandenburg-Preußischer Geschichte und führte zu einem ‚Geist von Potsdam', den es so nie gegeben hatte. Im Jahre 1936 traf ich mich mit einigen Offizieren und unserem Divisionspfarrer Dammrath auf dem Turm der Garnisonkirche zu abendlicher Stunde in Sorge über das, was auf uns zukam, in Sorge um Preußen und das Reich. Als wir dann durch die stillen Straßen nach Hause gingen, in Gedanken an das Gespräch, fühlten wir, das ist der eigentliche ‚Geist von Potsdam' und doch schon dunkel ahnend das Noch und wielange noch.‹

Und er fügt, rückblickend auf seine Zeit in Potsdam ab 1911 hinzu: ›Es gibt wohl kaum eine Stadt, über die soviel Böswilliges, Falsches und Ungerechtes gesagt und geschrieben worden ist wie über Potsdam.‹

Potsdam, 21. März 1933: Die Garnison hat tagelang die Parade geübt. Die 2./I.R. 9 stellt die Ehrenkompanie mit den Fahnen der Garderegimenter. Fahnenoffizier ist Oberleutnant Christoph v. L'Estocq, ein Zugführer Oberleutnant Wolf Graf von Baudissin: ›Ich erlebte das Ganze mit sehr kritischen Gefühlen und in tiefer Sorge gegenüber der Verlogenheit, bzw. dem Opportunismus und Illusionismus der verschiedenen Akteure bis hin zum falschen Kommando des Kompaniechefs, der eine falsche Wendung nur durch eine zusätzliche Kehrtwendung korrigieren konnte‹. [...]

In seinen Memoiren erinnert sich der ehemalige Reichskanzler Brüning, der mit der Zentrumsfraktion teilnahm: ›Die Feier war für mich das Niederdrückendste seit dem Einmarsch nach Deutschland 1918. Das Volk war in einem Rausch, die Abgeordneten ebenfalls, der Reichspräsident wachsbleich. Das fiel besonders auf, wenn er mit seinen braunen Handschuhen ab und zu eine Träne aus den Augen wischte. Ich dachte: Wie kann ein Mann, dessen Wähler in Konzentrationslager und SA-Keller geschleppt werden, sich von den dafür Verantwortlichen feiern lassen?

Ich dachte daran, wie ich im Frühjahr 1919 oft sonntagmorgens nach Potsdam hinausgefahren war, an der Garnisonkirche vorbei nach Sanssouci, um dann um zehn Uhr wieder in meinem Büro zu sein. Ich brauchte das damals als Trost gegen die Bitterkeit des Kriegsendes. Wie würde sich der aufgeklärte König gegen die Huldigungen, die ihm jetzt dargebracht wurden, gewehrt haben!‹ [...]

Ohne Potsdam kein Weimar: Diese Ansicht, gestützt auf die Vorgänge 1918/19, schien an diesem Tag umkehrbar: Von Weimar nach Potsdam. Einen Augenblick sah es so aus, und das Regiment 9 war daran beteiligt. Die neue Zeit, die hier begann, sollte sich ständig verzweigen, zu zahllosen Zukunftsmöglichkeiten werden, die dann doch nur noch eine Zukunft zuließen.

Festzuhalten ist, daß der ›Tag von Potsdam‹ Hindenburgs Tag war, der neue Reichskanzler war ihm unterstellt, er trat in den Hintergrund, er blieb mit seinem Eisernen Kreuz 1. Klasse am Gehrock einer von vielen. Auch Brüning trug dieses Eiserne Kreuz. Die Verneigung vor der Gruft der toten Könige, die Reverenz, die Potsdam erwiesen wurde, deutete auf die Restauration der Monarchie hin, wie viele im Regiment damals glaubten, sie war nicht unwillkommen, wenn nicht gar erhofft und erwünscht.

Die schwarzweißroten Fahnen, die aus Potsdams Häusern wehten, zuerst im Schneegestöber am Morgen, dann unter einem blauen Himmel, wurden kaum von Hakenkreuzfahnen unterbrochen. Ein Traum, den mancher geträumt hatte, schien wahr geworden zu sein.«

VI

Der spätere Sieger und zugleich der frühe Warner vor Hitler, Winston S. Churchill, urteilt ›von außen‹:

»Am 21. März 1933 eröffnete Hitler in der Potsdamer Garnisonskirche[!], in unmittelbarer Nähe der Gruft Friedrichs II., den ersten Reichstag des Dritten Reichs. Im Schiff der Kirche saßen die Vertreter der Reichswehr, des Symbols der ununterbrochenen Dauer deutscher Macht, und die hohen SA- und SS-Führer, die neuen Gestalten des sich wieder erhebenden Deutschland. Am 24. März[!] bewilligte eine Mehrheit des Reichstags, die jeden Widerstand überwältigte oder einschüchterte, mit 441 gegen 94 Stimmen dem Reichskanzler Hitler umfassende Notstandsvollmachten auf vier Jahre. Als das Abstimmungsresultat bekanntgegeben wurde, rief Hitler zu den Bänken der Sozialisten hinüber: ›Und jetzt brauche ich Sie nicht mehr!‹

Die jubelnden Kolonnen der Nationalsozialistischen Partei marschierten in einer durch den Wahlsieg hochgehobenen Stimmung in den Straßen von Berlin mit der heidnischen Huldigung eines Fackelzuges vor dem ›Führer‹ vorbei. Es war ein langer Kampf gewesen, für Ausländer schwer zu verstehen, vor allem für solche, die das peinvolle Leid einer Niederlage nie selbst verspürt hatten. Adolf Hitler war endlich am Ziel, aber er war nicht allein gekommen. Aus den höllischen Tiefen des Abgrunds hatte er die dunkeln und wilden Furien heraufgerufen, die in der zahlreichsten, dienstfertigsten, unbarmherzigsten, widerspruchsvollsten und unglücklichsten Rasse Europas schlummern. Er hatte das fürchterliche Götzenbild eines alles verschlingenden Molochs heraufbeschworen, dessen Priester und dessen Verkörperung er selber war. Es gehört nicht zu meiner Aufgabe, die unfaßbare Brutalität und Niedertracht zu schildern, mit der dieser Apparat von Haß und Tyrannei aufgebaut worden war und jetzt vervollständigt werden sollte. Für die vorliegende Darstellung genügt es, den Leser auf die neue und furchtbare Tatsache hinzuweisen, vor die sich die immer noch ahnungslose Welt gestellt sah: Deutschland unter Hitler, und Deutschland im Begriffe, sich zu rüsten.«

VII

Auf ganz eigene Weise sieht Ernst (›Putzi‹) Hanfstaengl Potsdam und Weimar und deren seinerzeitige Perspektive in seinen Lebenserinnerungen, in den Erinnerungen eines der frühesten Freunde Hitlers, seines Auslandspropagandisten seit 1931 und des 1937 nach England Entwichenen, der dann als ›enemy alien‹ von den Engländern nach Kanada verlegt wurde. Von dort holte ihn F.D. Roosevelt am 1. Juli 1942 nach Washington:

»Die bedeutsamste politische Demonstration in der ersten Machtperiode war die Zeremonie in der Potsdamer Garnisonkirche, an der Reichspräsident von Hindenburg und alle Vertreter des Vor- und Nach-Weimar-Deutschland teilnahmen. Sie stellte meiner Meinung nach den entscheidenden Wendepunkt in Hitlers ideologischen Anschauungen dar. Bis dahin war es seinen eigenen Versicherungen nach noch möglich gewesen, seine Absichten so auszulegen, als ob er plane, im Laufe der Zeit die Monarchie wieder einzuführen. Potsdam aber stellte die psychologische Wende dar. Und Dr. Joseph Goebbels war der Regisseur dieser Demonstration.

Die organisatorische Vorbereitung der Potsdamer Zeremonie lag nicht allein bei den Nationalsozialisten. Die Reichswehr, der Stahlhelm, die Monarchisten, kirchliche und andere Körperschaften hatten dasselbe Anrecht. Goebbels nahm dies sehr übel auf, und es gelang ihm am Vorabend, in meiner Gegenwart Hitler dazu zu überreden, an keiner der einleitenden Feierlichkeiten teilzunehmen, sondern nur in der Garnisonkirche selbst zu erscheinen. Statt dessen arrangierte der kleine Doktor für zehn Uhr vormittags eine exklusive parteimäßige Gefallenen-Ehrung auf dem vorstädtischen Friedhof, wo eine Reihe von den bei den Straßenkämpfen getöteten SA-Männern bestattet waren.

Es war ein Meisterstück theatralischer Improvisation, das Goebbels hier zustande brachte. Zwischen zwei Reihen von SA-

Männern entlanghumpelnd, legte er einen Kranz auf jedes einzelne Grab, vor dem dann Hitler den dort wartenden Hinterbliebenen stumm die Hand drückte und wir anderen für eine Minute in Stille verharrten. Aus Richtung Potsdam hörte man das Dröhnen der Geschütze und Trommeln, wo die anderen Verbände sich für die bevorstehende Feier versammelten. Goebbels hielt fortlaufende Gedächtnisreden: ›Ja, und hier – so jung – ich kannte seine Mutter gut ...‹ Die Verse des Horst-Wessel-Liedes gingen mir durch den Kopf: ›Kameraden, die Rotfront und Reaktion erschossen ...‹ Die Rote Front war liquidiert worden. Der Propagandaminister bereitete seinen Chef bereits für die kommenden Kämpfe mit den Kräften der Reaktion vor.

Hitlers Stimmung war also vor Ankunft bei der Garnisonkirche bereits präpariert. Ich brauche die Szene nicht im einzelnen zu beschreiben: den leeren Stuhl des Kaisers, den Kronprinzen, Hindenburg, den alten Generalfeldmarschall Mackensen in der Uniform der Totenkopfhusaren. Das war in der Tat die ›Reaktion‹ in vollem Kriegsschmuck! Hitler leistete alt und jung seinen Lippendienst, weil er es im Augenblick tun mußte; ein Kenner jedoch merkte an ihm einen neuen Ton. Ich stand keine sieben Meter von ihm entfernt, neben Heß. ›Von nun an ist es die heroische Weltanschauung, die Deutschlands Ideale in der Zukunft bestimmen wird ...‹ Es gab mir einen Ruck. Was war denn das? Wo hatte Hitler diesen neuen Ton her? Das klang nicht nach Schopenhauer, Hitlers philosophischem Abgott der guten alten Tage Dietrich Ekkarts. Das war ein neuer Klang: das war Nietzsche.

Ich dachte an ein Erlebnis, das ein paar Monate zurücklag. Während einer unserer Wahlreisen hatten wir in der Nähe von Weimar die Villa ›Silberblick‹ aufgesucht, in der Nietzsche gestorben war und in der noch seine 86jährige verwitwete Schwester Förster-Nietzsche lebte. Wir anderen hatten anderthalb Stunden draußen warten müssen. Hitler war mit der Peitsche hineingegangen, kam aber zu meiner Verblüffung mit einem dünnen Stöckchen aus der Zeit der Jahrhundertwende, am Finger baumelnd, wieder heraus. ›Was für eine wunderbare alte Dame‹, sagte er, ›intelligent und lebendig. Eine wirkliche Persönlichkeit. Sehen Sie, sie hat mir ihres Bruders letzten Spazierstock geschenkt. Ein großes Kompliment. Sie hätten dabei sein sollen, Hanfstaengl.‹ Die übliche Ausflucht, wenn er mich von etwas ausgeschlossen hatte.

Die kleine Episode hatte auf Hitler offenbar einen tiefen Eindruck gemacht. Sein Geist glich einem schnell strömenden Fluß. Man konnte nie wissen, ob darin etwas versank, um dann plötzlich wieder aufzutauchen. Seit dem Tage von Potsdam gab es häufig Nietzsche-Schlagworte: für den Willen zur Macht, für das Herrenvolk, für die Sklavenmoral, den Kampf für ein heroisches Leben; gegen tote formale Erziehung, gegen christliche Philosophie, gegen eine auf Mitleid gegründete Ethik. Schopenhauers fast buddhahafte Milde war für immer erledigt. Die Gauleiter ließen sich mehr und mehr von einem verballhornten und mißverstandenen Nietzsche inspirieren. Die Wendung zur Guillotine hin, die schon Robespierre den Lehren Jean-Jacques Rousseaus zu geben gewußt hatte, wurde von Goebbels, Hitler und der Gestapo wiederholt, indem sie die widersprüchlichen Lehren Nietzsches politisch vereinfachten. [...]

Das war nicht das einzige neue Zeichen von Potsdam. Bisher war Friedrich der Große Hitlers geschichtlicher Held gewesen. Als er sich jedoch mit der Zeit der Risiken und Einengungen einer Koalition mit den traditionellen Kräften stärker bewußt wurde, veränderte sich im geheimen sein Idealbild. Die Folge war, daß er sich mehr und mehr dem Bild Napoleons zuwandte. Der eingeborene Sinn des Möglichen, der den Preußenkönig ausgezeichnet hatte, wich der Lust an der grenzenlosen Macht des Korsen.«

Potsdam rechts liegengeblieben?

Reinhold Schneider und Die Hohenzollern

Im November 1932 erschien in der ›Potsdamer Tageszeitung‹ eine ausführliche Würdigung des Fichte-Buches des 29jährigen Reinhold Schneider. Hierbei wurde der Autor vom Rezensenten als ›unser Mitbürger‹ angesprochen. Seit einigen Monaten wohnte Reinhold Schneider in der Stadt an der Havel. Die Rezension war von dem Gymnasiallehrer Prof. Dr. Hans Kania gezeichnet – und mit ihm lernen wir, nach Bestehorn, den zweiten der damals bekanntesten Potsdamer Lokalhistoriker kennen. Der dritte war übrigens der Amtsgerichtsrat Julius Haeckel – in der Tat der Neffe des bekannten, in Potsdam geborenen ›Welträtsel‹-Haeckel, der übrigens einmal bemerkt hat, Potsdam sei nicht nur von einem militärischen Geist (oder Ungeist) bestimmt gewesen, es habe auch alle Möglichkeiten für wissenschaftliche und künstlerische Entfaltung geboten.

In der Rezension des Fichte-Buches hob Kania neben dessen stilistischem Rang das Tragische der Geschichtsbetrachtung und die objektiv unverkennbare nationale Komponente heraus – wir sind im Jahre 1932, in einer Endzeit. Im Tagebuch Reinhold Schneiders steht unter dem 8. April 1932: »Am Kanal 28. Heute zog ich in Potsdam ein. Es ist kalt, und der Wind fährt ungestüm in die frommen beharrlichen Töne des Glockenspiels. Diese Stadt ist die verlassene Schulstube der gebrochenen deutschen Macht. Auf Sanssouci drückten die Wolken; was für ein Spiel mit dem Ernst! Was für ein Bruch mit Landschaft und Tradition zu Gunsten der Anmut der Form! Der Herrschform überhaupt! [...]«

Wir sehen, Moeller van den Brucks *Preußischer Stil* ist gegenwärtig, dieses merkwürdige Buch, das Hans Poelzig gewidmet ist, dem Architekten, der 1888 am Potsdamer Viktoriagymnasium sein Abitur zusammen mit Richard Kasack gemacht hatte, dem späteren Potsdamer Sanitätsrat und Stadtverordneten, dem Vater Hermann Kasacks. Aber auch ohne dieses Buch stellt sich für den, der zum ersten Male nach Potsdam kommt, die Frage nach dem Stil, der Form dieser Stadt.

Im nachhinein erst versteht man, was Reinhold Schneider damals bewegte, die Frage nämlich: »Führt über Potsdam ein Weg, ein deutscher Weg? Es ist der ungeheure Irrtum der Republik, daß sie meinte, Potsdam links lassen zu können. Denn Deutschland wird sich auf Potsdam besinnen müssen. Wenn es irgend einmal zum Handeln kommt, wird es, wollend oder nichtwollend, aus dem Potsdamer Geist handeln. Man begreift noch immer nicht, daß wir nichts sind, und die Tradition alles [...]«

Den ›Geist von Weimar‹, die Republik, mit Potsdam zu versöhnen – es war dies noch vor der Zäsur des Jahres 1933 geschrieben.

Reinhold Schneider war nach Potsdam gekommen, um hier sein Buch über die Hohenzollern zu schreiben. Der Winter 1932/33 (so ist das Nachwort dieses Buches datiert) wird für ihn gleichsam zum ›Winter in Potsdam‹. In der Krise der Weimarer Republik, die ihre Krise zum Tode wird (und damit zum Scheitern der echten Versöhnung mit Potsdam), muß er auch eine schwere persönliche Krise überwinden, eine Krise zumal seiner weltanschaulichen Haltung, in der die tragische Lebenshaltung in Frage gestellt wird: »So weit sehe ich heute: was mir bevorsteht, ist offenbar die Auseinandersetzung mit Christus selbst; bisher habe ich mich nur mit dem Christentum, und zwar in seiner stärksten, der spanisch-katholischen oder mittelalterlichen Form auseinandergesetzt; noch niemals mit Christus. Um hier zur Entscheidung zu kommen, gibt es für mich nur eine einzige Möglichkeit: die Wahl zwischen Christus und Shakespeare, dem Versöhner und dem größten Tragiker des Abendlandes.« Schneider schließt sein Hohenzollern-Buch im April 1933 ab. Es ist keine Frage, daß er hierbei unter dem Eindruck der neuen Entwicklungen steht: »Potsdam wird wieder, wie es unfehlbar geschehen mußte, von der Geschichte ergriffen [...]«

Den Abschluß des Manuskripts datiert Schneider auf den ›Tag der erwachenden Nation‹, auf den 4. März 1933, als Goebbels vor den Reichstagswahlen eine große Propagandaaktion in Königsberg inszeniert hatte, die später als Ouvertüre zum ›Tag von Potsdam‹ angesehen wurde. Es ist schon charakteristisch genug, daß er im Nachwort des Bandes die Polarität Weimar-Potsdam beschreibt:

»Der Zwiespalt zwischen den beiden Städten blieb unversöhnt. Und so kam im Leben der zerteilten Nation einmal der Tag herauf, wo die Städte ihr Amt tauschten und Potsdam, das eine gewaltige Macht vertrat ohne den ihr ebenbürtigen Geist, die Geschichte

Weimar überließ; es war der trübste Tag der Nation; und wie immer man das Geschehen jener Zeit beurteilen mag: gewiß ist, daß eine Form, auf die alles ankam, nicht von ihm ausging. Mochte es zum guten Teil Verkennung des Geistes von Weimar sein: es war zum guten Teil auch Gericht; was im Dasein keiner andern Nation möglich war: daß der Geist ausgespielt wurde gegen die Geschichte, das ereignete sich hier. So viel auch Weimar zu geben hatte: die Kraft zur Bejahung des geschichtlichen Auftrags und zur Bildung des Staates in seinem Dienst, dieses Notwendigste, vermochte es nicht zu geben. Wenn ein Schatten auf den reinen Glanz seines Namens fiel, so war dies kein Unglück, sondern eine furchtbare Konsequenz.

Dann wurde es still über beiden Städten: man hatte an die Unvergänglichkeit der Macht geglaubt, statt an die Unvergänglichkeit des Symbols, aus dem die Macht ewig hervorgeht, um zu blühen und zu verwelken: und fand nun sich nicht mehr zurecht in Potsdam; man hatte eine Hoffnung auf Weimar gesetzt, die sich nicht erfüllen konnte. Der größte Wert der deutschen Geschichte: die unverlöschliche Forderung, blieb. Sie ist das Erbteil aus allen gescheiterten Plänen und Projekten, die zu ersinnen die Deutschen nicht müde wurden; sie ist das Unvergängliche der Zusammenbrüche selbst, die nicht von dem überwunden werden, der ihre Ursachen erforscht und sie künftig zu meiden sucht; sondern von dem allein, der auch in ihnen das Gesetz erkennt und bejaht. [...]

Wenn damit notwendig die Betrachtung einer jeden Epoche nationaler Geschichte zum Ausdruck des Wesens wird, das in ihr erscheint, so ist das besondere Vermächtnis des Preußentums das Beispiel des aufs höchste angespannten Willens zur Form: der Initiative und der tragischen Konsequenz des Führers; das Weltbild, unter dem sich diese Formgebung vollzog, die Verbindung der Pflicht an sich, die den Einzelnen trifft, mit dem imaginären Glück der Gesamtheit, ist längst gerichtet und kann nicht erneuert werden; denn auch die Pflicht verlangt nach einem tieferen Fundament, und der Traum von dem möglichen Erdenglück ist für alle Zeit zerstoben. Die Grenzen des Preußentums, eines reinen Willensphänomens, sind offenbar: es hat in seiner höchsten Ausbildung wesentlichen Bedürfnissen der Seele nicht genügt und wird daher von der ganzen Tiefe des religiösen Erlebnisses und von der religiösen Wirklichkeit her immer angreifbar bleiben. Auch hier wirkt sich auf eine furchtbare Weise das Verhängnis moderner Staaten aus: ihr Mangel an absolutem Gehalt. Dem preußischen Staat das alte Reich entgegenzusetzen, wäre ungerecht: jene erhabene Form, die von den großen deutschen Kaisern vertreten wurde, erhebt sich über eine jede abendländische Schöpfung: freilich stand auch dieses Reich auf rein tragischem Fundament: dem Zwiespalt der beiden höchsten Gewalten, die einander nicht entbehren und sich nicht versöhnen konnten. Das Reich ist und bleibt der höchste deutsche Wert: ebenso gewiß aber ist, daß es der stärksten formgebenden Kraft gehört, die in ihm noch vorhanden ist. Die Frage nach dieser formgebenden Kraft konnte nur mit der Bejahung des preußischen Beispiels beantwortet werden: des Beispiels und der menschlichen Werte; nicht des zeitbedingten Gedankens. Das Leben aber in seiner ganzen Schwere ist nur möglich als Auftrag Gottes.«

In seinem Nachwort hatte Schneider überdies bemerkt, Potsdam werde gerade jetzt neu »von der Geschichte ergriffen. Was sich aus der Bewegung entwickeln wird, läßt sich noch nicht bestimmen«. Schneiders verhaltenes Ja konveniert zu dem von Tresckows und anderer Konservativer. Überraschend mag die positive Wirkung des Inszenatorischen am 21. März auf den jungen Schriftsteller sein. Für ihn hat dies nicht – wie für Kasack – den Charakter von circenses, sondern vom Gemeinschaftsgeist des antiken Theaters.

Diesen Überlegungen zu einem geschichtlichen Kairos, den er damals – allerdings nur für wenige Wochen – Realität werden sah, verlieh Schneider sogar in einem Aufsatz für den protestantisch-konservativen ›Tag‹ öffentlich Ausdruck, und dieser Aufsatz ist instrumentiert von anderen, von Reportagen über Städte, die wie Quedlinburg und Halberstadt mit Reichsgeschichte in besonderer Weise verbunden waren. In diesen Reportagen, vor allem in der über Halberstadt (25. Mai 1933), traten indes schon skeptischere Töne hervor: Mit Blick auf den Halberstädter Gleim und dessen *Lieder eines preußischen Grenadiers* unterstrich Reinhold Schneider, Gleim habe gewußt, daß die Macht, die sich vor seinen Augen »unter furchtbaren Kämpfen bewährte«, einen eigenen Ausdruck suche, einen deutschen Ausdruck. Was einst Weimar für Deutschland wurde, habe Gleim, lange ehe Weimar berühmt ward, für Halberstadt erstrebt – Grenzen für die Macht.

Dieser Skepsis begegnen wir erst recht in Reinhold Schneiders

Tagebuch. Wie er im Frühsommer 1933 zu einem vernichtenden Urteil über die letzten vierzig Jahre der Hohenzollern gelangt, so setzt er seine Fragezeichen hinter die zeitgeschichtliche Entwicklung, die er einige Wochen im Lichte des nationalen Erwachens als einen mythischen Vorgang (allerdings ohne Mythos bzw. Mythus!) gesehen hatte. Es sind diese Fragezeichen letztlich bestimmt von einem Maßstab, wie er an einem Höhepunkt des Hohenzollern-Buchs gefunden worden ist, in der grandiosen Beschreibung der letzten Stunden des großen Friedrich: »Er hat den furchtbaren Zwiespalt seines Innern zwischen Amt und Menschentum, Vernunft und Seele versöhnt durch das Opfer seines Lebens; er war hart, nicht aus der Armut der Nüchternen, sondern aus ewigbewegtem Herzen heraus, und stark genug, sich für das Jenseits den Trost nicht zu erträumen, den ihm seine Erkenntnis verbot; und so hat er sich endlich, als einziger auf einzige Weise, den Adel des echten Königs erworben, dessen Beruf es ist, das Schwerste zu tun.«

In der Folgezeit der dramatischen Verhältnisse 1933 geht das Ringen Reinhold Schneiders mit dem, was die Realitäten bestimmte, und mit sich selbst bohrend weiter, und es ist immer wieder die Machtfrage, die ins Zentrum der Gewissenskonflikte, seiner Gewissenskonflikte tritt, sei's in den historischen Gestalten von Kaiser und Papst, sei's in Figurationen, die zeitgenössisches Antlitz annehmen: »Jeder Führer, war er nun König oder Feldherr oder Staatsmann, stand in seiner Entscheidungsstunde vor Gott.«

Aus anderen autobiographischen Aufzeichnungen des Dichters wissen wir, daß ihm von Rudolf Pechel, dem Herausgeber der ›Deutschen Rundschau‹, die letzten Schuppen von den Augen gerissen wurden – von ihm erfuhr er noch im Jahre 1933 über die Konzentrationslager, über Folterungen und Morde. In seinem Nachwort zum Tagebuch hat Josef Rast bemerkt: »Im Freundeskreis von Potsdam wurde er sich darüber klar, daß keine Rettung aus eigener Kraft mehr möglich sei. Da schrieb er die Erzählung *Der Tröster*, die für ihn richtungweisend wurde.«

1934 setzt sich Reinhold Schneider in Potsdam – und wer schon hat dies so getan? – mit dem Text auseinander, in dem bereits früh vorgeführt worden war, wohin das ›Dritte Reich‹ führen solle, mit ›M.K.‹, wie er im Tagebuch kryptisch schreibt, also mit Hitlers *Mein Kampf*. Schneider tat es rechtzeitig genug, um den 30. Juni 1934 in seiner eigentlichen Bedeutung zu erfassen: Die Macht hat endgültig über das Recht triumphiert. Es wird diese Grundfrage politischer und theologischer Existenz den Dichter nie wieder loslassen. Schon in den Potsdamer Jahren bis 1937 sehen wir Reinhold Schneider an einem facettenreichen Werk, in dem diese Problematik in den großen Reichen der Welt zur Gestaltung gelangt, sei es in historischer Meditation, sei es in Novellistik (später in Traktaten und Dramen). Was Schiller in seinen Schauspielen vorführte, eine Weltgeschichte auf dem Theater – Reinhold Schneider hat dies auf seine Weise geleistet, in der Darstellung wichtiger Kapitel der Weltgeschichte (in Ost und West) in unterschiedlicher literarischer Gestalt.

So trat neben *Die Hohenzollern* (mit *Auf Wegen deutscher Geschichte* 1934 als Zwischenspiel) schon 1936 *Das Inselreich*, und es war in der gleichgeschalteten ›Potsdamer Tageszeitung‹, daß dort – am 16. Dezember 1936, nicht im Feuilleton, sondern beziehungslos auf der Lokalseite! – ein kurzer Artikel erschien, unter der Überschrift ›Das Inselreich‹.

Ein neues Buch von Reinhold Schneider, so beginnt dieser Artikel, könne »nicht unbeachtet« erscheinen. »Denn seine Schriften geben der Zeit ihr Gesicht.« Und dann heißt es nach einer knappen Inhaltsangabe des Buches über die britische Insel: »Geschichte wird hier im weitesten Sinne verstanden als die Entfaltung eines Volkes vor Gott – daß das Ewige innerhalb des Ablaufs der Geschichte Menschen und Völker durch immer andere Weise einfordert und vor eine Entscheidung stellt, die ihr Schicksal ist: Das sind die einfachen, grundlegenden Erkenntnisse dieses neuen Werkes. Reinhold Schneider schildert die Menschen des Inselreiches von den ersten Trägern des Kreuzes bis zu den verwegensten Gründern der Macht [...]«

Man stelle sich vor: Dieser Artikel über Kreuz und Macht inmitten der Berichte über NSV und KdF, und man füge hinzu: Zu Recht und Macht sind Kreuz und Macht getreten. Es ist denn auch dieser Dezember 1936, es ist Weihnachten 1936, daß Reinhold Schneider in Potsdam, im Zentrum des altpreußischen Protestantismus, den Weg in die katholische Kirche, zu den Sakramenten zurückfindet. In seinem großen Werk *Las Casas vor Karl V.*, das er wahrscheinlich in Potsdam begonnen, jedenfalls hier schon ›ins Visier genommen‹ hat, haben wir die Konfrontation von Macht und Recht, von Macht und Glaube nicht aus der Sicht eines neutralen, sondern eines militanten Christen.

Zuvor hatte Reinhold Schneider mit sich und für sich (und nicht nur für sich) zu klären, was die Hohenzollern, was das Monarchische zeitgenössisch bedeuten könne. So unterbrach er seine Rückreise vom Inselreich (letzte Station: Canterbury), um in Doorn Wilhelm II. zu begegnen, und so versöhnlich seine dann in Potsdam niedergeschriebenen Eindrücke erscheinen, Schneider ist sich klar: Das Vermächtnis von Doorn bestehe eigentlich darin, daß Wilhelm II., jenseits von Macht und Geschichte, in diesem ›abseitigen Schloß‹ die Krone zurückgewonnen habe. »Ob nun Hoffnungen sind oder nicht, so wird man doch das Leben, zu dem sich der Kaiser in Doorn emporgerungen hat, als einen hohen Wert einschätzen müssen, der vielleicht wieder zur geschichtlichen Forderung wird [...]«

Reinhold Schneider war in Doorn zu Wilhelm II. vom Freiherrn von Sell geleitet worden, der – wie es im Tagebuch heißt – eigens aus Berlin angereist war. Der Vermögensverwalter der Hohenzollern, der bis Anfang der dreißiger Jahre in Potsdam gewohnt hatte, und der junge Schriftsteller kannten sich gut.

Erika von Hornstein, deren Buch *Adieu Potsdam* die Leserinnen und Leser der alten Bundesrepublik an den eigenen Geist dieser Stadt auf bewegende Weise erinnerte und Jahre später auch die in Potsdam selbst unerwartet erreichte, schreibt über den Freiherrn von Sell, und sie schreibt über Reinhold Schneider. Sie kann es authentisch, denn sie ist die Stieftochter des Herrn von Sell:

»Mein Stiefvater war Monarchist aus Tradition und Überzeugung. Das Wort ›Königtum‹ besaß für ihn tiefen Sinn und war erfüllt mit ethischen Werten. Er sprach darüber mit seinem Freund Reinhold Schneider, der manchen Abend mit seinen überlangen Gliedern in einem unserer hochlehnigen Stühle saß: Faszinierend und beklemmend dieses magere, durchgeistigte Gesicht, diese großen, von Trauer und Krankheit umschatteten Augen. Er hatte sich für den Winter 1932/33 in der Dachstube einer Potsdamer Villa eingemietet, um dort sein Werk *Die Hohenzollern, Königtum und Tragik* zu vollenden. In seinem Buch *Verhüllter Tag* charakterisierte er meinen Vater: ›Ein Freund, Freiherr von Sell, treuester, aber keineswegs unkritischer Diener seines Herrn ...‹

Dieser Freiherr von Sell war ganz gewiß ein kritischer Diener seines Kaisers. Obwohl er die hektische Art ablehnte, in der sich die Auseinandersetzung zwischen Doorn und Cecilienhof abspielte, sah auch er in einer Ehe des ältesten Kronprinzensohnes mit dem Fräulein von Salviati eine grobe Verletzung der Tradition und eine Schädigung des monarchischen Gedankens.

Er sprach mit Reinhold Schneider über das Ethos im Leben eines Königs. ›Ich habe meine monarchische Gesinnung niemals aufgegeben‹, bekannte Schneider, ›sie wurde durch meine Wende zum Glauben nur vertieft. Ich glaube an das Königtum von Gottes Gnaden, als Bild und Zeichen des ewigen Königtums. Der einzelne Herrscher hat unter dem Gesetz der Tradition seinem Werk zu dienen und sich zu opfern. Doch darf niemand das Amt mit dem Amtsträger messen.‹«

›Meine Wende zum Glauben‹ – es ist dies in der Tat Reinhold Schneiders Botschaft aus Potsdam.

Interludium

Wilhelm Kempff – Hans Chemin-Petit

Es ist die vox humana des Organisten und Pianisten, die uns in einem stillen Buch der Erinnerung, in einem ganz persönlichen und bekennerischen Text von allerdings hohem stilistischen Rang die historische Atmosphäre und Perspektive dieser Stadt und ihres so oder so beschworenen Geistes lebendig macht: Wilhelm Kempff hat vor fast 50 Jahren eine Liebeserklärung an Potsdam geschrieben, wo sein Vater zu Beginn dieses Jahrhunderts Organist an St. Nikolai geworden war und wo er selber, ein ›Wunderkind‹, das 1907 mit elf Jahren sein erstes Konzert im Palast Barberini gegeben hatte und dafür eigentlich vom Viktoriagymnasium verwiesen werden sollte, den Grund für seine ›Karriere‹ legte.

Wilhelm Kempffs zuerst 1951 in Stuttgart erschienenes Buch *Unter dem Zimbelstern* ist mehr als ein Memoirenband. Es ist eines der schönsten Potsdam-Bücher, die ich kenne – und es ist in seiner literarischen Gestalt von Kindheits- und Jugenderinnerungen dem Buch verwandt, das für die innere Emigration fünfzehn Jahre zuvor eine so prägende Wirkung gehabt hatte: Hans Löschers *Alles Getrennte findet sich wieder*. Kempff beschreibt nicht nur die Stationen seines von Rückschlägen nicht freien Wegs in die Spitze der europäischen Musikkultur, er betreibt in künstlerischer Spontaneität vielmehr das, was 1993 die tausendjährige Stadt programmatisch zur Wirkung zu bringen gesucht hatte: den eigentlichen geistigen Ort dieser Stadt zu finden, *den* ›Geist‹ also in Frage zu stellen, der zu oft und zu sehr zum Symbol für all das geworden war, was an Verhängnis und Schuld, zumal in diesem Jahrhundert, von Preußen-Deutschland ausgegangen war.

Das Jahr 1918 – Wilhelm Kempff hat sich schon einen Namen gemacht – erscheint in der Rückerinnerung des sensiblen Künstlers, der ein Gefühl nicht nur für die Harmonien seiner Kunst, sondern auch für die Disharmonien in der Welt hat, in solcher Perspektive:

»Mir war doch anders zumute, da nun in allen Ländern die Glocken den siegreichen Frieden einläuteten, als dem ›mulus‹ vier Jahre zuvor, da dieser stolzgeschwellt an den Eulen vorbeidefiliert war.

In Deutschland läuteten die Glocken nicht. Jetzt war es gute Zeit für die Schattenmenschen, die bisher unbeobachtet in düsteren Abfallsecken ihr Leben gelebt hatten, wenn dies ein Leben zu nennen war. Sie alle kamen hervor wie die Lemuren und forderten unverhüllt die Begleichung alter

Schuld. Statt ihrer saß nun der Kriegsblinde am Brandenburger Tor; er war der Bettelmann geworden. Seine Bitte um milde Gaben schnitt dem Simplicius ins Herz. Das Unterste wurde zuoberst gekehrt und da nahm es nicht wunder, daß so manch einer der ›Obersten‹ aus meiner Vaterstadt sich leise aus dem Staube machte, weil er den Untergang des Reiches nicht mitansehen konnte. Die königliche Residenzstadt hatte ihr Festtagskleid abgelegt und ging nun sichtbarlich verschämt im grauen Arbeitskleid umher.

Doch noch klingelte vom hohen Turm der Garnisonkirche das ›Üb immer Treu und Redlichkeit bis an dein kühles Grab‹, und auch das ›Lobe den Herrn, den mächtigen König der Ehren‹ ließ sich zu jeder vollen Stunde hören. Aber dieses ehedem so überaus lustige Geläute hatte einen anderen Klang bekommen. Gott hatte gegen uns entschieden. Und bisher war Gott mit uns gewesen. Derselbe Gott, dem nun in der Westminster-Abtei mit Händels ›Halleluja‹ in selbiger Stunde gedankt wurde. Da stimmte etwas nicht in der Rechnung, in unserer Rechnung stimmte es nicht.

Kann man es dem Simplicius verargen, wenn jetzt so manches Erlebnis aus der unrühmlichsten Zeit seines Lebens in der Erinnerung eine andere Färbung erhielt? Wie hatte es geschehen dürfen, daß ein Vorgesetzter seine Gewalt in schnöder Weise mißbrauchte? Daß dieser Vorgesetzte nur so im Vorbeigehen dem vertieften Leser sein Buch aus der Hand schlug, nur aus dem dumpfen Trieb heraus, dem andern die heilige Stunde zu rauben, ihm die köstlichen Augenblicke einer schwer erstrittenen Einsamkeit nach getanem Dienst zu stehlen? Sprach nicht aus solchem Tun ein abgründiger Haß des Leibeigenen, des Knechtes gegen den Herrn? Wehe, wenn solchen Knechten die Herrschaft gegeben würde! Sie könnten nur wieder knechten und nicht herrschen. Aber da gab es auch andere. Es gab hilfreiche Kameraden, die noch nicht verlernt hatten, auf das Pochen, Hämmern, Rufen der Amboßmänner dort unten in den Schächten der Seele zu hören. Denn ihre Seele war nicht käuflich geworden wie die schmutzigen Papierzettel, die Geld bedeuten sollten und es nicht mehr waren. [...]

Solcherlei Gedanken bewegten nun den Spielmann, dessen Taten nicht dazu beigetragen hatten, den ›Endsieg‹ zu erringen. Er hatte die Hermannsschlacht zweimal verloren. Wohl aber nicht den Glauben an das ›andere Deutschland‹. Das Antlitz Dürers, Bachs, Goethes, es hatte nicht gelogen. Ganz gewiß, alle drei schlechte Soldaten ... Aber alle drei Streiter des Geistes.«

Simplicius – das hieß, daß auch Wilhelm Kempff ein trauriges Gastspiel bei den ›Preußen‹ hatte geben müssen. Schwer war ihm das gefallen, gedemütigt hatte er sich gesehen – »[...] und doch, wenn man den jungen, inzwischen mit doppeltem Mendelssohnpreis ausgezeichneten Hochschüler vor die Wahl gestellt hätte, noch jetzt aus dem Bannkreis des Krieges zu fliehen [...] – er hätte es nicht über sich gebracht. Dort, wo ihn das Schicksal hingestellt hatte, dort wollte er bleiben, noch immer hoffend, daß Trompetenschall und gellender Kommandoruf bald abgelöst würden durch den friedlichen Wettkampf der Musen.«

Was Kempff dann 1918/19 erlebt, was er in eine breite historische Perspektive gerückt hatte, in die des Scheiterns jenes alten Geistes von Potsdam, dem er – Simplicius Kempff – hatte Tribut zollen müssen, geriet unter das Gericht und die Verheißung eines anderen Geistes von Potsdam. Ihm hatte er im Erinnern der Kindheit diese Gestalt gegeben: »Wohl hatte sich Gott in alter und ältester Zeit durch das Wort geoffenbart, in den wunderbaren Psalmen, diesen tönenden Denkmälern der menschlichen Seele, in den Weissagungen seiner Propheten. Aber das Wort war schal geworden, entwertet, abgegriffen. Dann hatte Gott die neuen Propheten ausgesandt, um die Seele des Menschen mit der Macht der Musik zu erfüllen [...] Wurde nicht damals schon von meinem Vater der Grundstein zu solchem Dom gelegt, indem er ganze Bachkantaten in den Gottesdienst einbaute? Als mächtigen Helfer bei solchem Tun hatte er den Superintendenten Haendler [...], der wohl wußte, daß es höchste Zeit war, daß die heilige Cäcilie sich ihrer armen ketzerischen Kinder, der nüchternen Protestanten, annahm. Wenn dann die Zeit der Weihnacht kam, dann wußten die Potsdamer, daß da in der Nikolaikirche alle die alten Weisen erklingen würden; der gewaltige Raum vermochte nur mit Mühe die Schar der Pilger ins selige Kinderland zu fassen. Ja selbst aus höchster Kuppel erklangen die Echochöre der jubilierenden Engel [...]«

Als Gymnasiast hatte Kempff immer das Gefühl gehabt, er sollte auf ›Sparta‹ eingeübt werden. Hier war ›Athen‹, nein, hier war viel mehr ...

Wie die Familie Kempff das musikalische Leben der Havelstadt über Jahrzehnte beeinflußt und geprägt hat, so die Familie Chemin-Petit, und wie im Falle Wilhelm Kempffs setzte auch der 1902 geborene Hans Chemin-Petit als Lehrer, Dirigent und Komponist das Werk seines Vaters und überdies das seiner Mutter, einer zu ihrer Zeit bekannten Sängerin, auf eigene Weise fort. Schon als relativ junger Mann hatte Chemin-Petit akademische Ehren in der Hauptstadt errungen, war aber Potsdam immer treu geblieben, auch nach 1945, als bei ihm gleichsam alle musikalischen Fäden der Stadt zusammenliefen. Selbst nachdem er 1953 aus Potsdam weggegangen war, gedachte er der Stadt, nicht zuletzt in der Persönlichkeit Peter

Huchels, von dem er Lieder vertonte. Zu seinem 65. Geburtstag wurde das Lebenswerk Hans Chemin-Petits von Oskar Söhngen, dem Inspirator protestantischer Kirchenmusik und Kunst in Berlin-Brandenburg (und nicht nur dort), in einer Art gewürdigt, die gerade auch das individuelle Profil des Künstlers objektiv mit dem ›Geist von Potsdam‹, dem anderen, in Verbindung brachte:

»Bei einer solchen Rückbesinnung werden zunächst die Konstanten, die cantus firmi, die ostinati und Orgelpunkte, im Leben und in der Prägung unseres Jubilars in das geistige Blickfeld treten: seine Herkunft aus einem Musikerhause, dessen Schwerpunkte nun schon in der dritten Generation beim Komponieren, Dirigieren und bei der Musikerziehertätigkeit liegen; die Verwurzelung in französisch-emigrantischer Familientradition, die sich schon in dem Namen bekundet und die auch dem späten Nachfahren noch einen Schuß gallischen Esprits und Temperaments vermittelt hat – ja, ich möchte meinen, daß sich dieses Erbe sogar bis in das Physiognomische und die äußere Erscheinung auswirkt: in einer französischen Stadt würde man Hans Chemin-Petit schwerlich sogleich als Fremden erkennen –; die Prägung durch den Ort der Kindheit und Jugend Potsdam, jenes andere Potsdam, das nicht die Geburtsstätte des fragwürdig gewordenen ›Potsdamer Geistes‹, sondern überfunkelt von allen Glanzlichtern der Kultur ist, das Potsdam von Sanssouci mit dem flötenblasenden König und dem Thema Regium, über dem Johann Sebastian Bach den Wunderbau des *Musikalischen Opfers* errichtet hat, und das Potsdam der Jahrhundertwende mit dem berühmten Knabenchor von St. Nicolai[!] unter Kirchenmusikdirektor Wilhelm Kempff, jene für immer versunkene Stadt, welcher der Sohn Wilhelm Kempff mit seinem Erinnerungsbuch *Unter dem Zimbelstern* und unser Jubilar mit der *Potsdamer Musik* von 1944 ein Denkmal gesetzt haben. Es fällt auf, wie seßhaft Hans Chemin-Petit zeitlebens geblieben ist: nichts von einem unruhigen gärenden Umherschweifen durch die halbe Welt, das überall Anregungen und Reize sucht, um als Persönlichkeit und Komponist zu sich selber zu finden – im Sinne jenes Wortes des Grafen von Keyserling, daß der Weg um die Welt der nächste Weg zu sich selbst sei –, sondern ein beharrliches Ausschreiten des geistigen Ursprungsraumes Potsdam-Berlin und ein ruhiges, selbstsicheres Entfalten der Gaben und Erfahrungen zu immer reicherer Blüte. Man ist versucht, diese Selbstzucht in der steten inneren Entwicklung des Menschen und Komponisten als ein im schönsten Sinne ›preußisches‹ Element zu bezeichnen, womit dann doch – in sittlicher Sublimierung – auch der Potsdamer Geist als Ganzer zu seinem Rechte käme.«

Weimar in Potsdam

Reinhold Schneider hatte bei seiner Ankunft in der Havelstadt bemerkt, die Republik (›Weimar‹) habe zu ihren Ungunsten Potsdam links liegen gelassen. Links? Nein, rechts – und das meinte Schneider ja auch, der die Aufnahme der mit Potsdam, der mit Preußen verbundenen Traditionslinien auf dem Felde politischer Entscheidungen im geistigen Diskurs einfordern wollte.

Tatsächlich war es so gewesen, daß nach der tiefgehenden Zäsur von 1918 in der letztlich folgenlos gebliebenen Debatte über die Reichsreform die Inventur des Preußischen eine zentrale Rolle spielte. Man muß einmal die Protokolle der Verfassunggebenden Landesversammlung und dann des Preußischen Landtags durchsehen, um eine Vorstellung von dem Niveau der parlamentarischen Auseinandersetzung über das preußische Erbe zu bekommen. Reden solcher Abgeordneter wie der Professoren Martin Rade, Johann Viktor Bredt und Wilhelm Kaehler, des Prälaten Albert Lauscher und des Generalsuperintendenten Wilhelm Reinhard, der Minister C. H. Becker und Konrad Haenisch, nicht zuletzt des Unterstaatssekretärs Ernst Troeltsch machten klar, daß ein differenziertes Bild von Preußen, von Potsdam in die Republik hinübergerettet werden sollte. Als Repräsentant des alten Potsdam trat Wolfgang von Kries von der Deutschnationalen Volkspartei auf.

Sicherlich war es der Polarisierung der politischen Kräfte in Deutschland geschuldet, daß nach 1920, nach 1922, nach 1929/30 Preußen eben doch nicht in einem produktiven Sinne ›domestiziert‹ erschien und (unter den Schatten des Papen-Putsches vom 20. Juli 1932) eben jener Zustand entstanden war, den Reinhold Schneider beklagte.

Links liegen gelassen war in der Zeit der Weimarer Republik in Potsdam in der Tat die Erinnerung an jenes seinerzeit sensationelle Ereignis aus der wilhelminischen Endzeit, daß Karl Liebknecht bei den Reichstagswahlen 1912 ausgerechnet im Potsdamer ›Kaiserwahlkreis‹ gesiegt hatte. Das spröde Verhältnis der Sozialdemokratie zu Potsdam in den zwanziger Jahren äußerte sich u. a. auch darin, daß die SPD-Zeitung der Mark Brandenburg, deren zeitweiliger Redakteur übrigens Friedrich Ebert war,

Sohn des Reichspräsidenten und erster Landtagspräsident nach den Wahlen von 1946, nicht etwa in Potsdam, sondern in Brandenburg/Havel redigiert wurde; in Potsdam gab es nur eine Lokalredaktion. Allerdings agierte in Potsdam – wie zu Karl Liebknechts Zeiten – immer auch eine starke Linke. Bei den Landtagswahlen 1928 erhielt die KPD in dem einen der beiden Wahlkreise 17,5 Prozent (wie auch bei den Reichstagswahlen), 1932 kam sie auf 16,9 Prozent (und sogar auf 20,3 Prozent bei den Reichstagswahlen). Die KPD konnte also ihre Position halten, während die Deutschnationalen, die zwischen 1921 und 1928 stets auf 20 bis 28 Prozent kamen (in einem Wahlkreis 1924 sogar auf 32 Prozent), 1932 beträchtlich gegenüber der NSDAP verloren und nur noch um die zehn Prozent der Stimmen erhielten. Die Nazis legten von drei Prozent 1928 auf 32 Prozent in dem einen und auf 36 Prozent in dem anderen der Wahlkreise zu!

Das Potsdam-Bild der Linken ist – gerade auch auf diesem Hintergrund – dichterisch wohl gültig erfaßt in Bertolt Brechts Gedicht:

> Zu Potsdam unter den Eichen
> Im hellen Mittag ein Zug
> Vorn eine Trommel und hinten eine Fahn
> In der Mitte einen Sarg man trug.
>
> Zu Potsdam unter den Eichen
> In dem hundertjährigen Staub
> Da trugen sechse einen Sarg
> Mit Helm und Eichenlaub.
>
> Und auf dem Sarg mit Mennigerot
> Stand geschrieben ein Reim
> Die Buchstaben sahen häßlich aus:
> »Jedem Krieger sein Heim!«
>
> Das war zum Angedenken
> An manchen toten Mann
> Geboren in der Heimat
> Gestorben am Chemin des Dames.
>
> Gekrochen einst mit Herz und Hand
> Dem Vaterland auf den Leim

> Belohnt mit dem Sarge vom Vaterland:
> Jedem Krieger sein Heim!
>
> So zogen sie durch Potsdam
> Für den Mann am Chemin des Dames
> Da kam die grüne Polizei
> Und haute sie zusamm.

Freilich war es in den zwanziger Jahren so, daß nicht nur in der Arbeiterbewegung unterschiedlicher Couleur ein zwiespältiges Verhältnis zu Potsdam, ja die Feindschaft gegenüber einem altbösen ›Geist von Potsdam‹ vorhanden war. Auch im linksbürgerlichen Bürgertum finden wir diese Position. Vor den Wahlen zur Potsdamer Stadtverordnetenversammlung im März 1928 (nur noch fünf Jahre sollten bis zum ›Tag von Potsdam‹ vergehen) schreibt Veit Valentin, der Vorsitzende der Deutschen Demokratischen Partei am Ort, unter dem Titel *Potsdam kämpft* in der ›Vossischen Zeitung‹: »Der Potsdamer Magistrat und die Potsdamer Stadtverordnetenversammlung fühlten sich in ihrer deutschnationalen Mehrheit, die bisher überwältigend genannt werden darf, als Hüter des ›Geistes von Potsdam‹. Der Geist von Potsdam hat nun seinen wirklichen Sitz in der alten Hofgesellschaft, die es ja auch noch in Potsdam gibt. Die braven Leute im Rathaus haben weder geistig noch sozial mit dieser alten Hofgesellschaft viel zu tun; der eine oder andere hat wohl im Hoflieferantenverhältnis zu den königlichen und den prinzlichen Höfen gestanden und tut es heute noch. Aber im übrigen haben sich doch die Beziehungen von der einen Seite auf herablassendes Wohlwollen, von der anderen Seite auf ersterbende Verbeugungen beschränkt. Daß die alte Hofgesellschaft, die zum Teil dem ehemaligen Königshause menschlich nahegestanden hat, nun auch menschlich zu ihm hält, das ist begreiflich – es hat aber mit Politik durchaus nichts zu tun. Man weiß auch, daß es in dieser Hofgesellschaft und unter den alten Militär- und Zivilexzellenzen eine Menge prachtvoller Typen gibt. Niemand will ihre Gefühle verletzen – aber politisch haben sie nichts gelernt, und politisch kann man von ihnen nichts lernen.

Die große Frage für Potsdam lautet so: will es ein Museum werden, ein schwarz-weiß-rotes Schilda, ein Mumienkabinett für aussterbende Ideen und Personen – eine Kuriosität, die neben der Weltstadt Berlin einen grotesken Reiz allein noch behaupten kann? Oder kann sich dieses Gemeinwesen nicht zu einem Bürgerstolz und Bürgermut aufraffen, der historische und künstlerische Traditionen zu ehren weiß, aber den Geist und Rhythmus einer neuen Zeit in sich aufnimmt und daraus fruchtbares Leben zu gewinnen weiß?«

Auch hierfür gab es in der ehemaligen Residenzstadt bemerkenswerte Traditionslinien. Mit Potsdam ist der Name Moritz von Egidys verbunden, einer singulären Gestalt pazifistischer Haltung und ethischer Kultur. Im Sommer 1914 kamen (ich folge einem Text Martin Bubers) acht europäische Intellektuelle in Potsdam zusammen, unter ihnen Theodor Däubler, Erich Gutkind, Gustav Landauer, Florens Christian Rang, Martin Buber und der niederländische Schriftsteller Frederik van Eeden, »um in dreitägiger Besprechung die Bildung eines Kreises vorzubereiten, der, die Einung der Menschheitsvölker vertretend, sie in entscheidender Stunde zu autorativem Ausdruck zu bringen vermöchte. Briefwechsel darüber war auch mit einigen anderen geführt worden, so mit Romain Rolland, der verhindert war, an der Zusammenkunft teilzunehmen. In den Potsdamer Tagen wurden die Probleme einer gemeinsamen Tätigkeit geklärt und die Namen derer vereinbart, die mit den Acht den Kreis konstituieren sollten; er sollte im August des Jahres in Forte dei Marmis endgültig begründet werden [...] Der Kriegsausbruch verhinderte es [...]«.

Wie wir jetzt wissen, hatte dieses Treffen in der Potsdamer Bertinistraße stattgefunden, in einem Sommerhaus der Familie Gutkind. Erich Gutkind, Sohn eines wohlhabenden jüdischen Kaufmannes und Bruder des später berühmten Architekten, wohnte damals in Neubabelsberg. Er hat sich, in der amerikanischen Emigration, gegenüber Gerhard Scholem kritisch über das Treffen geäußert. Übrigens sollte auch Walther Rathenau in den Kreis einbezogen werden.

Man bedenke, daß dieses Ereignis sich mit Potsdam in einer Zeit verband, als der ›Geist von Potsdam‹ als Ausdruck deutschen Expansionsdrangs erschien (von den Traditionen her wie von jener oft als für den Kriegsausbruch mitentscheidend bezeichneten Potsdamer Sitzung des Kronrats am 5. Juli 1914).

»Als 1914 die fremde Propaganda Deutschland spalten wollte in Weimar und Potsdam, sträubte ich mich«, sollte später Karl Jaspers in seiner philosophischen Autobiographie schreiben. »›Weimar‹, das war keineswegs jenes ganze, große geistig-politische Deutschland eines Jahrtausends, in dem es doch nur ein gewichtiges Glied bedeutete. ›Potsdam‹ hatte einen schlechten Klang auch für uns, aber es war nicht identisch mit dem Deutschland, das damals kämpfte [...]«

Analog hierzu kann auch das reale Potsdam der zwanziger Jahre nicht auf einen allein gültigen Nenner gebracht werden. Es läßt sich nämlich in der deutschnationalen ›Residenzstadt‹ vor allem Mitte der zwanziger Jahre ein reiches kulturelles Leben feststellen und (pars pro toto) vor allem ein öffentliches Vortragswesen registrieren, das bemerkenswert genug war und nicht nur intellektuelle Ansprüche befriedigte, sondern auch in die politische Meinungsbildung hineinreichte.

1925 etwa sprachen in öffentlichen Veranstaltungen in Potsdam Adolf Damaschke, der Verfechter von Bodenreform, Siedlungs- und humaner Wohnungspolitik, und Johannes Lepsius, der Theologe und Missionar, der mit seiner Enthüllung der türkischen Armeniergreuel im Ersten Weltkrieg (fast allein von Karl Liebknecht öffentlich unterstützt) weltweit auf sich aufmerksam gemacht hatte und in Potsdam nicht nur wohnte, sondern auch einen Verlag betrieb, Theodor Heuss, Willy Hellpach und Theodor Bohner auf Versammlungen der Deutschen Demokratischen Partei und Ludwig Bergsträsser bei der DVP (und auch die DNVP ließ sich nicht lumpen und schickte Spitzenpolitiker wie den Grafen Westarp und den ehemaligen Hofprediger Doehring). Den Grafen Keyserling finden wir Ende 1924 unter den Vortragenden in Potsdam, und Potsdam war damals ein Ort, in dem der aus dem Baltikum stammende philosophische Schriftsteller genügend Landsleute finden konnte.

Zu den prominenten Potsdamern bzw. Babelsbergern, die als Redner auftreten, gehörten August Winnig, der ehemalige sozialdemokratische Regierungspräsident von Ostpreußen, der jetzt eine beamtete Stellung in der Havelstadt hatte, der Reichskunstwart Dr. Edwin Redslob, der mit kulturhistorischen Schriften hervortrat, der Potsdamer Oberschulrat Lic. Dr. Hartke, der Sozialdemokrat geworden war (und nach 1945 das Schulwesen in der sowjetischen Besatzungszone aufbauen half), und Bruno H. Bürgel, der den Weg vom Arbeiter zum Astronomen gegangen war und für die Sozialdemokratie eintrat. Zu seinem 50. Geburtstag 1925 wurde der Arbeiterastronom in der konservativen ›Potsdamer Tageszeitung‹ von Prof. Dr. Nippoldt gewürdigt.

Großes Aufsehen erregten 1925 zwei Vortragszyklen, die Karl Heidkamp in der Aula des Viktoriagymnasiums organisiert hatte: »In der nächsten Woche«, so berichtete die ›Potsdamer Tageszeitung‹ am 3. Januar 1925, »spricht zum erstenmal öffentlich in Potsdam der berühmte Professor der Berliner Universität Dr. R. Guardini, eine der gegenwärtig heißumstrittensten Persönlichkeiten im deutschen Geistesleben. Guardini wohnt [...] seit geraumer Zeit in unserer Stadt, und es gehen also von hier aus ungemein starke geistige Schwingungen durch ihn in die Welt [...]«

In der Tat: Der Name des bedeutenden katholischen Theologen der Erneuerung, nicht nur der liturgischen, verbindet sich für mehrere Jahre, von 1923 bis Ende der zwanziger Jahre, mit Potsdam, wo er – nach seiner Berufung auf die Weltanschauungsprofessur an der Berliner Universität, die so aber nur einzurichten war, daß sie von der Breslauer Katholischen Theologischen Fakultät ›ausgeliehen‹ wurde – nicht nur wohnte, sondern auch predigte und eben Vorträge hielt. Im Januar 1925 waren es Vorträge über die Technik und das Menschentum, im Winter 1925 über Bildung.

Über Potsdam, Potsdamer und Guardini, über Märkisches und Katholisches haben wir einen bemerkenswerten Bericht aus einer *Jugend in Deutschland* von Alfred Neumeyer, dem jüdischen Konvertiten, der als Kunsthistoriker (erst in Berlin, seit 1935 in den USA) bekannt geworden ist, ein bürgerlich Linker im Sinne Valentins, der als Pressechef der Staatlichen Museen dem Reichsbanner zugehört hatte:

»In meinem dritten Semester, es war 1924, habe ich durch meine Beziehungen im Bund deutscher Neupfadfinder im Hause Rabien Unterkunft gefunden, deren beide ältesten Söhne demselben Bunde angehörten. Die Rabien besaßen die damals weitbekannte Konditorei am Nauener Tor in Potsdam. [...] Ich nannte meine Unterkunft das ›Haus Rabien‹, denn es bestand aus einem dreistöckigem Komplex, in dessen Erdgeschoß der Laden und die Küche sich befanden, darüber die Wohnräume. In ihrem weitverzweigten Zimmernetz wohnten die Großeltern, die Eltern, drei Söhne, das Kinderfräulein und neuerdings ich selber. Wer noch Gustav Freytags *Soll und Haben* gelesen hat, wird sich von dem stolz-unabhängigen Handwerks- und Geschäftsgeist dieses Milieus eine Vorstellung machen können. Die Großeltern, einfache Leute, sprachen nur Mecklenburger Platt – die Rabiens, ursprünglich, wie so viele ›urpreußische‹ Potsdamer, Hugenotten, waren aus Frankreich nach Mecklenburg eingewandert –, der rothaarige Vater, mit seltsam platter Nase und leichter Hasenscharte, wechselte zwischen Platt und Hochdeutsch, ein grundgütiger und schlichter Mann, der mit beunruhigtem Erstaunen auf die geistig-ästhetische Entfaltung seiner Familie geblickt haben mußte. Daran war zum großen Teil seine Frau ›schuld‹. Sie war die ›Diotima‹ des Potsdamer Neupfadfinderkreises. Alle Sehnsucht nach dem Weiblichen in diesem Männerbundkreis fand sein Ideal in dieser blonden und blauäugigen, nach dem Edlen strebenden und – wie mir heute scheint – sentimental verwirrten und über ihren einfachen Mann hinausgewachsenen Frau. Daß aber das Konditor- wie einst das Goldschmied-Gewerbe die Keime für künstlerisch-ästhetische Erfahrungen birgt, konnte man an August, dem ältesten Sohn, sehen, der wenn nötig ebenfalls im Tortendienst mithalf, sonst aber als Tänzer und angehender Maler von beinahe mädchenhafter Verfeinerung war. [...]

In immer neuen Schlenderwegen erforschte ich die Stadt Potsdam, die umliegenden Schlösser und Parks. Ich gewann Einsicht in die holländische Grundschicht der dortigen Architektur dem Kanal entlang und der nahen Garnisonkirche, erlebte das ›Französische‹ in den Räumen des Schlosses, in den Terrassengärten und Avenuen des Parkes von Sanssouci und des Stadtschlosses, begegnete England in der Ruinengotik der Pfaueninsel und dem Englischen Garten; Griechenland erschien mit Freundschaftstempeln und dem Stadttheater, dem die athenisch-demokratische Inschrift ›Dem Vergnügen der Einwohner‹ vom großen Friedrich mitgegeben wurde, und Italien mit der Kuppel von Schinkels Stadtkirche. So ist diese junge Kolonialstadt auf magerem Sandboden zum Spiegel der europäischen Kultur seit 1700 geworden, zu einer durch Seen, Flüsse, Gärten und Schlösser malerisch gesteigerten Kultur, die aufzunehmen Herz und Geist des Studenten entzückte. Ich lernte den dicken Professor Kania, den feinsten Kenner der Architektur Potsdams, kennen und den dünnen, blassen und zarten Professor Borck, der im Geist Griechenlands zu Hause war, beide Klassenlehrer am Potsdamer Gymnasium und gern gesehene Gäste der Konditorei Rabien.«

Übrigens – was hatte sich Reinhold Schneider gewünscht? – verbindet sich mit dem Café Rabien noch ein anderer Name: »Nicht weit vom Nauener Tor«, so lesen wir im Potsdam-Führer für Literaturfreunde, »lag die Druckerei Stein, in der seit 1925 das für

Politik, Kunst, Wirtschaft und gegen Militarismus und Krieg kämpfende, von Carl v. Ossietzky und während seiner Inhaftierung von Kurt Tucholsky herausgegebene Wochenblatt ›Die Weltbühne‹ gedruckt wurde. In der an der Ecke des Holländischen Viertels gegenüber vom Nauener Tor liegenden ehemaligen Hofkonditorei Rabien las Ossietzky an einem kleinen Marmortisch rechts vom Eingang sonnabendlich die Schlußkorrekturen der ›Weltbühne‹ und schrieb hier nach der Lektüre der Morgenzeitungen seine Leitartikel.«

Auch das gehört (auf dem roten Blättchen stand Potsdam als Postversandort) zu Potsdam. Und eine alte Potsdamerin war überdies Sekretärin Carl von Ossietzkys, Hedwig Hünecke, Behlertstraße 13. Nach dem Verbot der Zeitschrift war sie – nicht zufällig – Sekretärin im Schocken Verlag in Berlin, dem Verlag Martin Bubers und Franz Kafkas, bis wiederum zu dessen Verbot 1938.

Interludium

Siegward Sprotte

Mitte der dreißiger Jahre machte ein junger Maler in Potsdam und in Berlin von sich reden: Siegward Sprotte. Karl Foerster, der mit dem Haus Sprotte in Bornstedt eng verbunden war, hatte den Gymnasiasten an Karl Hagemeister, den urmärkischen Maler, gewiesen, nachdem er gesehen hatte, mit welcher Subtilität dieser junge Mann in seinem Garten »das Studium der chromatischen Blautöne« betrieben hatte; natürlich waren damit Ritterspornbilder gemeint.

Sprotte studierte zunächst bei Hagemeister in Werder, dann u. a. bei Emil Orlik, dem Freund Loerkes und Hermann Kasacks, in Berlin. Fast regelmäßig unternahm er Studienreisen nach Italien. In seinem Atelier in Bornstedt übte er sich im Handwerk altmeisterlicher Malweisen (1937: *Selbstbildnis mit Lebensbaum*). In diese Zeit fallen erste Ausstellungen in Kopenhagen, Berlin und Potsdam. 1935 unternimmt Sprotte gemeinsam mit dem siebzehn Jahre älteren Hermann Kasack eine Ferien- und Studienreise nach Nidden (Kurische Nehrung). Sprotte wird zeitweilig einberufen, erkrankt jedoch schwer und lebt seit August 1945 im Gästehaus von Peter Suhrkamp in Kampen auf Sylt. Waren seine Bilder für die offizielle Münchener Ausstellung von den Nazis abgelehnt worden, ist er nun, 1946, auf einer der ersten großen Potsdamer Kunstausstellungen, zusammen mit den in Potsdam verbliebenen Künstlern, mit Kayser-Eichberg etwa und mit von Kameke, vertreten. Zu Beginn der fünfziger Jahre beginnt für Sprotte eine steile und weltweite Karriere, etwa auch als Porträtist (Hesse, Jaspers, Ortega y Gasset und – natürlich – Karl Foerster).

Wenn wir die Häuser und Salons der dreißiger Jahre in Potsdam observieren, wenn wir später in die Kasinos und Kasernen blicken werden – man muß auch auf die Ateliers acht haben! Zwischen 1933 und 1939 ist das Potsdamer Atelier Sprottes Treffpunkt und Begegnungsort – mit Eugen Diesel, Wilhelm Kempff und Wilhelm Furtwängler, Hermann Kasack, Karl Foerster und Edwin Redslob, mit ›Potsdamern‹ also, später mit dem Homer-Forscher Wolfgang Schadewaldt, den wir nach 1945 als Autor bei Werner E. Stichnote sehen, und wenn Percy Gothein als Gesprächspartner genannt wird, dann öffnet sich die künstlerische Welt der Potsdamer Ateliers in die politische der antinazistischen Gruppe um den Verlag Die Runde, den Edwin M. Landau in Berlin leitete, bis er zur Emigration gezwungen wurde. In diese ›Runde‹ gehörte Gothein – wir kommen auf sie und ihre Weiterführung in den Niederlanden, im Castrum Peregrini, neuerlich zu sprechen, wenn wir Wilhelm Fraenger in Potsdam treffen ...

In Kampen sollte Sprotte solche Atelierbegegnungen und -gespräche fortsetzen. In ihnen entfaltete sich seine eigene ästhetische Auffassung im begrifflichen Diskurs.

In einem Essay über Sprotte hat Rainer K. Wick zu den Bildern der frühen vierziger Jahre bemerkt, Sprottes minutiöser Malstil hätte womöglich dem Kunstverständnis jener Zeit entsprochen. »Thematisch findet sich bei Sprotte allerdings nicht der geringste Hinweis darauf, daß sich der Künstler politisch hätte vereinnahmen lassen. Im Gegenteil, die [...] erwähnten Bilder verweigern sich radikal den ideologischen Ansprüchen der damaligen Machthaber; ja, in ihrer Darstellung der abgestorbenen Natur können sie [...] als versteckte Kritik am System interpretiert werden.«

Sprotte ist seiner Bornstedter Heimat immer treu geblieben, sei es durch Besuche, verbunden mit Studium und Arbeiten, sei es mit einer großen Ausstellung in Potsdam 1988, schon vor der Wende, sei es aber auch in der Aufnahme ästhetischer Positionen der Potsdamer Zeit, etwa des Ostasiatischen, des ›Blauen‹ (1971: Zyklus *Blaue Revolution*). *Rosenkohlstudien* von 1968 sind wiederum in Bornstedt datiert, und 1991 schreibt er unter eine Gouache: »›Das Leben des Kosmos ist das Ende der Malerei‹ (Karl Hagemeister)«. Kosmos – ein in Potsdam gängiger Begriff, in den Observatorien auf dem Telegraphenberg, im Hause des Sohnes von Wilhelm Foerster, bei Bruno H. Bürgel. Und im Roman des Freundes Kasack, des gleichsam alltäglichen Gesprächspartners seit 1933, liest man, im Archiv der *Stadt hinter dem Strom* werde alles an Papieren aufbewahrt, »sofern in ihnen das menschliche Schicksal beispielhaft für das Schicksal des Kosmos steht [...]«

Die Konstellationen, die sich in Potsdam anbahnen: Kasack, Sprotte, Suhrkamp – sie kommen später zur vollen Wirkung außerhalb Potsdams, aber sie bleiben mit der Stadt an der Havel verbunden ...

›Geistige Geselligkeit‹

›Grundrisse‹ und ›Gestalt‹ einiger Potsdamer Häuser

Im Dezember 1932 hatte Reinhold Schneider im Umfeld seiner Beschäftigung mit den Hohenzollern eine historische wie zeitgenössische Verhältnisse berührende Bemerkung gemacht, die (mit der Konzeption ›Potsdam und Weimar‹ für den Epilog des Hohenzollern-Buchs im Hintergrund) für unsere Erwägungen sehr produktiv ist:

»Ein Stand lebt so lange, als er etwas zu geben hat. Was wir bisher als deutsches Kulturgut bezeichnen können, ist bürgerlichen Ursprungs. Der Adel, sofern er eine schöpferische Leistung erstrebte, glich sich dem Bürgertum an. Strebten einzelne aus der bäuerlichen Schicht oder dem Arbeitertum zur geistigen Tat, so übernahmen sie gleichfalls die bürgerliche Form. Die heutige geistige Führung liegt entweder noch in bürgerlichen Händen oder sie setzt doch die Arbeit des Bürgertums in vollem Umfang voraus. Die echten entwicklungsfähigen Werte sind auch heute noch bürgerlich. Eine proletarische Geistigkeit gibt es nicht, ebensowenig eine echte Geistigkeit ohne traditionelle Bindungen [...] Das Bürgertum ist auch heute noch die einzige Schicht, die etwas zu geben hat [...] Trotz häufigen Versagens kann man daher dem Bürgertum seinen Untergang noch nicht prophezeien [...]«

Es war dies 1932 geschrieben – und in seiner Goethe-Rede von 1932 hatte Thomas Mann herausgestellt, das Bürgerliche besitze eine gewisse geistige Transzendenz, in der es sich selbst aufhebe und verwandle ...

Beschwörung des Bürgerlichen und Appelle ans Bürgertum, an das, was ›Bildungsbürgertum‹ genannt wird, stehen hier nicht für allgemeine kulturgeschichtliche und spezielle sozialgeschichtliche, geschweige soziologische Analysen; sie haben mit unseren Erörterungen zu Potsdam zu tun, zumal Schneiders Tagebuchnotizen zweifellos schon die bisherigen Erfahrungen mit seinem neuen Aufenthalts- und Wirkungsort spiegeln.

Am 7. Februar 1925 wurde in der ›Potsdamer Tageszeitung‹ ein großer Aufsatz von Ria Nippoldt-Böhler veröffentlicht; die katholische Publizistin, die auch für die Berliner ›Germania‹ Kulturberichte aus Potsdam schrieb und als Frau eines bekannten Potsdamer Gelehrten (wir hatten schon von ihm gehört) einen festen Platz in der Gesellschaft hatte, beschäftigte sich in diesem Aufsatz mit ›geistiger Geselligkeit in Potsdam‹. Volkshochschule, öffentliches Vortragswesen, Vereine, Zirkel und Salons – die Journalistin konnte ein ziemlich umfassendes Geflecht kulturellen Wirkens (auch mit geselligem Charakter) beschreiben und damit verdeutlichen, daß die ›Residenzstadt‹ sich ein neues Profil schuf.

Einer der Vereine, die im kulturellen Leben der Stadt eine wichtige Rolle spielten, war damals die ›Künstlergilde Potsdam‹, die 1927 von dem Kunstmaler E. R. Otto und dem Schriftsteller Hans Zappe als ›Gildenmeistern‹ geleitet wurde. Zu den führenden Mitgliedern der Gilde gehörten Persönlichkeiten wie der Reichsarchivrat Karl Heinrich Schäfer, der Organist der Garnisonkirche Otto Becker, der Kunstmaler Carl Kayser-Eichberg, der Grafiker Walter Bullert sowie Oberpostrat Hugo Niederastroth, Koabiturient von Richard Kasack und Hans Poelzig, nicht zuletzt Gesprächspartner Hermann Kasacks, der ihn in seinem Roman *Die Stadt hinter dem Strom* porträtieren sollte. Die ›Künstlergilde‹ gab dem künstlerischen wie dem geselligen Leben in Potsdam starke Akzente – bis hin zu karnevalistischen Tanzveranstaltungen am Rosenmontag, die im eher nüchternen Potsdam große Resonanz fanden (und 1925 hatte die ›Potsdamer Tageszeitung‹ ausdrücklich herausgestellt, daß die führenden Potsdamer Schriftsteller »wie Hermann Kasack« dabei waren). Analoges gilt für den Potsdamer Künstlerverein mit dem literarisch agilen Pfarrer Röhrig von der Erlöserkirche und dem Maler Heinrich Basedow d. Ä.

Anfang 1927 war in Potsdam auch eine Ortsgruppe der Kant-Gesellschaft gegründet worden – der seinerzeitige geschäftsführende Präsident Professor Arthur Liebert, Berlin, und Professor Paul Menzer, Halle/S., hielten erste Vorträge, und es waren vor allem Lehrer des Viktoriagymnasiums, der Oberrealschule und des Lyzeums, die die aktive (Anfang der dreißiger Jahre kurz unterbrochene) Vortragstätigkeit dieser damals größten philosophischen Gesellschaft der Welt in Potsdam trugen. Ihr gehörten damals auch Eugen Diesel und Frank Schleusener, ein angesehener Jurist, an.

In ihrem Aufsatz hatte Ria Nippoldt-Böhler aufgrund ihrer eigenen Erfahrungen als Dozentin der Potsdamer Volkshochschule deren Tätigkeit eine besondere Bedeutung zugemessen. Tatsächlich wird man das Wirken der Volkshochschulen in der damaligen Zeit auch unter jenem Aspekt zu würdigen haben, den Reinhold Schneider als Streben aus der Arbeiterschaft heraus zu geistiger Arbeit bezeichnet hatte. Am 1. April 1927 beantwortete die ›Potsdamer Tageszeitung‹ die Frage »Wer besucht Nowaweser Volkshochschule?«, also die im heutigen Babelsberg, das immer eine andere soziale Struktur als das ›eigentliche‹ Potsdam hatte. So wurden Vorträge über ›Die sozialen Theorien der Neuzeit‹ von 63 Personen besucht, darunter von 45 Arbeiterinnen und Arbeitern; zu den Hörerinnen und Hörern eines Vortragszyklus ›Das dichterische Erlebnis‹ gehörten (von insgesamt 62) 24 Arbeiter; hier war die Zahl von Intellektuellen etwas größer. Die Vorlesungen über die sozialen Theorien hatte Carl Mennicke von der Berliner Hochschule für Politik gehalten – ein Freund und Mitstreiter des evangelischen Theologen und religiösen Sozialisten Paul Tillich.

In dem Aufsatz von Ria Nippoldt-Böhler war letztlich auch von den Salons die Rede, von denen des Potsdamer Adels und des Bürgertums, denen nach 1918, also nachdem Wilhelm II. ›von Potsdam nach Doorn‹ gegangen war, der entscheidende Sitz im Leben zukam.

In der Tat sind es solche Salons oder diese Häuser, die in der Potsdamer Traditionslinie stehen, jetzt aber weitgehend den Bedürfnissen des Bürgertums, des Bildungsbürgertums Rechnung tragen (und da konnte es schon sein, daß einige von diesen stärker noch Traditionen von vor 1918 verhaftet waren; an sie wird Valentin mit seinen kritischen Bemerkungen gedacht haben).

In unseren Erörterungen stehen jene Häuser, Salons oder – schlicht – Wohnungen im Mittelpunkt des Interesses, in denen sich Bürgerliche und/oder Adlige trafen, zum freundschaftlichen Gespräch und zum Spiel, zum Vorlesen und zur Hausmusik, auch zu Feiern, vor allem aber zu Debatten, zum Diskurs, wie man heute sagt. Diese Häuser sind Orte der Selbstverständigung des Bürgertums gewesen, Laboratorien für spätere öffentliche Auseinandersetzungen, jedenfalls Keimzellen humaner Gesittung.

Würde man eine Karte von Potsdam mit seiner Umgebung vor sich liegen haben, könnte man in sie diese Häuser (Wohnungen) eintragen, und man hätte annähernd eine Topographie des anderen Geistes von Potsdam.

In Caputh hatte Einstein ein Sommerhaus, seit 1929 jenes, das in der Literatur bekannt ist als Treffpunkt – wenn es schon darauf ankam – einiger Nobelpreisträger, und auch der spätere israelische Staatspräsident Chaijim Weizmann ist dort gewesen. Das Haus wurde von einem jungen Architekten entworfen, der 1901 in Frankfurt/Oder geboren wurde und in der zweiten Hälfte der zwanziger Jahre in Niesky angestellt war, bei Christoph & Unmack: Konrad Wachsmann. Als der Poelzig-Meisterschüler – in Potsdam war er dies gewesen, wo Poelzig um 1923 in den Communs hinter dem Neuen Palais sein Atelier hatte – 1979 (ein Jahr vor seinem Tod in den USA) die DDR bereiste, wurde er von dem Journalisten Michael Grüning begleitet, der während der Reise und danach *Auskünfte eines Architekten* einholte und 1985 den *Wachsmann-Report* herausgab. Dort liest man, wie es auf Umwegen zu diesem Haus in Caputh kam (und man liest an anderer Stelle, Einstein habe in der Emigration nicht gern an Deutschland gedacht, aber gern an Caputh, hier sei er »wohl am glücklichsten« gewesen): Von der Stadt Berlin hatte der Nobelpreisträger zum 50. Geburtstag ein Landhaus als Geschenk erhalten. Als der junge Architekt in Niesky davon las, machte er einen Entwurf und meldete sich bei Einsteins. Es gelang ihm auch, zunächst mit Frau Einstein ein Arrangement zu treffen, und er präzisierte seine Entwürfe. Letztlich wurde aus unterschiedlichen Gründen nichts aus dem Berliner Plan. Während eines Besuches von Wachsmann machte ihm Einstein dies klar.

»›Ich war deprimiert und eigentlich schon im Begriff zu gehen, als mich Einstein frage, ob ich Lust hätte, mit ihm in Caputh zu segeln. Damals hörte ich zum erstenmal den Namen des kleinen Dorfes. Die Hoffnung, für Einstein ein Haus bauen zu können, hatte ich bereits begraben. Deshalb war ich gar nicht mehr traurig oder enttäuscht, als er mir während unserer Segelpartie in Caputh sagte, daß er auf das Hausgeschenk verzichtet habe.‹

›Vielleicht waren Sie nicht unglücklich, weil dieses Haus von Ihnen unvertretbare Kompromisse gefordert hätte. Welche Vorstellungen hatte Einstein überhaupt von seinem Sommerhaus?‹ […]

›Was er sich tatsächlich wünschte, hat er mir nie eindeutig gesagt. Seine Frau schilderte mir, wie sich ihr Mann das Haus vorstellte. Bis heute bin ich mir nicht sicher, ob das nun tatsächlich Einsteins oder ihre Wünsche waren: ein braungebeiztes Holzhaus mit weißen schmalen französischen Fenstern, einem überhängenden Dach aus roten Ziegeln. Bis auf einen großen Wohnraum mit Kamin sollten die Zimmer klein sein. Wichtig war nur, daß Einsteins Schlaf-und-Arbeits-Zimmer völlig separiert lag. Er schnarchte nämlich laut und brauchte andererseits Ruhe zum Arbeiten. Außerdem sollten einige Terrassen angelegt werden, um sich ausgiebig im Freien aufhalten zu können.

Diesen Vorstellungen entsprach eigentlich die Konzeption meines ersten Projekts. Mit einigen Änderungen hatte ich die Zeichnungen noch vor unserem Segelausflug in der Haberlandstraße abgegeben.

Nach dem Caputhausflug mit Einstein fuhr ich für ein Wochenende nach Paris. Eigentlich eine verrückte Idee, denn am Montag mußte ich zu irgendeiner wichtigen Sitzung wieder in Berlin sein. Aber ich brauchte einfach Ablenkung und eine andere Umgebung, denn dieses Auf und Ab hatte doch seine Spuren hinterlassen und mich ein wenig irritiert. Nach dieser Sitzung, jetzt fällt es mir ein, es war ein Termin im Deutschen Normenausschuß, wollte ich nach Niesky zurückfahren. Da ich aber noch ein wenig Zeit hatte, ließ ich mich auf dem Weg zum Bahnhof in der Haberlandstraße vorbeifahren.

Das Mädchen, das mir öffnete, sah mich ganz entgeistert an und schrie plötzlich: Da sind Sie ja! Er ist da, er ist da!

Dieser Empfang hat mich völlig verwirrt. Dann kam aber gleich Frau Einstein an die Tür. Wir bauen! rief sie mir entgegen. Wir bauen!

Ich war wie betäubt‹, sagt Wachsmann und schlägt mit der flachen Hand auf den Tisch. Noch nach fünfzig Jahren amüsiert ihn die Situation. Er lacht wie ein Junge, laut, unbeherrscht und fröhlich. ›Das werde ich nie vergessen‹, sagt er. Und als müsse er das unbedingt bekräftigen: ›Nie, nie, nie!‹ [...]

›Elsa Einstein war genauso aufgeregt wie ich. Endlich gelang es mir, ihren Wortschwall zu unterbrechen und zu erfahren, was eigentlich geschehen war.

Albert Einstein hatte sich an dem Wochenende, das ich in Paris verbracht hatte, meine letzten Zeichnungen angesehen und plötzlich zu seiner Frau gesagt: Dieses Haus will ich haben!

Nachdem ich nun informiert worden war, rief Frau Einstein ihren Mann. Er lächelte, als er mich sah, und fragte, ob ich jetzt glücklicher sei. Dann mußte ich ihm versichern, alle seine Wünsche zu respektieren.

Ich fuhr nach Niesky zurück und faßte den Entschluß, künftig als freier Architekt zu arbeiten. [...] Einstein erfuhr davon zunächst nichts, denn ich hatte Sorge, daß er mir gegenüber eine ihm vielleicht lästige Verpflichtung fühlen könnte. Erst als ich andere Aufträge bekam, habe ich ihm alles gestanden.‹«

Unweit von Caputh, in Bornstedt, waren wir bereits auf Eugen Diesel gestoßen, und auch von dem jungen Maler Siegward Sprotte war die Rede. Bornim galt schon lange, schon seit der Zeit vor dem Ersten Weltkrieg, als das ›Worpswede der Gartengestalter‹, bei dem legendären Karl Foerster, bei dem sich – von Wilhelm Kempff bis Bernhard Kellermann – alle aus Potsdam trafen, denen es um Gartenschönheit ging, aber auch und erst recht um eine friedliche Welt. Unweit von Karl Foerster lebte seit Mitte der zwanziger Jahre ein berühmter Gelehrter, der überdies in allerlei praktischen Dingen von sich reden gemacht hatte (als Reichstagsstenograph und als Mitarbeiter der deutschen Reichsbahnreform) – es ist der betont deutschkonservative jüdische Literaturwissenschaftler Eduard Engel, der ›Purist‹, wenn es um den Kampf gegen Fremdwörter ging. Später wird in Bornim Harald von Koenigswald wohnen, ein Schriftsteller, der vornehmlich preußische Themen bearbeitete. Nicht zuletzt wird der eng mit Foerster zusammenwirkende Gartenarchitekt Hermann Mattern zu nennen sein, in dessen Bornimer Haus der verfemte Oskar Schlemmer 1937 ein Wandbild malte. Etwas weiter von Potsdam entfernt, aber nach dort wie nach Berlin hineinwirkend, finden wir in Falkensee Willy Haas, den bekannten Kritiker und forcierten Publizisten, der in seiner Zeitschrift ›Die literarische Welt‹ einen jüngeren Schriftsteller fördert, Peter Huchel. Huchel ist in Alt-Langerwisch bei Potsdam aufgewachsen, hatte, wie er später schrieb, »preußischen Konfirmandenunterricht in der Potsdamer Garnisonskirche[!] beim Hofprediger Vogel, der mir später den streitbaren Lessing schmackhaft gemacht hat«, machte 1923 sein Abitur an der Potsdamer Oberrealschule und hat 1930 in der Havelstadt geheiratet. Neubabelsberg ist damals geradezu eine Symbiose der Salons unterschiedlicher Prägung: Friedrich Sarre wohnte dort, der Leiter der Islam-Abteilung der Berliner Museen und Aufsichtsratsvorsitzender des S. Fischer Verlags, ebenso Wilhelm R. Lütgert, der evangelische Theologe, ein subtiler Erforscher der deutschen idealistischen Philosophie, der Berliner Philosophieprofessor Alois Riehl hatte sich früh ein Haus von dem gerade bekannt werdenden Architekten Mies van der Rohe bauen lassen, und auch der Verleger Müller-Grote war dort zu Hause, wir werden noch mit dem Blick auf eine historische Situation sui generis darauf zurückkommen. In der Nähe der Neubabelsberger Villen hatte sich Anfang der dreißiger Jahre Nicolai Hartmann niedergelassen.

Gehen wir weiter, nach Rehbrücke: Dort steht das Haus Kurt Breysigs, die ›Ucht‹, und bei dem Universal- und Kulturhistoriker der Berliner Universität, der immer nur (aber dies tatsächlich) ein *außerordentlicher* Professor war, gehen Werner Sombart, der Nationalökonom, und Fritz Klatt, Paul Tillichs Mitkämpfer und Autor der berühmten ›Schöpferischen Pause‹, aus und ein, auch manche seiner Schüler (Walther Karsch, der noch mit der ›Weltbühne‹ Carl von Ossietzkys und 1945 mit dem ›Tagesspiegel‹ verbunden war, Helmuth Plessner, der Philosoph, und Werner Richter, der Germanist, die beide emigrieren mußten). Gertrud Breysig, die Witwe des in jeder Hinsicht außerordentlichen Professors, hat Kurt Breysigs Haus so beschrieben:

»›Die Ucht‹ hat Kurt Breysig sein 1913/14 erbautes Haus in Rehbrücke bei Potsdam genannt. Der Name bezeichnete – nach Melchior Lechters Erklärung – im altwestfälischen kirchlichen Sprachgebrauch die Stunde der Frühmesse, eine Stunde, die Breysig als die höchste und verpflichtendste seines Tages empfand. [...]

Das freistehende Haus in dem zwei Morgen großen architektonisch gestalteten Baum-, Hecken- und Grasflächengarten war Breysigs geliebte Heimat, sein ›Gehäus‹, wie er zuweilen sagte, den Wortkern Haus betonend; die Erinnerung an den vertieft schreibenden Hieronymus im Gehäus schwang mit dabei, dies Bild hohen Friedens in einem nur dem Geist gehörenden Raume. Seine Dankbarkeit gegen Die Ucht war groß. ›Sie ist doch wie eine Burg gewesen all die Jahre‹, hieß es wohl. ›Alle Zeitenwechsel und Lebensstürme, wie hätte ich sie wohl bestanden ohne diese starke Zuflucht. Sie war doch unerschütterlich.‹ [...]

Breysigs zweite Frau, unter deren lebendiger Anteilnahme das Haus entstanden war, hatte ihren liebevoll für sie geschaffenen Wohnraum gehabt, ihr ›Stübchen‹. Eine Steinstufe führte von der Halle hinauf in den kapellenartigen Raum, dessen lichtblau getünchte Wände und Nische in sich überschneidenden Wölbungen zueinander stießen und dem die gelblichen bleigefaßten kleinen

Scheiben des Fensters ein sanftes Licht gaben, das ein sternartiger Drudenfuß über der Tür in die Halle durchschimmern ließ. [...]

Nach dem Tode der Frau wurde in dem Raum – fortan Archiv genannt – die Kunstsammlung untergebracht: zwei große Mappenschränke mit den Tausenden von Photographien selbstgesehener Werke und zahlreichen größeren Bildern, ein quadratischer Tisch zum Ausbreiten der Blätter und ein Stehpult, erste kunstgewerbliche Arbeit des Vetters und Freundes August Endell. Breysigs eigentlicher Arbeitsraum, der allmählich zu voll geworden war, wurde durch die Umstellung entlastet.

Dieser Raum – das Menschenzimmer genannt – sollte ursprünglich gar keine Bücher aufnehmen, sondern nur ein Lebensraum sein; daher sein Name. Aber die Praxis hatte anders entschieden: längst war ein und das andere schmale Bücherregal sozusagen eingeschmuggelt. Jetzt wurden zum Schreibtisch des Vaters auch dessen breite Regale hereingebracht und gefüllt. Das Zimmer erhielt seine endgültige, aus dem Leben selbst erwachsene Gestalt, war nun Wohnraum und Werkstatt zugleich. [...]

Der Aufsatz des Schreibtischs trug die von Jahr zu Jahr wachsende bestätigende Reihe der eigenen Bücher und Abhandlungen, darüber eine Auslese von Handbüchern und einige Breysig persönlich nahestehende Werke. Zeitzettel zu einer geplanten Tabelle universaler Geist- und Gesellschaftsgeschichte nahmen die vier Fächer eines schmalen Fensterregals ein. [...]

Das Menschenzimmer und die anstoßende Bücherei ergänzten sich, das Wesen dessen auszusprechen, dem sie gehörten. [...]

Diese fünfzehntausend Bände umfaßten, was der Student von dem Drittel seines Monatswechsels angeschafft hatte, was Herman Grimm an einem dankbar erinnerten Tag den jungen Dozenten hatte aus dem Nachlaß seines Bruders auswählen lassen an Philosophie und älterer deutscher Literatur; und dann all das, was lebenslang stetig hinzugefügt war: Geschichte – nach Stufenaltern und innerhalb ihrer nach Völkern geordnet –, Ethnologie und Anthropologie, Philosophie, Literatur und – immer wieder durch Neuerscheinungen ergänzt – Kunstgeschichte. [...]«

Erst in Potsdam, dann in Wilhelmshorst stoßen wir auf Edlef Köppen, den einflußreichen Rundfunkmann bis 1933 und Verfasser des *Heeresberichts* sowie der Erzählung *Die Potsdamer Wachparade*, und in Golm haben wir die private ›Katakombe Werner Finck‹ geortet. In *Alter Narr, was nun?* schreibt Finck über Golm und Kuhfort:

»Für die ›Katakombe‹ war die Zeit der raffinierten Andeutung gekommen. Man brauchte nur mit einem kleinen Hämmerchen an ein kleines Glöckchen zu schlagen, schon übertrug sich das wie das Läuten einer Sturmglocke. Im Gegensatz zu heute. Heute kann man mit einem Riesenhammer an eine Mordsglocke schlagen, und die Leute fragen höchstens: Hat's da nicht eben geklingelt? Die Angst im Publikum, die sich immer wieder im Lachen befreite, trug die Stimmung des Abends – und mir eine Verwarnung nach der anderen ein. Die Spitzel wußten immer genau, was sie mitzuschreiben hatten.

Sie waren sehr hellhörig und begriffen schnell. Immer, wenn besonders schallend gelacht oder stürmisch applaudiert wurde, wußten sie sofort: ›Aha. Da war was!‹ Einmal fragte ich einen, der so unauffällig wie möglich mitschrieb : ›Spreche ich zu schnell? Kommen Sie mit? – Oder – muß ich mitkommen?‹

Lange Zeit stand die ›Kuhfort-Conférence‹ im Mittelpunkt des Programms. Dieses Kuhfort war ein Flecken in der Nähe von Potsdam-Golm. Ich hatte mir dort ein kleines Landhaus gekauft mitsamt einem Obst- und Gemüsegärtchen. Meine Mutter sagte immer, das klingt so primitiv: *Kuh*fort! Wenn es wenigstens *Ox*fort hieße. Dieses Kuhfort bildete den Hintergrund jener Conférence, die die kursierenden Schlagworte des Dritten Reiches wie ›Blut und Boden‹ (Blubo), ›Ariertum‹, ›Scholle‹ zum großen Vergnügen des verschworenen Publikums der Lächerlichkeit preisgab.

›Dem Zuge der Zeit folgend‹, begann die von Woche zu Woche länger werdende satirische Erzählung, ›habe ich mir jetzt auch eigenen Grund und Boden angeschafft (allerdings ohne Blut).

Reichlich ein Morgen, ein Übermorgen.

Grundbesitz ist übrigens traditionell im väterlichen Teil meiner Familie. Sie verwirtschafteten ihr Geld in Grund und Boden. Bis 1933 waren sie feudale Großgrundbesitzer, dann wurden sie den ›Bauern‹ gleichgeschaltet. Feudalbauern. Weil heutzutage soviel Mist gemacht wird – was gibt's da zu lachen, meine Damen und Herren?

Ich meine natürlich in der Landwirtschaft.

Ich muß noch einmal sehr bitten! Dieser Lacher geht auf Ihre Verantwortung. – Kurzum, ich habe jetzt auch mein eigenes Mistbeet, meinen eigenen Dunghaufen. Manchmal trete ich vor ihn hin und murmele in Altväterart: ›Mich düngt: ein schöner Mist!‹

Dann kam ich zum Thema Ariernachweis, den damals jeder bis zum Urgroßvater hin erbringen mußte, wollte er keine Schwierigkeiten haben. Ein äußerst heikles Kapitel. Das ließ sich etwa so an:

›Ich habe auch ein Dutzend Bäumchen in meinem Garten, noch sehr zarte, junge. Die werde ich wahrscheinlich noch einmal in ihre Baumschule zurückschicken müssen, sie können nämlich immer noch nicht unterscheiden, was ein Baumstamm und was ein Stammbaum ist.‹

Was den Ariernachweis anbelangt, habe ich – toi, toi, toi – bisher immer noch Glück gehabt. Bis auf einen Fall, einen Sündenfall: In der Ritterzeit taucht in unserer Familie ein Knappe Lewinski auf. Glücklicherweise brannte die Kirche in seinem Sprengel ab, so daß keine nachteiligen Beweise mehr vorhanden sind.‹ [...]

Nach dem Abgleiten ins harmlose Idyll ging ich wieder zum doppelbödigen politischen Witz über.

›Weil ich mit meinem kleinen Bäumchen so reingefallen war, wollte ich mir beim Fachmann den Sprößling eines großen Baumes besorgen. Den fand ich dann auch in einer Baumschule, der Gärtner bot mir den Steckling einer Eiche an. Preis 150,– Mark. Mir blieb die Spucke weg.‹

›Das ist doch ein Wucherpreis‹, rief ich, ›wenn das der Führer wüßte!‹

›Ja‹, sagte der Baumverkäufer, ›das ist ja auch keine gewöhnliche Eiche, das ist eine HITLER-EICHE, die kann 1000 Jahre alt werden.‹

›Na‹, meinte ich, ›das ist eine Vertrauenssache.‹

Diese Bemerkung wurde verboten. Am nächsten Abend habe ich mich entschuldigt: es wäre keine Vertrauenssache – im Gegenteil! Ich wäre mit dem gesunden Wachsen der Hitler-Eiche sehr zufrieden.

›Vor ein paar Monaten war sie noch ganz klein, gerade bis zu meinen Knöcheln, dann reichte sie mir bis an die Knie, und jetzt steht sie mir schon bis zum Hals.‹«

Wenden wir uns nach dieser letztlich flüchtigen tour d'horizon Potsdam selbst zu – und hier ist erst recht die Frage, wo man anfangen und wo man aufhören soll. Wilhelm Kempff hat sein Domizil unweit des Cecilienhofs im Neuen Garten; dorthin ist auch August Winnig gezogen (ursprünglich im Zentrum, Am Bassin, wohnend). Hier waren sich ›Potsdamer Geist‹ und der andere noch am ehesten begegnet. Unter der Überschrift ›Potsdamer Gespräche‹ lesen wir bei Winnig u. a. über diese:

»Als wir uns für unseren Bauplatz entschieden, lag er noch in halber Wildnis, der keine besondere Schönheit nachzurühmen war; sie bestand aus alten Gärten, deren Eigentümer oder Pächter sich nicht viel um sie bemühten. Es war kargster Sandboden, auf dem zwar die Pflaumenbäume gut gediehen, sonst aber nichts recht vorankam. Was uns gereizt hatte, war die unmittelbare Nähe des Neuen Gartens mit dem Heiligen See und den Schlössern Marmorpalais und Cäcilienhof[!], und der helle Wintermorgen, an dem wir den Ort sahen. In der Morgensonne hatte uns eine Anmut angelächelt, der wir nicht hatten widerstehen können. Vor uns hatten sich der Pianist Wilhelm Kempff und der Archivrat Otto Erich Volkmann, der Verfasser einer Reihe militärwissenschaftlicher und zeitgeschichtlicher Werke, dort angebaut, gleichzeitig mit uns der Landgerichtsrat Vowinkel und der Artillerie-Oberst Wille, später kamen der Facharzt Hüttner und Wilhelm Schüßler, Ordinarius für neuere Geschichte an der Berliner Universität, dazu. Da alle Häuser vom gleichen Architekten gebaut wurden, war aus der Wildnis ein neues Wohnquartier geworden, dessen bloßer Anblick noch viele anzog, obschon die Häuser durchweg sehr schlicht, allerdings mit Sinn für Harmonie der Formen und Farben gebaut waren. Es war bald zu einem nachbarlichen Verkehr gekommen, der den Vorzügen der Lage eine weitere Annehmlichkeit hinzufügte und eine wirkliche Bereicherung bedeutete. Fast jeder von uns hatte gelegentlich Gäste, die dann an unserm Verkehr teilnahmen.

Zu Anfang hatten wir uns in der Meierei getroffen, einem Anwesen aus der Zeit Friedrich Wilhelms IV., das zwar sonntags von Berlinern überschwemmt wurde, in der Woche aber den Potsdamern gehörte, die dort nachmittags ihren Kaffee und abends ihr Bier oder ein Glas Bowle tranken, falls sie sich nicht als Eingeborene an der säuerlichen Potsdamer Stange ergötzten. Über die stille Fläche des Jungfernsees glitten langsame Lastzüge und behende Segler, gegenüber dunkelte der Königswald, fernher grüßte der Turm der Sakrower[!] Kirche, rechtsab sah man auf den Höhen der Grundmoräne die Gebäude von Nikolskoi[!], in deren Nähe sich manchmal ein Waldhornbläser einnistete, dessen alte Weisen über das Wasser zu uns herüberschwebten. Da saßen dann wir sechs oder sieben ältliche Knaben, und jeder sprach, was ihn bewegte oder ihm im Hin und Her der Unterhaltung in den Sinn kam. Aber die Sache hatte einen Haken. Wer durfte noch seines Herzens Meinung offen aussprechen? Da hatte sich der Oberst Wille, der Senior unserer Runde, in Bemerkungen über die letzte Geldsammlung ergangen und ohne Arg gemeint, die Sammler seien durchweg anständige Leute gewesen, keiner habe Heil Hitler gesagt. Das hatte einer der Kellner aufgefangen, und da war es mit unserm Tische aus gewesen. [...] Wir waren in die Geborgenheit unserer Häuser entwichen und kamen reihum im Hausfrieden zusammen. In Anbetracht unserer Jahre nannten die Frauen unsere Runde den Jünglingsverein, ein Spott, den wir aus Courtoisie nicht zurückgaben.

Der Jünglingsverein war nicht in allen Punkten eines Sinnes. In den Fragen der Religion und Philosophie teilten wir uns in Materialisten und Supranaturalisten, wovon diese sich noch einmal in Pantheisten und Christen unterschieden und bei den Christen eine schriftgläubige und eine spirituelle Richtung vorhanden war. Bezogen auf das Hitlertum gab es unter uns schroffe Verneiner, skeptische Beobachter und grundsätzliche Bekenner, die sich jedoch die Freiheit der Kritik vorbehielten und von ihr so oft nachdrücklich Gebrauch machten, daß man glauben konnte, sie den schroffen Gegnern zurechnen zu müssen. Unbedingt einig waren alle Jünglinge in der Bereitschaft, füreinander einzustehen, wenn einem von uns etwas zustoßen sollte. Es fühlten wohl nicht alle die Unwürdigkeit unserer Existenz in gleicher Stärke: daß man gezwungen war, an den ›Opfertagen‹ Geld für eine Sache zu zahlen, an der man soviel auszusetzen hatte; zu ihren Ehren zu flaggen, nach ihrem Befehl zu grüßen, war für Menschen mit Gewissen und mit Gefühl für Ehre und Menschenwürde ein steter Druck, von dem sich nur befreien konnte, wer sich sagte: heucheln wir und lachen wir über sie! Aber das war nicht jedem gegeben [...]

Ich konnte etwas zur Sache sagen. ›In der verflossenen Woche besuchte mich eine Dame aus Nikolassee, eine Ärztin, die mich um Rat anging. Sie hatte als Parteimitglied an einer Parteiversammlung teilgenommen, in der ein Gauamtswalter einen Befehl bekanntgab und erläuterte. Darin wurden die Mitglieder aufs neue verpflichtet, jede abfällige Äußerung dem Ortsgruppenleiter anzuzeigen, wobei es nicht nötig sei, die Anzeige zu unterschreiben. Die Dame hatte sich sofort zum Wort gemeldet, die Unmoralität des Befehls beanstandet und war daraufhin vorgeladen worden.

Dort wurde ihr aufgegeben, ihre Äußerungen schriftlich und in der nächsten Versammlung mündlich zu widerrufen, sonst würde sie als Mitglied gestrichen. In dieser Lage bat sie mich um Rat. Ich habe ihr geraten, den Widerruf abzulehnen und aus der Partei auszutreten.‹

Auch Vowinkel, der Landgerichtsrat, hatte eine Erfahrung mitzuteilen: ›Im Gefängnis in der Waisenstraße sitzt zur Zeit ein Major der Potsdamer Polizei. Dessen Frau hatte eine Pensionsfreundin ins Haus genommen, die in widrige Verhältnisse gekommen war und sich in dieser Zuflucht auf einen Beruf vorbereiten wollte. Eines Mittags kam der Mann vom Dienst und hörte auf der Diele den auf laut eingestellten Empfänger, aus dem eine Rede tönte. Mißmutig rief er: »Stellt das Ding ab, ich mag den Quatsch nicht hören.« Was da tönte, war aber eine Rede von Goebbels. Das Frauenzimmer, das sich dadurch beeinträchtigt fühlte, zeigte den Major an, den Mann, in dessen Wohnung sie Zuflucht gefunden hatte, an dessen Tisch sie ihre Nahrung fand. Er wurde festgenommen und im Gerichtsverfahren zu drei Monaten Gefängnis und zur Dienstentlassung verurteilt.‹ [...]

›Ich denke an ein Wort des alten Grillparzer‹, sagte Schüßler. ›Es gibt einen Vierzeiler von ihm, mit dem er gewisse Vorhalte zurückwies. Man hatte von dem jungen Österreich gesprochen, in dem ein neuer politischer Geist das Haupt erhob. Der Nationalgeist hatte die Völker der Monarchie ergriffen. Es bildete sich ein magyarisches, ein tschechisches, schließlich auch ein deutsches Nationalbewußtsein. Eine solche Erscheinung war dem alten Österreich ganz fremd gewesen. Jetzt war sie da und stellte der Monarchie ganz neue Aufgaben und gab ihr ein neues Gesicht. Man machte dem alternden Grillparzer den Vorwurf, daß er sich diesem neuen Geiste ganz versage. Er sagte: ›Ich sehe den Weg, den wir hiermit betreten haben. Er führt uns von der Humanität zur Nationalität und wird uns von der Nationalität zur Bestialität führen.‹«

Nachbar von Winnig war, jedenfalls zeitweilig, Reinhold Schneider in der Birkenstraße 1. Auf Wegen in die Stadt konnte man bei den von Sells vorbeikommen, auch bei den Töchtern des inzwischen verstorbenen Johannes Lepsius. Auf der einen Seite des Parks von Sanssouci, in der Orangerie, hatte sich Ludwig Justi, auf der anderen Seite, in der Fasanerie, Wilhelm Furtwängler niedergelassen, ja, auch Wilhelm Furtwängler ein Potsdamer. Die

Fasanerie gehörte der geschiedenen Frau des Verlegers Kiepenheuer – und Kiepenheuer selber hat seinen Verlag 1918 in Potsdam angesiedelt: »Der Parademarsch der Garden machte ihn nicht zum strammen Preußen, der Konträreffekt trat ein: der revolutionäre Expressionismus wurde geboren, und Gustav Kiepenheuer hob ihn aus der Taufe« (Max Krell). Ein Potsdamer Arztsohn, wir kennen ihn schon, Hermann Kasack, half ihm bis Mitte der zwanziger Jahre hierbei, auch Hermann Kesten und Fritz Landshoff, und wenn man eine Liste der von Kiepenheuer in Potsdam verlegten Autoren vorlegen würde, hätte man die halbe zeitgenössische Literaturgeschichte.

Kiepenheuers Tochter Bettina hat in ihrem Erinnerungsbuch *Sieben Häuser* gewissermaßen auch den Grundriß ihres Potsdamer ›Hauses‹ beschrieben, das zunächst das ihrer Eltern war, dann – nach deren Scheidung – das ihrer Mutter, und sie hat dies auf eine so liebevolle, genaue und von Details gesättigte Weise getan, daß ich diesen Text neben den von Wilhelm Kempff stelle und beide als die schönsten Liebeserklärungen an Potsdam aus der zweiten Hälfte unseres Jahrhunderts ansehe. Nicht zuletzt bekommen wir dort ein Gespür von der Atmosphäre im ›Salon‹ Gustav Kiepenheuers, und es fällt auch ein Stichwort, das uns noch beschäftigen wird: Fasanerie ...

»Wir lebten in diesen ersten Potsdamer Jahren in einer Wohnung in der Auguste-Viktoria-Straße II[!], inmitten eines gemischten Wohnquartiers. Die damals noch so vielfältigen Spiele auf der Straße, über die allein ich ein Kapitel schreiben könnte, verbanden die Kinder der verschiedensten Art. Nur die Ärmsten, die Zeitungen austrugen und in Kellerwohnungen lebten, spielten nicht mit. [...]
Der Verlag meines Vaters war ab 1918 in der Viktoriastraße 59, einen viertelstündigen Spaziergang von der Wohnung entfernt. Er befand sich damals in einem Stadium des Aufbaus und der Gefährdung und hielt meinen Vater von morgens bis abends fest. So pflegte ich in jenen ersten Hungerjahren nach dem Krieg in einem festverschlossenen Aluminiumtopf eine Portion unseres Mittagessens in die Viktoriastraße zu bringen. Ich ging sehr gern dahin. Eines Tages, als meine Mutter mich ein Stück durch den Park begleitete, durch den ein Teil des Weges führte, sahen wir nicht weit von den Römischen Bädern drei schwarzgekleidete Herren auf uns zukommen. Einer ging voraus und einer hinterher. Der dritte

in der Mitte schien die Hauptperson, um die es ging, obgleich er nicht wie eine Hauptperson aussah und einen merkwürdigen Gang hatte.

›Bettina, mach einen Knicks‹, flüsterte meine Mutter, ›der Kaiser‹. Das war er also, um dessentwillen wir die Revolution hatten, aber auch Kaisers Geburtstag feierten. Sogar meine Mutter schien ein bißchen bewegt und hat später noch oft von dieser Begegnung gesprochen. Mag sein, vielleicht war es der Abschiedsspaziergang des Kaisers in diesem Park der Hohenzollern.

Auf diesen fast täglichen Spaziergängen hatten wir auch eine andre Begegnung. Ein junger ehemaliger Matrose der Kriegsmarine, damals Gärtner im Park, Sozialist, der aktiv an der Revolution teilgenommen hatte, blond und strahlend blauäugig, der heute (1975) noch im Park lebt, erzählte damals meiner Mutter, daß eines der Häuser im Park, die Fasanerie, zu mieten sei. Das sollte zwei Jahre später bedeutsame Folgen für unser aller Leben haben. [...]

Ich führte in jenen mittleren zwanziger Jahren ein äußerst kindliches Tagebuch. Ich benutzte dazu sogenannte Blindbände von Goethes Werken, die gerade im Verlag meiner Mutter in Vorbereitung waren. Verlegerkinder haben einen Vorteil: es mangelt ihnen nie an Papier.

Dieses Tagebuch enthält auch immer wieder Passagen, die von den Aktivitäten der Eltern handeln. Ich zitiere eine Stelle, die ich kürzlich wieder fand: ›Bei uns war gestern ein großer Musikabend mit 60 Leuten in unserer kleinen Wohnung. Thea van Doesburg spielte Klavier, Kurt Schwitters erzählte sehr niedliche eigene Märchen und trug eine *Sonate in Urlauten* vor, wovon ich den Sinn nicht ganz verstand. Hinterher war noch ein Ball, und ich tanzte zum erstenmal mit Erwachsenen.‹ [...]

Potsdam war damals, obgleich die Revolution endgültig vorüber war und die Weimarer Republik recht und schlecht funktionierte, eine weitgehend monarchistische Stadt voller verarmter Adliger und pensionierter Offiziere sowie ungezählter Beamter. Es waren zum großen Teil Familien, in denen die Kinder spartanisch und streng erzogen wurden, die Bilder der kaiserlichen Familie aufgestellt waren und mindestens ein Sohn wieder Offizier zu werden hatte.

Von ihnen, den zukünftigen Offizieren, meinen damaligen 15jährigen Tanzstundenfreunden, sind die meisten gefallen. Nur

›Grundrisse‹ und ›Gestalt‹ einiger Potsdamer Häuser 83

eine kleine Zahl unter ihnen wurde, wie es oft von den preußischen Offizieren gesagt wird, enragierte Nazis, aber nicht wenige gehörten später vielleicht der Offiziersrevolte von 1944 in irgendeiner Form an.

Manche freundschaftlichen Beziehungen verbanden mich als Kind mit diesen Häusern, in denen wir aber dennoch merkwürdig fremde Vögel blieben und dies als eine gewisse Verlegenheit empfanden.«

1933 hat Bettina Kiepenheuer in zeitlicher und räumlicher Nähe zum ›Tag von Potsdam‹ den Schweizer Verleger Martin Hürlimann geheiratet (die Hochzeitsfeier fand im Hotel ›Einsiedler‹ statt), und Hürlimann hat sich seinerseits von der Liebe seiner Frau zu Potsdam anstecken lassen...

Auch ein ›Salon‹ wie das Haus Kiepenheuer war in bescheidenerem Rahmen das des Verlegers Alfred Protte, der Tillich druckte, den in Potsdam geborenen Harald Poelchau, später auch Adam von Trott zu Solz. Kasack hatte in der Kaiser-Wilhelm-Straße zwar keinen ›Salon‹, aber sein Haus war immer Mittelpunkt literarischer Kreise. Zuvor hatte er in der Wörther Straße 3 gewohnt, seit 1927 in der Kaiser-Wilhelm-Straße, der heutigen Hegelallee. Wenn Alfred Braun, Rundfunkmann der ersten Stunde, in seinen Lebenserinnerungen geschrieben hat, in Kasacks Potsdamer Wohnung seien solche Sendungen wie *Die Stunde der Lebenden* (und das heißt der lebenden Schriftsteller) geboren worden, so war dies wohl noch die in der Wörther Straße. Mitte der zwanziger Jahre war Caspar Neher, Kasacks Freund, nach Potsdam gezogen – der Maler und Bühnenbildner.

In der heutigen Berliner Straße, der früheren Neuen Königstraße 38, wohnte von 1913 bis 1930 Constantin Brunner, ein philosophischer Schriftsteller, der sich betont als ›Einsiedler‹ fühlte, als einer, der das Geistige gleichsam pur – ohne akademische Schulen, philosophische Parteiungen, politische Parteien – zu vertreten und der (er, der Enkel des Oberrabbiners von Altona) die Selbstemanzipation der Juden in pointierter Weise zur Wirkung zu bringen suchte, indem er in zugleich scharfsinniger wie militanter Weise gegen den Judenhaß anschrieb; die wichtigsten seiner Bücher kamen in den zwanziger Jahren bei Kiepenheuer heraus. 1895 hatte Constantin Brunner in Hamburg geheiratet. Seine Frau brachte eine zwölfjährige Tochter in die Ehe: Lotte Brunner wurde im Laufe der Zeit gleichsam die wichtigste Schülerin ihres

Stiefvaters, und sie war es, die dessen Werk in eigenen Schriften und Vorträgen vermittelte. In einem (1970 herausgegebenen) Tagebuch sind in eindrücklicher Weise Zeugnisse über Leben und Werk Constantin Brunners niedergelegt; es bietet aber auch Einblicke in das Potsdamer Leben. 1933 emigrierte Lotte Brunner mit ihren Eltern in die Niederlande; ihr Stiefvater starb 1937, ihre Mutter und sie wurden im KZ ums Leben gebracht, Lotte Brunner am 27. April 1943 in Sobibor. Es folgen Tagebuch-Auszüge, die sich auf die Zeit der Weimarer Republik, speziell auf Rathenau, beziehen:

»14. Juli 1919
Da Vater lange nichts von RATHENAU gehört hatte, schickte er ihm einen Zettel, worauf er ein züngelndes Fragezeichen gemalt hatte, weiter nichts. Als Antwort erhielt er eine Karte mit den Zahlen 1, 3, 5, 7, 9 untereinander geschrieben, unten eine sehr graziöse Zeichnung des Potsdamer Stadtschlosses. Vater deutete die Karte so, als hielte das in die Unendlichkeit sich fortsetzende Ungerade in seinem Leben ihn von Potsdam fern. Zu höchstem Staunen erschien aber R. gestern im Auto. Die Zahlen bedeuteten: am 13. 5 Uhr im 7. Monat des Jahres würde er hier sein. Mir kam das so wunderlich scharfsinnig vor, daß ich sagte, so könne nur ein Verstand von einem andern Planeten denken! – Beim Abendessen sprachen wir über Deutschland. Rathenau hat sich in diesen letzten furchtbaren Wochen damit abgefunden, daß es fortan nur noch ein geistiges Deutschland geben werde, daß dies aber herrlich sein könne wie je, wie ja auch 1780 und 1820, 1830 unser Land so elend und nichts gewesen sei nach außen und doch geistig so ungeheuer stark. Aber Vater kann und will sein Land nicht denken ohne politische Macht. – Rathenau sprach sehr pointiert über das Schlimme des deutschen Patriotismus; er habe sich immer gefragt, warum ihn von Kindheit an unser Hurra und Kaiserhoch so entsetzlich berührt hätte, daß er nie mitschreien mochte, während ihm das englische God save the King und Rule Britannia ganz natürlich erschienen sei. Und nun wäre ihm klar geworden, daß der englische Ruf der unmittelbare und unschuldige Ausdruck eines einfachen Gefühls wäre, aber der deutsche Patriotismus habe Neben- und Hintergedanken, und in unserem Hurra stecke alles Mögliche, vor allem: Weg die Sozialdemokraten, die dürfen nicht mitbrüllen! Juden raus, die dürfen auch nicht mitbrüllen! Und nie-

der mit den andern Völkern, denn sie sind viel schlechter als wir! [...]

24. Juni 1922

Spaziergang mit Vater nach Sakrow [!] in ›meinen‹ Birkenwald (d. h. den er mir vor Jahren zum ersten Mai geschenkt hat!). Etwas schwüle Luft, darin Regen lauert, silbergraue Stimmung. Vor der Überfahrt, zwischen sechs und halb sieben Uhr, sitzen wir im ›Doktor Faust‹ bei einem kleinen Imbiß. Mein Blick fällt auf eine Zeitung, die ein Herr an einem der Nebentische liest. Ich sehe mit riesigen Lettern als Überschrift ›Minister Rathenau‹, ich sage zu Vater: ›Vielleicht hat RATHENAU abgedankt, ich kann das letzte Wort nicht erkennen.‹ ›Ach, das glaube ich nicht, aber sieh doch mal nach.‹ Ich stehe auf, gehe unauffällig vorbei und lese: ›Minister Rathenau ermordet.‹ Die Knie sanken mir. ›Nun, was ist?‹ ›Ich konnte es nicht erkennen.‹ – Ich wollte nicht Vater am Abend damit aufregen, um ihm die Nacht nicht zu stören, früh genug, wenn er die entsetzliche Nachricht morgen früh erhält. Ich nahm mich zusammen und begründete meine Schweigsamkeit mit Kopfschmerzen. Nach Hause gekommen, merkte ich Mutters Gesicht an, daß sie es schon wußte; sie war in der Stadt gewesen und hatte es dort aus Zeitungen erfahren. Wir sorgten beide dafür, daß Vater am Abend nichts mehr erfahren konnte. [...]

26. Juni 1922

Vater (wir alle natürlich) schwer getroffen durch Rathenaus Ermordung. Ganz still darüber. Er hat sich am Abend allein mit einer Flasche Wein hingesetzt und sagte mir am nächsten Tag: ›Und da war ich wirklich mit einem Toten zusammen.‹

Ich sagte ihm: ›Wenn der Schwarm sich verlaufen hat, müßtest du einmal seine Mutter besuchen.‹ ›Ja, das habe ich auch schon gedacht. Obwohl ich ihr ja nichts sagen kann als: Ihr Sohn hat einen schönen und nützlichen Tod gehabt. Denn ich glaube, daß auf die gesamte politische Lage dies klärend wirken wird.‹ [...]

11. März 1925

Ich muß jetzt viel daran denken und sagte heute morgen Vater davon, wie es vielleicht doch eine bedeutende Tatsache wäre, daß er und EINSTEIN nicht nur zu gleicher Zeit, sondern nur anderthalb Stunden voneinander leben. Wenn das Kopernikanisch-

Newtonsche Weltbild durch die Relativitätstheorie wirklich zerstört wäre, das müßte ja auch für Vater von ungeheurem Eindruck sein. Ich fragte, ob nicht doch etwas versäumt würde, wenn es zu keiner Begegnung zwischen ihm und Einstein käme. Es wäre doch sehr wahrscheinlich, daß Einstein – in Fühlung mit seiner Persönlichkeit – ihm die Resultate seines wissenschaftlichen Denkens anders als auf den Wegen der Mathematik, in einer ganz individuellen Weise, vermitteln könnte. Vater antwortete: ›Nein, wenn nicht der Zufall so etwas bringt, wie er es leicht z. B. durch Rathenau hätte machen können, der immer mein Zusammentreffen mit Einstein wünschte – er hat ihm auch von mir erzählt –, aufsuchen tu ich nichts. Und an meinem Denken kann nichts geändert werden. Die *Astronomie* habe ich niemals als etwas Absolutes betrachtet, sondern immer als anthropomorphistisch, und wenn es mir nicht zu unvorsichtig erschienen wäre und wenn ich nicht schon reichlich genug Anstoß Erregendes in meinem Werk hätte, würde ich wohl auch darüber eine Bemerkung hineingebracht haben.‹«

Ganz einsiedlerisch lebte Brunner natürlich nicht – von seiner Philosophie Faszinierte besuchten ihn, auch Lou Andreas-Salomé finden wir unter den Besuchern, vor allem aber Jünger seiner philosophia activa, deren Rezeption in Deutschland nach 1933 unterbrochen wurde, um nach dem Kriege außerhalb des akademischen Diskurses von enthusiastischen Anhängern wieder aufgenommen zu werden. Seine Wirkung hatte bis nach Galizien gereicht und dort Rose Ausländer erreicht. Yehudi Menuhin erinnerte an Brunner, wenn er nur konnte ...

Ein Potsdamer Haus sui generis schildert Margarete Buber-Neumann in ihren Erinnerungen (über die noch zu sprechen sein wird). Wenn der Begriff ›Salonbolschewismus‹ einen Sitz im Leben gehabt hat – dann hier:

»Bei kommunistischen Versammlungen und Demonstrationen in Potsdam war mir öfters eine junge Frau aufgefallen, die ziemlich regelmäßig daran teilnahm, obgleich sie, ihrer äußeren Erscheinung und ihrem Benehmen nach, unter den Arbeitern und Arbeitslosen vollkommen fehl am Platze zu sein schien. Ihre Kleidung war elegant, wenn auch etwas nachlässig, so, als lege sie keinen übertriebenen Wert auf ihr Aussehen. Hin und wieder bemerkte ich, daß sie die übrigen Teilnehmer von der Seite ansahen, halb mißtrauisch, halb amüsiert, aber das störte sie anscheinend nicht.

Ihr Gesicht besaß Schönheit, die man nur bei Jüdinnen aus alten, vornehmen Familien findet; man hätte sie auch für eine Potsdamer Aristokratin halten können, wenn nicht ein schwer bestimmbares Etwas gewesen wäre, das den Eindruck erweckte, als fehle dieser Frau der feste Mittelpunkt. Ihre Bewegungen waren seltsam fahrig, und ihrem Blick mangelte es an Selbstbewußtsein.

Eines Tages wurde ich Theta Sch. vorgestellt und zu ihr eingeladen. Ich ging gegen Abend, zu etwas ungewöhnlicher Stunde, fand aber das Haus trotzdem voller Menschen. Sie saßen zwanglos umher, unterhielten sich, diskutierten, lachten. Durch die halboffene Tür sah ich im Nebenzimmer tanzende Paare. Theta kam auf mich zu: ›Nett, daß Sie gekommen sind!‹ Ich wollte mich entschuldigen, daß ich in eine Einladung hineingeplatzt war, von der ich nichts ahnen konnte. Sie winkte lachend ab: ›Das ist bei uns meistens so!‹ Dann stellte sie mich ihrem Mann vor. Sch. war mittelgroß und untersetzt, sein aufgeschwemmtes Gesicht von kränklicher Gesichtsfarbe, mit stark vorgewölbten Augen. Er begrüßte mich mit einem merkwürdigen Lächeln um die Mundwinkel, das leicht spöttisch zu sein schien, aber durchaus nicht verletzend war. In dieser Familie wirkte alles wohltuend selbstverständlich. Ehe ich mich besinnen konnte, hatte mich die Gesellschaft absorbiert. Man sprach über Literatur und Kunst, natürlich nur der allermodernsten Richtungen, über Mode und gesellschaftliches Leben, und erzählte mit Geist und Temperament den neuesten Klatsch. Auf dem Sofa lag eine junge Frau, die sich wegen irgendwelcher Schmerzen bemitleiden ließ, Paare, die, wie ich aus der Unterhaltung entnahm, zusammengehörten, auch gemeinsam gekommen waren, lösten sich, je weiter der Abend fortschritt, voneinander und gruppierten sich neu. Aber das alles vollzog sich mit erstaunlicher Ungezwungenheit. Das Grammophon mit seinem riesigen Schalltrichter spielte ununterbrochen. Immer neue Tänzer verrenkten sich in den komplizierten Figuren des Charleston. Die Besinnlicheren oder auch die Ermüdeten zogen sich in eine Ecke zurück und lasen in den herumliegenden Exemplaren des ›Querschnitt‹ oder der ›Weltbühne‹. Irgend jemand rezitierte mit lauter Stimme Gottfried Benn. [...]

Ich kam oft zu den Sch.s. Es war wirklich so, wie Theta mir

beim ersten Male gesagt hatte, es waren immer Menschen da. Nichts war in diesem Haushalt an regelmäßige Zeiten gebunden, weder die Mahlzeiten noch der Besuch der Gäste, weder Wachen noch Schlafen. Nur starker, aufmunternder Kaffee wurde ununterbrochen gekocht, zu jeder Stunde des Tages und der Nacht.

So vielfältig die Interessen der Gäste dieses Hauses waren, so vielfältig waren auch die Richtungen, die sie vertraten. Nur die bürgerliche Rechte oder gar die extreme Rechte schienen nicht dabei zu sein. Parteipolitisch waren überhaupt nur wenige gebunden, und so gab es denn auch kaum Parteibuchkommunisten. Auch Theta Sch. war kein Mitglied der KP, wenn sie auch oft an kommunistischen Demonstrationen und Versammlungen teilnahm. Was diese Menschen untereinander gemeinsam hatten, war vor allem eins: sie waren allem Neuen aufgeschlossen, sie waren modern, sie waren Kinder des Nachkriegsjahrzehnts. Mochte es sich um Politik, Kunst oder Literatur handeln, immer blickten sie mit Horror auf die Beschränktheit einer ihrer Meinung nach rettungslos untergegangenen bürgerlichen Vergangenheit zurück. Man war ein Mensch, also durfte einem nichts Menschliches fremd sein. [...] Alles konnte gesagt werden, Einwände, die etwa erhoben wurden, waren niemals moralischer Natur. Und noch eins verband all diese Menschen: die Sympathie für die Sowjetunion. Natürlich gab es unter ihnen Kritiker an der sowjetischen Politik und an der bolschewistischen Gesellschaftslehre. Doch jeder war bereit, alles, was aus Rußland kam, mit offenen Armen aufzunehmen. Was man auch sein mochte, man legte Wert darauf, ›fortschrittlich‹ zu sein. Und Sowjetrußland war Fortschritt, Morgen, neue Zeit, neue Gesellschaft. [...]

Dazwischen saß Sch. mit seinem bleichen Gesicht und dem spöttischen Lächeln. Die Augen wölbten sich immer mehr vor, der Blick schien das Gegenüber nicht wahrzunehmen. Alles und alle bedachte er mit seinem Spott, besonders die kommunistischen Sympathien seiner Frau brachten ihn in Harnisch. Aber was er sagte, war fast immer vieldeutig. Es war sehr schwer, zu entscheiden, ob er ernsthaft kritisierte oder ob er nur witzelte. Bei alledem schien er an dem Leben dieses turbulenten Hauses kaum wirklichen Anteil zu nehmen. Ich hatte immer das Gefühl, er lebte nebenher.«

Schließen wir den Gang durch die Häuser und Salons in Potsdam mit Hermannswerder ab. In der Küsselstraße wohnt Karl

Heidkamp, dessen Frau Gertrud als Malerin einen Namen hatte, und in seiner Nähe finden Mitte der zwanziger Jahre zwei Berliner Familien ihren Platz, der Rechtsanwalt Dr. Günther Loewenfeld und der Bankprokurist Fritz Pincus. Mit ihren Frauen, Claire Loewenfeld und Lily Pincus, bilden sie bald den Mittelpunkt linksbürgerlicher Intellektueller, die der Sozialdemokratie nahestehen oder ihr angehören. Lily Pincus hat dem ›Haus auf dem Küssel‹ ein umfangreiches Kapitel in ihren Lebenserinnerungen gewidmet:

»Im Mai 1925 gaben wir unsere Wohnung in Berlin auf und zogen mit Claire und Günther Löwenfeld ›aufs Land‹. Mit Claire war ich von der Schule her befreundet.

Sie war zwei Jahre jünger als ich, und ich war ihre ›Flamme‹ gewesen. [...]

Claire war überaus intelligent, mit weitreichenden Interessen, hatte Kunstgeschichte studiert und war eine eindrucksvolle, dominierende Persönlichkeit. Sie hatte Günther Löwenfeld, einen jungen, erfolgreichen Anwalt[,] geheiratet, und unsere beiden Männer wurden rasch gute Freunde. Wir sprachen oft von unseren Hoffnungen, aus der großen Stadt wegzukommen. [...]

Im Januar 1925 sahen wir eine Anzeige von einem kleinen Haus auf einer Insel bei Potsdam, die uns verlockend schien [...]

Eigentlich war der Küssel, so hieß die Insel, keine regelrechte Insel, denn an der engsten Stelle des Sees verband ihn eine Brücke mit dem Festland. Das Haus war nicht zu verkaufen, sondern nur zu mieten, und wir mieteten es und zogen gemeinsam ein – übrigens ohne irgendwelche theoretischen Vorstellungen: Es kam uns gar nicht in den Sinn, dort etwa eine Kommune zu gründen oder ein Gemeinschaftshaus zu führen. [...]

Wir lebten fast sechs Jahre in dem kleinen Haus. Aber inzwischen brauchten die Kinder mehr Platz, die Gästezahl nahm zu, unsere Männer fingen an, mehr zu verdienen, und wir planten, das Haus zu vergrößern, ein Plan, der sich erst 1931 erfüllte. Die Jahre vorher schien mir mein Leben nicht genügend ausgefüllt, und als die Stiftung Hermannswerder, die nah bei unserem Haus lag, eine Sekretärin suchte, übernahm ich die Stellung, da es mich schon längere Zeit gelockt hatte, Hermannswerder näher kennenzulernen. [...]

Ein Ergebnis meiner Arbeit war, daß wir uns mit Pastor Kühne befreundeten, der später eine große Rolle in der Widerstandsbewegung spielte. Er kam viel zu uns ins Haus und brachte auch manchmal junge Kollegen mit. Wir konnten manches für die Patienten im Hermannswerder Krankenhaus tun, zum Beispiel, sie zum Tee einladen, wenn sie ausgehen durften. Meine Halbtagsstellung wurde daher eine erhebliche Bereicherung für uns alle, und als die Löwenfeld-Kinder dann in die Schule nach Hermannswerder kamen, fühlten sie sich dort bald zu Hause. [...]

Wohl der wichtigste Freund des Küsselhauses, vom ersten bis zum letzten Tag seines Bestehens, war Richard Joachim, aus mir unbekannten Gründen Saul genannt. Er war Fritzchens Jugendfreund, und obwohl dies immer die stärkste Beziehung blieb, hatte er uns alle sehr gerne, und auch wir liebten Saul. [...]

Saul, der sehr klug und gebildet war, hatte eine großartige Karriere gemacht und war zur Zeit der Machtübernahme Senatspräsident beim Reichsversicherungsamt. Als hoher Beamter wurde er sofort verhört. Auf die Frage, wie er zum Sozialismus stünde, antwortete er: ›Ich habe alles für ihn getan, was nur in meiner Macht lag.‹ Er wurde darauf sofort entlassen und vorübergehend in ein Konzentrationslager gesperrt. Dies war zu einer Zeit, in der man die späteren Schrecken dieser Lager noch nicht kannte, und Saul kam gelassen wie immer zurück, erfreut, daß es ihm zum ersten Mal in seinem Leben gelungen war, etwas abzunehmen. Obwohl er sich bis dahin wenig für das Judentum interessiert hatte, trat er sofort nach seiner Entlassung der Reichsvertretung der Juden in Deutschland bei und stand ab Ende 1938 an der Spitze ihres Ausschusses. Er hatte zahlreiche internationale Verbindungen und viele ›Möglichkeiten‹ im Ausland. Aber er weigerte sich auszuwandern, er könne, wie er sagte, die Juden nicht im Stich lassen. So blieb Saul zurück und übernahm für auswandernde Freunde, darunter auch für uns, die Angelegenheiten, die in Deutschland zu regeln waren.

Trotz seiner eindeutigen politischen Überzeugung hatte Saul Verständnis für Menschen der verschiedensten Einstellungen. Er verbrachte viele Wochenenden auf dem Küssel und gab uns – was er ›Idiotenstunden‹ nannte – informellen Unterricht in deutscher und internationaler Politik, eine große Attraktion für uns und unsere Freunde. Er führte ähnliche Gespräche, offen und auch nicht so offen, mit anderen Gruppen verschiedenster Art.

Als dann Paul Tillich ein häufiger Gast wurde, entstanden oft heftige Diskussionen, denn ›Saulus und Paulus‹ liebten sich, aber sie stritten viel. Saul pflegte zu sagen: ›Ich wünschte, der Paulus würde nur über die Dinge schreiben, von denen er viel weiß, und nicht über Politik; das ist nicht sein Gebiet.‹ Gerade zu dieser Zeit schrieb Paulus bei uns im Haus sein Buch *Die Sozialistische Entscheidung*.

Wir hatten Tillich durch den Kunstdienst kennengelernt – eine kleine Gruppe, die 1928 in Dresden gegründet wurde.«

Als Anfang der dreißiger Jahre der aus dem evangelischen Kunstdienst bekannte Architekt Stephan Hirzel den beiden Familien ein neues Haus auf dem Küssel gebaut hat, hält einer der Freunde dieses Salons gleichsam eine Weiherede, und sie wurde nicht nur zeitgenössisch gedruckt, in der Zeitschrift ›Form‹ des Deutschen Werkbundes im Januar 1933, kurz vor dessen Gleichschaltung, nein, sie ist auch heute noch, sehr leicht greifbar, in den Gesammelten Werken des damaligen Redners zu finden: Paul Tillich. *Das Wohnen, der Raum und die Zeit* ist dieser Text des Theologen und Religionsphilosophen überschrieben.

Jedes Haus, so sagte Tillich damals, sei eine Erfüllung menschlichen Sich-Raum-Schaffens. Jedes Haus sei aber auch in der Gefahr, daß »dem Hausgott Opfer gebracht werden, die ihm nicht zukommen [...] Es muß also erstrebt werden, [...] Räume zu schaffen, in denen die Spannung ausgeglichen ist zwischen dem Willen, sich abzugrenzen, sich zu schützen vor der einsaugenden Unendlichkeit des Raumes, und dem Willen, vorzustoßen in den unendlichen Raum, herauszugehen aus der tragenden und zugleich engmachenden Höhle.« Das war, wenn man so will, die philosophische Bestimmung eines Hauses, eines Salons in den Krisenzeiten der frühen dreißiger Jahre, und zwar mit dem Ziel, in der Auseinandersetzung, im Diskurs der Bewohner des Hauses und ihrer Gäste, ihrer Freunde, das soziale Privileg solchen Raumes in dieser Zeit zu transzendieren und damit auch den Ort anderer solcher Häuser und Wohnungen in der Potsdamer Topographie (und allerdings nicht nur dort) zu markieren.

Ein anderer Satz aus dieser Rede von Paul Tillich sollte freilich alsbald eine mehr als symbolische Bedeutung für die jüdischen Familien Loewenfeld und Pincus erhalten: »Das Wort an Abraham, das ihm gebot, hinauszugehen aus seinem Lebensraum in eine unbekannte Zukunft, ist symbolisch für Menschsein überhaupt.«

Interludium

Potsdamer Abiturienten

Auf unseren Gängen diesseits und jenseits von Sanssouci begegnen wir immer wieder Absolventen des berühmten Viktoriagymnasiums, über das Hans Kania zur 200-Jahr-Feier der Schule (Gymnasium seit 1812) 1939 eine geschichtliche Darstellung vorgelegt hat. Daher soll gesondert der Blick auf Abiturienten einer anderen höheren Schule der Havelstadt gerichtet werden, auf die, die sich »Von der Kgl. Handwerksschule zum Humboldt-Gymnasium« entwickelt hat und traditionell als Oberrealschule (das war sie seit 1882) bekannt geblieben ist.

In dem zum 175jährigen Bestehen der Schule unter dem soeben zitierten Titel 1997 im Märkischen Verlag Wilhelmshorst herausgekommen Buch von Reinhard Hentze sind die Listen der Abiturienten seit 1855 enthalten. Dort finden sich Namen, die überregional bekannt geworden sind, und solche, die in der Folgezeit prägend mit Potsdam in Verbindung blieben.

Zu den überregional bekannten Namen wird man den eines Abiturienten von 1866 rechnen müssen, den Otto Lilienthals, des Flugpioniers, dann die von Marion Gräfin von Dönhoff (die spätere Herausgeberin der ›Zeit‹ machte ihr Abitur 1929) und Jürgen Scheller (Reifevermerk um 1940), den wir als Kabarettisten der ›Lach- und Schießgesellschaft‹ kennen. Der Abiturient von 1923, Helmut Huchel, ist als Peter Huchel international bekannt und auf eigene Weise mit Potsdam und Wilhelmshorst in Verbindung.

Von Abiturienten dieser Schule soll hier – neben den Namen aus Potsdamer Adelsfamilien (von der Lancken, von Sponeck, von Scheliha), solchen aus dem kulturellen Milieu (Kiepenheuer, Bonneß, Bullert, Chemin-Petit) und aus dem Bürgertum (Kaldewey) – vor allem genannt sein: Hans Zappe (Abitur 1913). Er ist als Journalist und Schriftsteller bekannt geworden, immer wieder auch mit Potsdam-Büchern und Potsdam-Romanen. Nach 1945 hat er für die ›Tagespost‹ geschrieben, unter anderem eine Reportage über den Rundfunkmann Huchel. Im Potsdamer evangelischen Stiftungsverlag sowie in der Berliner Evangelischen Verlagsanstalt veröffentlichte er Novellen und ein Lebensbild von J. Stegemann, dem Verfasser von *Ach bleib' mit deiner Gnade*. Höchst beachtlich war, daß Zappe 1949/50 in der ›Potsdamer Kirche‹ mit einem Barabbas-Hörspiel und mit Aufsätzen zu theologischen Themen (Entmythologisierung) hervortrat.

Zum Abiturientenjahrgang 1921 gehörte der schon genannte Alfred Protte, der nach Studium und Lehrjahren bei Felix Meiner Ende der zwanziger Jahre in Potsdam einen Verlag gründete. In der Tat sollte dieser alsbald nicht ohne Echo bleiben: Wir haben ja schon einige seiner Autoren kennengelernt. Hendrik de Man, Franz Oppenheimer und Michael Freund sind ebenfalls in diesem Umfeld zu nennen. Bis zu seiner Emigration nach England beriet ihn J. P. Mayer, der später als Tocqueville-Editor weltweit bekanntgewordene Sozialwissenschaftler. Es lag nahe, daß dieser Verlag – trotz einiger Konzessionen – nach 1933 kaum eine Perspektive hatte, 1939 erschien das letzte Buch. Nach Kriegsdienst und Gefangenschaft war Protte bei Rütten & Loening und im Akademie-Verlag Berlin, vorwiegend als Hersteller, tätig, dann in der Akademie der Künste; er starb 1977.

Nicht vergessen werden sollte Heinrich Elter (Abitur 1929), der vor allem als Pianist das Musikleben des Nachkriegs-Potsdam bis zu seinem frühen Weggang aus Potsdam schöpferisch beeinflußte. Zum Abiturientenjahrgang 1930 gehörte Karl Heinrich, seit den frühen fünfziger Jahren Übersetzer von Aragon, Sartre und afrikanischer Dichtung. 1949 steht in der Liste der Abiturienten Fritz Erpel, der acht Jahr später redaktioneller Mitarbeiter Peter Huchels in ›Sinn und Form‹ wurde und dies bis zu Huchels Exmittierung blieb; Erpel hat sich dann als freischaffender Kunstschriftsteller einen Namen gemacht, so mit der Briefedition Vincent van Goghs und mit Arbeiten zu Rembrandt und zum Impressionismus, auch Whitman hat er herausgegeben. Schließlich finden wir in der Abiturientenliste 1979 Steffen Reiche. Der spätere evangelische Pfarrer und brandenburgische Kultusminister hat zehn Jahre nach seinem Abitur die SPD in der DDR (als SDP) mitbegründet und ist früh in Potsdam öffentlich für sie auf- und hervorgetreten.

Potsdamer Abiturienten, Abiturientinnen dieser Schule – wir konnten nur einige nennen, und wir können wahrlich auch nur einige Lehrer erwähnen: Professor Otto Fellenberg, der von 1902 bis 1923 an dieser Schule tätig war und dessen Name überdies in die Geschichte des Civil-Waisenhauses eingeschrieben ist (übrigens war er der Schwiegervater Hermann Kasacks), dann Professor Otto Eckstorff, von 1907 bis 1949 an dieser Schule, der Extremfall eines der Sache hingegebenen Pädagogen, Dr. W. Pritzkow und W. Stechele, die in der Potsdamer Ortsgruppe der Kant-Gesellschaft hervortraten, die Musiklehrer und bedeutenden Organisten an der Friedenskirche, Martin Gebhardt und Karl Landgrebe, und schließlich Otto Hartung, 1937 verhaftet und versetzt. Hartung sollte am 15. Mai 1945 der erste Kulturdezernent von Potsdam werden, Ende 1945 übernahm er die Leitung der Volkshochschule. Zuletzt sei schon aus den fünfziger Jahren der spätere Greifswalder Germanistikprofessor (und Kellermann-Forscher) Georg Wenzel angeführt, der damals in der Havelstadt einen Thomas-Mann-Kreis begründete und inspirierte, einen Kreis, der für freimütige Debatten bekannt war.

Direktor dieser Schule in schwerer Zeit von 1923 bis 1939 war der 1877 geborene Dr. Friedrich Wilmsen, von dem es bei Hentze heißt, daß er wegen »seiner offensichtlich konservativen Orientierung« 1939 vorzeitig in den Ruhestand gegangen sei. Er ist 1973 in Potsdam verstorben, im 96. Lebensjahr, wie sein ein Jahr älterer Kollege Eckstorff.

Werfen wir doch noch einen Blick aufs Viktoriagymnasium, dann vielleicht auf den Abiturientenjahrgang 1943, in dem wir neben Friedrich Hassenstein, dem Sohn eines Potsdamer Astrophysikers, Werner Grünbaum aus Rehbrücke und Jürgen Stargardt finden. Beider Väter sollten nach 1945 in der Provinzial- bzw. Landesverwaltung leitende Positionen einnehmen, der rassisch verfolgt gewesene Ernst Stargardt als christlich-demokratischer Justizminister Brandenburgs bis zu seinem Weggang 1950. Kurt Grünbaum wurde 1949 Leiter der Hauptabteilung »Verbindung zu den Kirchen« bei der DDR-Regierung, um nach seiner Verhaftung in den frühen fünfziger Jahren als Konsistorialpräsident der Evangelischen Kirche in Magdeburg zu wirken.

Übrigens: Wenn von Potsdamer Abiturienten gesprochen wird, so kann und darf einer nicht vergessen werden: Helmuth James Graf von Moltke, 1925 Abiturient zusammen mit Prinz Louis Ferdinand am Realgymnasium.

Nach dem ›Tag von Potsdam‹

Refugien im Umfeld der Kirche

Am 15. April 1933 schrieb Hermann Kasack, noch unter dem Eindruck des Judenboykotts am 1. April: »Also: Das ist die ›Freiheit‹. Mit Siebenmeilenstiefeln läuft der deutsche Michel in sein Unglück. Er hat sich selbst sein Grab gegraben. Hochmut kommt zu Fall [...] Mich kommt das Grauen an, wenn ich an die Zukunft denke. In Potsdam wurden schon letzte Tage Deutschnationale von Nazis verprügelt [...]« Nicht zufällig war daher, daß alsbald auch der konservative Polizeipräsident von Zitzewitz pensioniert wurde. Es waren dies also genau jene, das alte Potsdam tragenden gesellschaftlichen Kräfte, die ja eigentlich durch den ›Tag von Potsdam‹ gewonnen werden sollten! Offenbar hatten sie – jedenfalls die unter ihnen, die den ›deutschen Michel‹ in sich nicht groß werden ließen – bald wahrnehmen müssen, daß das Preußische, das Potsdamische nur ausgeborgt werden sollte, um ganz andere Ziele verfolgen zu können. Der ›Tag von Potsdam‹ mußte ihnen also als eine Falle erscheinen, die gerade ihnen, den Wertkonservativen, gestellt worden war. So waren es letztlich die Ent-Täuschung dieses Tags, seine Entmythologisierung, das Wegziehen des Rauchvorhangs, die gerade diese Kreise in Adel und Bildungsbürgertum, zumal im protestantischen, sich neu orientieren ließ. Der Kirchenkampf war das Medium, in dem dieser Prozeß sich früh ereignete und eine Zeitlang auch noch die Öffentlichkeit erreichte. Gleichzeitig, später allein waren es Häuser des Bürgertums und Salons des Adels sowie Reste bildungsbürgerlicher Organisationen (in Potsdam die der Kant-Gesellschaft), in denen Möglichkeiten eigenständiger Artikulation, mindestens sie, gegeben waren.

Was das Medium des Kirchenkampfes in Potsdam angeht, konnte sich dieser gleichsam aus dem heraus entwickeln, was am 21. März 1933 in der Nikolaikirche zum öffentlichen Ereignis geworden war. Ende Mai 1933 meldete ›Der Tag‹, daß die ›Deutschen Christen‹ im Potsdamer ›Café Sanssouci‹ (dort hatten vor 1933 oft die Feiern zum Verfassungstag stattgefunden, so 1927 mit Veit Valentin als Redner) gegen die Wahl von Pastor von Bodelschwingh zum Reichsbischof Stellung bezogen hätten. Gleichzeitig fand in Potsdam der Kurmärkische Kirchentag statt, auf dem sich Otto Dibelius für von Bodelschwingh einsetzte.

In der den Kirchenkampf dokumentierenden wie inspirierenden Zeitschrift ›Junge Kirche‹ konnte man im Heft 2/1934 eine Meldung über Superintendent Görnandt lesen – er hatte, wie wir uns erinnern, neben Generalsuperintendent Dibelius und Pfarrer Lahr gestanden, als Hindenburg am ›Tag von Potsdam‹ die Nikolaikirche betrat. »*Superintendent Görnandt, Potsdam, nahm einen Ruf als Pfarrer an die deutsche Gemeinde in Kopenhagen an. 2500 Potsdamer Gemeindemitglieder protestierten unterschriftlich* dagegen, daß ›verantwortliche Mitglieder der Kirchenbehörde Herrn Superintendenten Görnandt als Superintendent von Potsdam weiterhin in seiner amtlichen Tätigkeit für untragbar erklärt haben‹. Superintendent Görnandt ist Frontkämpfer und hat als Geschäftsführer der Luther-Gesellschaft besonderen Anteil an der Luther-Renaissance in Theologie und Kirche gehabt.« Görnandt gehörte führend zur Bewegung ›Evangelium und Kirche‹, die dann in die Bekennende Kirche (BK) mündete, und seine Frau war jüdischer Abstammung. Görnandts Abschiedsgottesdienst mutierte zu einer öffentlichen Demonstration!

Am 1. November 1934 meldete die ›Potsdamer Tageszeitung‹, und die ›Junge Kirche‹ gab die Meldung überregional weiter: »[...] Wie sehr diese Feier [Reformationsfeier der BK] für weiteste Kreise unserer Stadt Bedürfnis war, zeigte sich daraus, daß die Erlöserkirche trotz ihrer ungünstigen Lage [...] und trotz des denkbar ungünstigen Wetters vollkommen überfüllt war. Jeder verfügbare Stuhl war besetzt [...]« Es sprachen u.a. die Pfarrer Kühne und Viebeg. Ohne daß dies zeitgenössisch so hätte herausgestellt werden können, galt dieser Bericht dem ersten demonstrativen Hervortreten der Bekennenden Kirche in der Havelstadt. Diese hatte sich aus einer frühen Zusammenkunft nach der Barmer Synode (Mai 1934) heraus entwickelt, die in der Augustastraße, in der Wohnung Anni von Gottbergs, stattgefunden hatte. Nach und nach bildeten sich, zuerst im Umfeld der Friedens- und Erlöserkirche und der Babelsberger Friedrichskirche, die bruderschaftlichen Leitungsorgane. Neben Anni von Gottberg müssen vor allem der ehemalige kaiserliche Staatssekretär Freiherr von Falkenhausen, bekannt als Dante-Übersetzer, und der Nationalökonom Constantin von Dietze, der spätere Präses der EKD-

Synode, unter den die Potsdamer BK tragenden Laien hervorgehoben werden. Auch der bekannte Theologe Lütgert gehörte hierher.

Ohrenzeuge einer anderen kämpferischen gottesdienstlichen Veranstaltung in Potsdam war Hermann Kasack, der am 14. Februar 1935 in seinem Tagebuch festhielt, er habe am Abend zuvor den Bekenntnisgottesdienst von Pastor Martin Niemöller aus Dahlem besucht. Der Vortrag sei »sehr lebendig, klar, souverän und viel-sagend« gewesen.

Die Erlösergemeinde, in der dieser Gottesdienst stattgefunden hatte, unterstellte sich am 5. März 1935 dem Provinzialbruderrat, was dem Abbruch der Beziehungen zur ›offiziellen Kirche‹ gleichkam. Für Mitte 1935 werden für Potsdam 2017 eingeschriebene Mitglieder der BK angegeben. Neuaufnahmen hat es noch bis 1937 gegeben. Anlaufstelle der BK-Glieder war die BK-Geschäftsstelle im CVJM-Heim in der Junkerstraße. Als im Sommer 1937 die Kollekten der Bekennenden Kirche staatlich verboten wurden, diese sich hiergegen wehrte und in der Heiliggeistgemeinde der Hilfsprediger Kunkel im Gottesdienst den Einspruch verlas, wurde er von einem deutsch-christlichen Pfarrer denunziert und von der Gestapo verhaftet.

Wie sich diese Ereignisse in der Haltung besonders aktiver Mitglieder der BK dramatisch spiegeln, geht aus einem vom 16. Juli 1937 datierten – im Stakkato der damaligen Ereignisse geschriebenen – Brief Anni von Gottbergs hervor (mit Erläuterungen Albrecht Schönherrs in den Klammern):

»Am Donnerstag also wurde Kunkel verhaftet, (er) hatte B. (der BK-Pfarrer der Gemeinde) in Heiliggeist vertreten und die Kanzelabkündigung verlesen. Der Küster hatte H. (DC-Pfarrer) gemeldet, der an T. (Superintendent), nächster Weg Gestapo, er sitzt in der Lindenstraße ... In der Behlertstraße (Altlutherische Kirche) verlief alles glatt ... aber in Heiliggeist kam es zum bösen Gefecht. H. von Dietze (Volkswirtschaftler an der Universität, später Präses der EkiD-Synode) fing an, das Gleiche zu tun (Verlesung der Kanzelabkündigung), als der Küster es ihm verbot, redete weiter, da es unmöglich wurde, stimmte er *Erhalt uns, Herr* an, Gemeinde fiel ein, T. (Superintendent) brüllte, das ist eine Gotteslästerung, sang zu Ende, der Bruderrat verließ die Kirche, gefolgt von der Gemeinde. T. schrie, bleiben Sie, Pfarrer W. (führender Mann der DC) wird sprechen. (Die Gemeinde:) Wir wollen keinen

Irrlehrer. Kurz, er blieb wutschnaubend allein mit seinen Thüringer Deutschen Christen (die radikalste Gruppe der DC). Draußen konnte D. alles sagen, verlas dann Kanzelabkündigung, gemeinsames Vaterunser. Ich war in ›Frieden‹ (Friedenskirche), wo Z. sehr gut sprach und alles Geschehen der Gemeinde bekanntgab – W. (BK-Vikar) durch Motorrad übermittelt – Kollekte mit Altarrundgang für die Kandidaten. Ich sollte Wache stehen, falls Gestapo käme, es geschah nichts. Feine Kollekte aus 5-, 2-, 1-Markstücken ... Nachmittags kam ... unsere Pfarrgehilfin – arbeitet sehr ordentlich über ganz Potsdam – mit Fräulein von D., Vater wäre um 5 abgeholt, wußte nicht, wo. Ich läutete die Stapo an, tat sehr dumm, erst als ich energisch wurde, durfte ich raten, daß D. dort wäre. Dann bekam ich zum Glück Scharf telefonisch ... und am Nachmittag wollte er herauskommen ... ein Segen, daß ich Telefon habe ... D. ist auch Lindenstraße, hat Lese- und Schreiberlaubnis, Bibel; hat Haftbeschwerde eingelegt. Ihm wird vorgeworfen Hausfriedensbruch, Störung des Gottesdienstes, Verstoß gegen Verbot von Versammlungen unter freiem Himmel. Behandlung gut, man soll ihm viel schreiben, tue es gleich und bitte Sie, das Gleiche zu tun [...]«

Es gehört sicher auch zu den Eigenarten des Kirchenkampfes in Potsdam, daß die BK noch relativ lange hatte damit rechnen können, ihre Veranstaltungen in der ›Potsdamer Tageszeitung‹ durch Annoncen bekanntzumachen. Wenn in den redaktionellen Spalten des Blattes keine Auseinandersetzung zwischen BK und DC, wie vor den Kirchenwahlen 1933, mehr möglich war, so fand doch zeitweilig noch ein ›Annoncenkrieg‹ statt. Und auch dies gehört zu den Potsdamer Eigenarten: »Als im März 1935 im Reich über siebenhundert Pfarrer gefangengesetzt wurden, weil sie gemäß den Weisungen des Bruderrates eine Kanzelerklärung gegen das Neuheidentum verlesen wollten, war das Potsdamer Gefängnis in der Lindenstraße voller Geistlichkeit. Wie auch anderenorts spielten Posaunen und sangen Chöre vor dem Gefängnis. In Potsdam kam aber die besondere Mahnung hinzu, die halbstündlich von den Glocken der nahen Garnisonkirche erklang: ›Üb' immer Treu und Redlichkeit‹ und ›Lobe den Herren‹.«

Dies hat Albrecht Schönherr berichtet, der als junger Vikar die frühen Zeiten des Kirchenkampfes in Potsdam erlebt hatte (wie übrigens auch ein anderer später in der brandenburgischen Kirche sehr einflußreicher Kirchenmann, der Superintendent Gotthold

Funke). Als Altbischof hat sich Schönherr an seine Potsdamer Zeit erinnert:

»Meine Vikariatszeit reichte vom 1. November 1933 bis zum 30. September 1934. Ich absolvierte sie bei dem Pfarrer und Hofprediger Krummacher, dem Vater des späteren Greifswalder Bischofs, in der Potsdamer Kaiserin-Auguste-Victoria-Gedächtnis-Kirche. Gewohnt habe ich in der Russischen Kolonie ›Alexandrowka‹, die Friedrich Wilhelm III. für seine ihm vom Zaren geschenkten russischen Soldaten hatte bauen lassen.

Ich war Krummachers letzter Vikar; als meine Zeit bei ihm beendet war, ging er in den Ruhestand. Der erfahrene Prediger leitete den jungen Vikar vor allem in diesem Fach an. Mit der ›Exegese‹, der Auslegung des Textes, gab ich und gebe ich mir viel Mühe: Der damals für uns maßgeblichste Theologe Karl Barth hatte uns gelehrt, daß das Bibelwort, das kostbarste Gut der Kirche, unserer ganzen Anstrengung wert sei. Kein Wort des Textes solle unter den Tisch fallen und der Duktus der Predigt dem des Textes entsprechen. [...]

Krummacher war Hofprediger. Häufig saß die Frau des Prinzen Oskar von Hohenzollern unter seiner Kanzel. Das Ehepaar wohnte in einer bürgerlichen Wohnung in der Nähe – die Frau war von nicht ebenbürtiger Abstammung. Den Kronprinzen, der in Cecilienhof residierte, traf ich einmal, als ich mit meiner Braut im Neuen Garten spazierenging. Er grüßte freundlich zurück. In der Kirche habe ich ihn nie gesehen. Mein Vikariatsvater besuchte jedes Jahr den ehemaligen Kaiser in seinem Exil in Doorn. Er brachte dann immer das neueste Bild Wilhelms II. mit eigenhändiger Unterschrift nach Hause und stellte es neben den Dutzenden anderen auf, für die es einen eigenen Tisch gab. [...]

Nach dem Ende meines Vikariates unterstellte ich mich der Bekennenden Kirche. Ohne Komplikationen konnte ich mich vom Berliner Konsistorium abmelden: Oberkonsistorialrat Kegel, der Dezernent für Ausbildung, nahm meine Erklärung entgegen, ohne den Versuch zu machen, mich von meiner Entscheidung abzubringen. Man spürte, daß er nicht nur innerlich zustimmte, sondern sogar ein wenig stolz auf ›seine Vikare‹ war. Wer sich als Kandidat der Theologie, also noch vor der festen Anstellung im Pfarramt, der Bekennenden Kirche anvertraute, verzichtete auf alle Sicherheiten bezüglich Gehalt und Pension; er war auf Gedeih und Verderb auf die brüderliche Hilfe der Bekennenden Kirche angewiesen, die selber finanziell ausschließlich von freien Spenden lebte. Von den Kirchensteuern bekam sie nichts. Sich der Bekennenden Kirche anzuvertrauen war für uns ›Junge Brüder‹ wirklich allein eine Sache des Glaubens. Am 10. Oktober 1934 unterschrieb ich die ›Rote Karte‹ und erklärte damit meine Gliedschaft in der Bekennenden Kirche.

Es war für mich eine gute Zeit, in der die Dinge so klar lagen.

Der Bruderrat der Bekennenden Kirche wies mich in eine vorläufige Tätigkeit bei Pfarrer Jacobi an der Berliner Kaiser-Wilhelm-Gedächtnis-Kirche ein. Ich hatte im wesentlichen Büroarbeit zu leisten ... [...]

Ich war ganz froh, als ich nach einem Monat erneut nach Potsdam berufen wurde. Ich sollte in den Bekennenden Gemeinden Potsdams Veranstaltungen organisieren und dafür sorgen, daß alle Glieder der Bekennenden Kirche zu Bibelkreisen eingeladen wurden. Außerdem hatte ich mitzuhelfen, daß die einzelnen Bekennenden Gemeinden – sie waren entsprechend den Ortsgemeinden gebildet worden – zusammenwirkten, und was der organisatorischen Aufgaben mehr waren. Einen Bibelkreis leitete ich selbst, in anderen habe ich oft vertreten müssen. Die Bibelkreise waren natürlich wichtige Orte der Information, und in Potsdam existierten damals mindestens 20.«

Ein Zentrum kirchlichen Lebens in Potsdam war Hermannswerder, nachdem die Halbinsel durch die Stiftung Clara und Hermann Hoffbauers seit Ende des 19. Jahrhunderts nach und nach eine Reihe bedeutender diakonischer Einrichtungen und Bildungsstätten erhalten hatte (mit den Krankenhäusern ist immerhin auch der Name Ernst von Bergmanns verbunden). Sowohl um die diakonischen Einrichtungen wie um die Bildungsstätten entbrannte schon zu Beginn der NS-Zeit ein heftiger Kampf, und es mußte daher auffallen, daß die ›Potsdamer Tageszeitung‹ am 17. April 1934 eine große Reportage über das ›evangelische Hermannswerder‹ druckte. 1937 hatten die NS-Behörden einen Zwischenerfolg, nachdem es ihnen gelungen war, mit dem schon erwähnten Pfarrer und Oberstudiendirektor Kühne jenen Mann zu entfernen, der für das evangelische Hermannswerder eingestanden war, zusammen u. a. mit Pfarrer Dr. Winterhager, zusammen auch mit vielen tapferen Diakonissen. In seiner letzten Predigt 1937 sagte Kühne: »Wir müssen gehen, wenn er uns eine Arbeit abnimmt, in der wir gern geblieben wären. Seine Barmherzigkeit ist es, wenn er uns Türen für neuen Dienst eröffnet [...] Gottes Erbarmen wolle dir, liebe Gemeinde, diese Vollmacht zur Überwindung des toten Buchstabens durch den lebendigen Geist schenken, stärken und erhalten [...]« 1938 war die Gleichschaltung bzw. ›Entchristlichung‹ der Bildungsstätten auf Hermannswerder durchgesetzt.

Daß Frauen in der Bekennenden Kirche eine wichtige Funktion zukam, auch die von Geduld, Ausdauer und Beständigkeit, wird man am Beispiel von Diakonissen in Hermannswerder herausstellen können, aber auch an dem der ehemaligen Theologiestudentin Hilde Enterlein, die Albrecht Schönherrs erste (dann früh verstorbene) Frau wurde, und dem der Anni von Gottberg, von der schon die Rede war und auf deren Familie noch einzugehen sein wird.

Anni von Gottberg war in zweiter Ehe mit einem hohen Beamten, dem Geheimrat Wolf von Gottberg, verheiratet; sie selber, eine geborene von Selchow, hatte einen seinerzeit nicht unbekannten Bruder, den Schriftsteller Bogislav von Selchow. Wolf von Gottberg starb 1938. In Briefen an Albrecht Schönherr hat sie, etwa 1936, berichtet, welche Schwierigkeiten sie mit ihrem konsequenten Engagement für die Bekennende Kirche hatte, nicht zuletzt in ihrer Familie: »Das Schwert schneidet unsere Familie durch.« Auch in der Gemeinde könnten sie manche nicht verstehen: »Ich will ja nur meinen Weg in Gehorsam gehen, weiter nichts.« Sie wolle nicht ›radikal‹ sein, sie wisse sich nur als ›Gefangene‹ des Rufs Christi: Folge mir nach!

Als sie von Präses Scharf, bei dem die BK-Fäden in Berlin-Brandenburg zusammenliefen, gefragt wurde, ob sie schon Mitglied des Kreisbruderrates sei, antwortet sie: »Ich bin für Potsdam das rote Tuch.«

Daß nicht nur die BK und ihre Sympathisanten die Kirchenpolitik des NS-Regimes ablehnten, macht das Beispiel des als Volksmissionar und Ökumeniker bekannten Pfarrers Dr. Paul Le Seur deutlich, der nach seinem Weggang aus seiner Eisenacher Tätigkeit in Potsdam wohnte. »Es ist mir verdacht worden, daß ich mich der ›Bekennenden Kirche‹ nicht angeschlossen habe«, schreibt er in seinen Erinnerungen. »Erst habe ich geschwankt. Manches zog mich dorthin, aber theologische Bedenken standen dem entgegen. Barths Antipietismus konnte ich nicht mitmachen.« Le Seur zog es eher in den Kreis um August Winnig, dessen literarische Arbeiten und publizistische Schriften – dem ›Eckart‹-

Kreis Kurt Ihlenfelds zuzurechnen – in der evangelischen Kirche damals viel Zuspruch fanden; Niemöller ließ sich etwa Winnigs Buch über ›Europa‹ ins Untersuchungsgefängnis schicken.

In dem Bericht der ›Jungen Kirche‹ über Superintendent Görnandt war die Tatsache erwähnt worden, daß dieser eine hervorragende Rolle in der Luther-Gesellschaft gespielt habe. Zwischen solchen Gesellschaften sowie Vereinen, vor allem auch dem Evangelischen Bund, und der Ortsgruppe der Kant-Gesellschaft gab es personelle Querverbindungen, die für die Artikulierung eigenständiger Auffassungen über das im engeren Sinne Kirchliche hinaus nicht unwichtig waren.

Oberstudiendirektor Dr. Dreyer, Oberstudiendirektor Wächtler und Studienrat Pritzkow, ein Freund Hermann Kasacks, versuchten – vor allem Dreyer mit dem Hintergrund des Evangelischen Bundes – auch noch nach 1933, anspruchsvolle Vortragsabende zu gestalten, die seit Mitte 1934 allerdings nur noch einen halböffentlichen Charakter hatten; der letzte Bericht, der über eine Veranstaltung der Kant-Gesellschaft in der ›Potsdamer Tageszeitung‹ zu finden war, erschien in den ersten Maitagen 1934 und galt einem Vortrag Werner Sombarts.

Immerhin war die Ortsgruppe dieser philosophischen Gesellschaft in ihrer halböffentlichen Zeit das einzige Forum, in dem Hermann Kasack in seiner Heimatstadt auftreten konnte. Anfang Oktober 1936 war der Schriftsteller zum ersten Male in einer Veranstaltung der Ortsgruppe gewesen. Graf Brockdorff, dem Kasack einige Monate später nach dessen Selbstmord vor Gestapo-Verfolgung ein Gedicht gewidmet hatte, sprach über ›Kant als Mystiker‹. Kasack im Tagebuch, am 8. Oktober 1936: »Gute Köpfe dort: Prof. Liebmann und Direktor Wächtler. Beachtliches Niveau. Bis 12 noch, durch Pritzkow veranlaßt, beisammen gewesen. Will ev(entuell) wieder hingehen [...]«

Am 15. Februar 1937 las dann Kasack in der Gesellschaft aus einem bis heute unveröffentlichten Text, dem *Archimedes*, dem er selber ziemliche Bedeutung zumaß. 60 Menschen seien dort gewesen, »manche, die mir lieb und recht gewesen wären, fehlten«. Immerhin war Loerke zugegen, wie dessen Tagebuch entnommen werden kann – und vor allem kam es zu einer schicksalhaften Begegnung: »*Lernte Huchel kennen* [...]« (Hervorhebung d. Verf.).

Am 1. März fand dann noch eine Diskussion über den *Archime-*

des statt, die freilich nicht nach Kasacks Zufriedenheit verlief. Die Kontakte zur Ortsgruppe der Gesellschaft hielt er aber aufrecht: Im Februar 1938 hörte er einen Vortrag von Prof. Liebmann über indisches und europäisches Denken (›Von Buddha keine Erlebnis-Ahnung‹), und im März 1939 hielt er noch einmal einen Vortrag über die ›Fragwürdigkeit des Gedichts‹: »Manche unter den etwa knapp 50 Zuhörern, die ich erwartet hatte, sah ich nicht [...]«

Die erwähnten Themen (Kant als Mystiker, Archimedes, Buddha, Fragwürdigkeit des Gedichts) erweisen eine gewisse Unabhängigkeit vom herrschenden Zeitgeist; 50 bis 60 Teilnehmer scheinen die durchschnittliche Beteiligung anzugeben, und Kasacks mehrfaches Registrieren fehlender Freunde gibt so oder so zu denken. Immerhin erfahren wir durch diese Tagebuchnotizen etwas über die Formierung geistiger Auseinandersetzung im Schatten einer Diktatur.

Im Umfeld der Kant-Gesellschaft muß auch der katholische Pädagoge Döring, Rektor der Marienschule, genannt werden, bekannte er sich doch überdies zu der von Professor Liebert in der Belgrader Emigration begründeten Gesellschaft ›Philosophia‹, und zwar öffentlich durch die Mitteilung in der Zeitschrift der Gesellschaft. Ein bemerkenswerter Vorgang, verbunden mit einer bemerkenswerten Persönlichkeit.

Die geistige Auseinandersetzung war nach 1933, vor allem nach 1934, ohnehin immer stärker aus der Öffentlichkeit, später selbst aus der ›halben‹ Öffentlichkeit verbannt worden. Insofern haben die Veranstaltungen der Kant-Gesellschaft, deren Potsdamer Ortsgruppe noch agierte, als die Gesellschaft als solche ihre Tätigkeit schon hatte einstellen müssen, letztlich ein eigenes spezifisches Gewicht, wie denn auch einige Veröffentlichungen Potsdamer Verlage aus der Mitte der dreißiger Jahre.

Hier ist vor allem an die im Alfred Protte Verlag 1935 herausgekommene Schrift *Heinrich von Kleists Politische und journalistische Schriften* zu denken, die von Adam von Trott zu Solz (dem späteren Mann des 20. Juli) zusammengestellt und eingeleitet worden war: »[...] wenn eine Weltordnung, der wir mit dem Glauben anhingen, nicht mehr auf zwingend erkennbarer und allgemein verbindlicher Richtigkeit beruht, bleibt dann nicht als alleiniger menschlicher Maßstab: daß der einzelne Mann in seinem eigenen verantwortlichen Bereich die Dinge des Lebens unangefochten und spontan ordnen kann? Die Möglichkeit der freien

Gewissensentscheidung, Kern aller politischen Existenz, gewinnt in der Tat aus dieser Frage eine schicksalhafte Bedeutung.«

Wir stehen gewissermaßen am Schnittpunkt der Konsequenzen aus dem Geist von Weimar und aus dem von – Potsdam: die freie Gewissensentscheidung, Kernstück des Kirchenkampfes, aller Opposition, aller inneren Emigration, auch des Ringens im Bildungsbürgertum um seine Integrität ...

Wir hatten gesehen, wie in den Zeiten der Weimarer Republik auch in Potsdam Visionen einer humanen Gestaltung des gesellschaftlichen Lebens zutage traten, Visionen und Konzepte, die in einigen Häusern des Bildungsbürgertums und in Salons adliger Kreise entwickelt wurden und in Büchern und Aufsätzen, in Vorträgen und in Radiosendungen die Öffentlichkeit erreichten.

In den ersten Jahren nach 1933 sind diese Häuser nicht mehr die *Laboratorien* geistiger Auseinandersetzung, und sie können nicht mehr oder kaum noch Schnittpunkte zur Öffentlichkeit hin sein. Jetzt werden sie zu *Refugien* der inneren Emigration. Sicherlich, es wird noch musiziert und vorgelesen, vor allem aber wird im Gespräch der Versuch unternommen, die Gegenwart zu transzendieren in die Vergangenheit (auch mit bohrenden Fragen nach deren unabgegoltenen Seiten) und (kaum) in die scheinbar allzu bestimmte, gegenwärtig jedenfalls alles andere denn offene Zukunft.

Häuser und Salons als Refugien – dies konnte allerdings ganz buchstäblich gemeint sein. So wurde das schöne Haus von Loewenfelds und Pincus' zum Unterschlupf jüdischer Kinder, die zumeist – es konnten schon einmal um die zwanzig sein – vom Potsdamer Rabbiner Dr. Hermann Schreiber zugewiesen worden waren, weil sie entweder ganz oder zeitweilig ohne Eltern waren, sei es, daß diese nach Möglichkeiten zur Emigration suchten, sei es, daß sie verhaftet waren. Lily Pincus, die selber keine Kinder haben konnte, war für die ›fremden‹ wie eine Mutter. Im Haus auf dem Küssel kreuzten sich also die philosophisch-theologischen Erwägungen Paul Tillichs und anderer Freunde mit menschlichen Schicksalen, die im Samariterdienst bewältigt wurden, bis die Familien Loewenfeld und Pincus selbst gehen mußten ... Lily Pincus dazu:

»Während der sechs Jahre (1933-1939) ist uns persönlich auf dem Küssel niemand feindlich begegnet. Das beruhte vielleicht zum Teil auf unserer Freundschaft mit Pastor Kühne und anderen Menschen von der Siedlung Hermannswerder, zum Teil aber auch darauf, daß in Potsdam, mit seiner konservativen Bevölkerung, verhältnismäßig wenig Interesse am Nationalsozialismus bestand.

Wir hatten zwar regelmäßige Besuche von der freundlichen Potsdamer Polizei oder von nicht ganz so freundlichen SS-Leuten, die immer höflich waren, aber eben gerne wissen wollten, was einige der ihnen als kommunistisch verdächtigen Namen in unserem Gästebuch bedeuteten. Einmal kamen zwei sehr große, sehr höfliche SS-Männer, um mich auszufragen. Als sie gingen, führte ich sie aus dem Haus, und wir blieben vor einem Beet mit roten Nelken stehen. Da muß der Teufel in mich gefahren sein, ich brach zwei rote Nelken ab, die doch damals das Zeichen für die verhaßten Kommunisten waren, die sie in unserem Haus vermuteten, und steckte jedem von ihnen eine rote Nelke ins Knopfloch. Sie ließen sich das auch ruhig gefallen, schlugen die Hacken zusammen, verbeugten sich höflich und gingen weg. Sicher haben sie die roten Nelken dann sofort weggeworfen. [...]

Auch für uns auf dem Küssel und in dem schönen Potsdam wurde alles Denken und Fühlen immer mehr von der politischen Lage bestimmt. Für Fritz und mich bedeutete das, daß wir uns eindeutiger sowohl als Juden wie als Sozialdemokraten fühlten. Wir waren immer Mitglieder der sozialdemokratischen Partei gewesen. Unsere ›verdächtigen‹ Bemühungen, Russisch zu lernen, entsprangen dem Interesse an russischer Literatur und hatten nichts mit Kommunismus zu tun. Löwenfelds waren beide Halbjuden ohne jede jüdische Verbundenheit und politisch nicht sehr interessiert – aber menschlich immer bereit zu helfen, wo Hilfe nötig war. Mit zunehmender Verfolgung kamen immer häufiger Kommunisten und politisch aktive Sozialisten zu uns ins Haus, um Schutz oder Trost zu suchen. Bruno Adler, der ja schon im April 1933 bei uns verhaftet wurde, hatte mehrere seiner Freunde zu uns gebracht, darunter auch Adam von Trott, der nach dem Hitlerputsch am 20. Juli 1944 hingerichtet wurde. [...]

Nach 1937 begann das Haus auf dem Küssel, sich mit Kindern zu füllen, deren Eltern entweder in Konzentrationslagern waren, oder ihren Haushalt schon aufgegeben hatten, um auszuwandern. Diese Kinder kamen entweder durch die Lehrer einer nahegelegenen jüdischen Schule, die zu dieser Zeit aufgelöst wurde, zu uns, oder durch den Rabbiner von Potsdam. Zeitweise waren bis zu zwanzig Kinder im Haus. Claire übernahm die Hauptverantwortung, und eine Fröbel-Kindergärtnerin half uns, für sie zu sorgen.«

Man vergesse nicht, wie fragil die Situation solcher Häuser, solcher Refugien damals war. Es waren durchaus keine Idyllen. Welche Sorge etwa herrschte, wonach das, was wortwörtlich ›intra muros‹ debattiert worden war, gerade jene erfahren könnten, für die es am wenigsten bestimmt war, hat Karl Foerster in aphoristischen Texten von 1937 *Du und das Gerücht* angedeutet:

»Die ganze Welt in allen Ländern ist immerfort mit irreführenden oder ungewissen privaten oder öffentlichen Gerüchten erfüllt, in die wir als Objekte oder Subjekte hineinversponnen werden. [...]

Mißtrauen nimmt in das Gefühl für andere oft ungünstige Vermutungen und Gerüchte schon wie etwas Erwiesenes auf und behält sie auch so im Gedächtnis, ja, es stempelt andere bis in die körperliche Erscheinung hinein so tief mit kleinerem oder größerem Verdacht, daß fast der Rückweg verbaut wird, selbst wenn Beweise ihn erzwingen.

Auch zieht Mißtrauen oft Nahrung gerade aus dem, was beim anderen aus der Furchtlosigkeit oder aus der Furcht vor Mißtrauen entspringt.

Gerüchte berichten oft nach einem kontrapunktischen Verleumdungsgesetz gerade das ausgekochte Gegenteil des Sachverhaltes, wobei persönliche oder kollektive Gefühle von Rache, Neid oder Furcht am Werke sind.

Sich von diesem Dickichtschützentum und seinen vergifteten Dum-dum-Geschossen fahrlässig beirren zu lassen, heißt oft dessen innersten Geist nähren helfen.

›Wer aus meinen Worten nicht merkt, daß ich kein Doppelleben lebe‹, so schloß ein Angegriffener eine seiner öffentlichen humorigen Abrechnungen mit Verleumdungsgerüchten banalster Art, ›der gehört in die Welt dieser Gerüchte.‹

In diesem Sinne sollte man den von falschen Gerüchten Betroffenen sagen: ›Du vergibst dir gar nichts, wenn du dich wirksam, gelassen und vorbeugend gegen Gerüchte wehrst und nicht übermäßig harmlos oder hochmütig mit falsch deutbarem Anschein umgehst, ohne natürlich irgendeiner Ängstlichkeit Raum zu geben, die leicht einen Bund gerade mit dem schließt, was vermieden werden sollte.

Vergiß nicht, daß du von Mißverständnissen, Verkennungen

und Gerüchten immer umgeben bleiben wirst, wenn du deinen rechten Gang vorwärts gehst.‹

Wir sollten aber nicht zu stolz oder zu bequem zum Berichtigen von Mißverständnissen sein, hierbei jedoch nicht die kleinen berichtigen und die großen laufen lassen, wie es so oft geschieht.

Man kommt nun einmal nicht von den ›Hinterbeinen‹ herunter und muß sich oder sein Werk immer gegen irgendwelche Verkennungen verwahren, mindestens allwöchentlich einmal.

Diese Ströme zarter oder grober Verkennung aus Nähe oder Ferne hören nicht auf zu fließen.

Es geht den anderen aber ebenso. Jeder wandelt für viele wie unter einer Tarnkappe. Vielleicht ist und bleibt es im Leben immer noch am wichtigsten, sich gegen die Verkennungen zu verwahren, die man anderen angedeihen läßt.«

Der Weg vom Gerücht zur Denunziation war damals nicht weit, und wenn er von dort ›nur‹ zum Gericht führte, schien es noch glimpflich verlaufen zu sein. Der Herr der ›Lützelburg‹ hatte letztlich dieses Glück nicht.

›Lützelburg‹ – so hatte der 1934 pensionierte Reichsarchivrat Karl Heinrich Schäfer sein Haus in der Potsdamer Sophienstraße genannt (er war mit einer Luxemburgerin verheiratet), das schon in den zwanziger Jahren mit seiner Bibliothek und seinem Musiksalon Mittelpunkt eines großen Freundeskreises gewesen war.

Schäfer stammte aus dem Hessischen, hatte in Marburg evangelische Theologie studiert, kam ins Berliner Domkandidatenstift, fühlte sich aber abgestoßen von der Melange liberaler Theologie und wilhelminischer Politik, studierte neuerlich Geschichte, arbeitete in Köln als Archivar und zog zu Beginn des 20. Jahrhunderts die Konsequenzen aus seinen geistlichen Erfahrungen: Er konvertierte, was im heiligen Köln angesichts preußisch-wilhelminischer Verhältnisse damals zum vorläufigen Ende seiner Karriere führte, der als Beamter. Die Goerres-Gesellschaft schickte ihn für längere Zeit nach Rom: Es wurde dies für ihn die Wende zu einer bedeutenden wissenschaftlichen Karriere. 1920 wird das Zentrums-Mitglied ins Reichsarchiv nach Potsdam geholt, und neben umfangreichen Arbeiten im Dienst dieser Behörde (so: *Die Caritas im Weltkrieg*) wird er zum führenden katholischen Kirchenhistoriker der Mark Brandenburg und Berlins. Schon Ende der zwanziger Jahre schreibt er über das tausendjährige Potsdam, und 1933 gibt er ein 600 Seiten umfassendes, reich bebildertes, großformatiges

Buch *Das Reich Christi auf Erden* heraus, zu dem mit Eugenio Pacelli, dem späteren Papst, dem Berliner Bischof Bares, dem Jesuitenpater Muckermann und Leo Weismantel, um nur sie zu nennen, bedeutende Repräsentanten des zeitgenössischen Katholizismus Beiträge beigesteuert haben. Es wird damals, in einer geschichtlichen Zäsur, dieses Buch zu einer Bilanz katholischer Gläubigkeit, katholischen Denkens; deshalb auch ist sein Porträt hier genauer nachgezeichnet. Wie dieser bedeutende Historiker und Archivar (regelmäßiger Mitarbeiter der ›Potsdamer Tageszeitung‹ und sozusagen vierter Lokalhistoriker neben Bestehorn, Haeckel und Kania) einer der ›Blutzeugen des Bistums Berlin‹ wurde, schildert Heinz Kühn in seinem gleichnamigen Buch:

»Nachdem er noch 1937, um seine beiden Aktenpublikationen über die Geschichte des Mittelalters zum Abschluß bringen zu können, zweimal mit dem Auto sein geliebtes Italien besucht hatte – auf der zweiten Fahrt nahm er Frau und Tochter mit –, zog er sich in die ›Lützelburg‹ zurück und lebte hier seiner wissenschaftlichen Arbeit, soweit es die wachsende Unruhe seiner Zeit, der immer schwerer lastende Druck auf die freie wissenschaftliche Betätigung und der immer größer werdende Mangel an den technischen Voraussetzungen – Papierverknappung, Eingehen christlicher Publikationsorgane – erlaubten. Er schloß verschiedene größere Arbeiten ab, die letzte nannte er *Das Rätsel des Mainzer Rades* [...].

Es konnte den Nazibehörden nicht verborgen bleiben, daß die ›Lützelburg‹ ein Refugium für alles bildete, was noch nicht von der braunen Massenpsychose erfaßt war. Man lancierte ihm deshalb einen Spitzel in Gestalt einer Hausangestellten ins Heim, und am 14. Oktober 1942 griff die Gestapo zu. Die Wohnung wurde durchwühlt, Schäfer und Gattin verhaftet und ins Potsdamer Polizeigefängnis eingeliefert, von wo sie Anfang November in das Untersuchungsgefängnis nach Moabit gebracht wurden. Am 27. Januar 1943 wurde Schäfer vom 3. Sondergericht Berlin ›wegen planmäßig organisierter Zersetzungsarbeit, die durch das Abhören ausländischer Sender eingeleitet und in weite Kreise hineingetragen war‹, zu zwei Jahren, seine Frau zu eineinhalb Jahren Zuchthaus verurteilt. [...]

›Es ist doch eigentlich eine Schande, so frei herumzulaufen, anstatt sich als Märtyrer zu bewähren‹, hatte Schäfer früher oft geäußert. So trug er sein Los mit Fassung, ja er fand sogar in

Luckau, wo er die Strafe verbüßen mußte, die Kraft und innere Freiheit, seine Lebenserinnerungen niederzuschreiben. Bei den ersten Besuchen, die ihm seine Tochter Renate in Moabit und später in Luckau abstatten durfte, machte er einen gesunden und mutigen Eindruck. Als aber Renate mit ihrer Mutter, die, im April aus dem Frauenzuchthaus in Cottbus entlassen, körperlich und seelisch auf das äußerste mitgenommen war, am 14. August 1944 ihn aufsuchten, war er sehr niedergeschlagen. Er gab ihnen damals alle Bilder zurück, die er von seinen Familienangehörigen bei sich hatte und sagte mit ernster Stimme: ›Wenn ihr meine Asche angeboten bekommt, so nehmt sie nicht an! Wenn ihr meinen Körper bekommt, so beerdigt ihn neben meiner Mutter Grab.‹

Im Oktober des gleichen Jahres sollte seine Entlassung erfolgen. Seine Gattin bereitete alles zum festlichen Empfang vor. Sie fragte rechtzeitig in Luckau an, ob sie ihn nicht abholen dürfe. Sie erhielt in einem Brief vom 6. Oktober 1944 die sarkastische Antwort: ›Bei erfolgter Entlassung wird Ihr Mann der Polizei übergeben. Sie können sich also die Reise sparen.‹

Auf Grund der Berichte seiner nächsten Angehörigen lassen sich folgende Einzelheiten über das Ende Schäfers feststellen. Von Luckau kam er noch im Jahre 1944 nach Potsdam. Es gelang ihm, kleine Zettel in die ›Lützelburg‹ hineinzuschmuggeln. Aus einem dieser Zettel geht hervor, daß er im Dezember 1944 einen Bronchial-Katarrh hatte. Er litt an hohem Fieber und Atemnot. Am 7. Februar 1945 [muß wohl heißen: Januar] wurde er in einer geschlossenen Lore von Potsdam in das Konzentrationslager Oranienburg gebracht. Inzwischen hielt man seine Familie mit der Versicherung hin, daß er demnächst freigelassen werde. Als Gattin und Tochter schließlich erfuhren, daß er sich in Oranienburg befinden solle, fuhren sie sofort dorthin, um endlich Klarheit über seinen Gesundheitszustand zu erhalten. Dort angekommen, teilte man ihnen am 30. Januar 1945 mit, daß Karl Heinrich Schäfer am Vortage gestorben sei. Man wollte ihnen die Asche aushändigen, aber sie nahmen das Angebot nicht an, da er selbst es ihnen verboten hatte. Der Totenschein hat folgenden Wortlaut:

Der Archivrat Dr. Karl-Heinrich Schäfer, geboren am 17. Juli 1871 zu Wetter-Hessen, letzter Wohnort Potsdam, Sophienstraße 2, ist am 29. Januar 1945 um 4.00 Uhr im Krankenbau des Konzentrationslagers Sachsenhausen gestorben. Todesursache: Rippenfellentzündung und allgemeine Körperschwäche.

Oranienburg, den 29. Januar 1945.
Der I. Lagerarzt des KZ.
Shn.«
Die ›Lützelburg‹ und das Haus auf dem Küssel standen in Potsdam freilich nicht isoliert da; die ›Topographie‹ aus der Zeit vor 1933 hat so viele Verwerfungen nicht erfahren.

Alfred Neumeyer, der Berliner Kunsthistoriker, kommt – ehe er dann emigriert – oft nach Potsdam in die ›charmante Wohnung‹ seines Kollegen Paul Ortwin Rave in der Orangerie, also im Umfeld Justis, und bei Rave, der 1932 zusammen mit seinem Freund Martin Hürlimann ein Buch über *Die Residenzstadt Potsdam* herausgegeben hatte, treffen sie neben anderen kunsthistorisch Interessierten den Literaturwissenschaftler Wolfgang von Einsiedel, der als Redakteur der ›Neuen Rundschau‹ bis zu seiner Verhaftung 1937 in Potsdam wohnte und seinerseits in engem Kontakt mit Kasack stand.

Auch Jochen Klepper weilt mit seiner jüdischen Frau oft in Potsdam, bei Schneider, solange er noch dort wohnt (übrigens problematisch im Sinne des ›Ästheten‹ Klepper, der mit Blick auf seinen von Wohnung zu Wohnung wandernden Freund von dessen ›Möblierten-Mieter-Martyrium‹ gesprochen hat). Später ist es vor allem Harald von Koenigswald, den sie in Bornim besuchen; dort treffen sie auch dessen Schwiegervater, den Dante-Übersetzer Friedrich Freiherrn von Falkenhausen, aktives Mitglied der Bekennenden Kirche von Anfang an.

Jochen Klepper schreibt am 22. Juni 1938 in sein Tagebuch:
»22. Juni 1938 Mittwoch
[...] Mittags kamen die ersten fünf Exemplare von *In tormentis pinxit*. Zwei gingen nach Doorn. [...] Hanni und ich fuhren nach Potsdam, zum ersten Male wie in einer Flucht aus dem geliebten Hause! Und wie immer hat Potsdam, einer Reise gleich, seine Heilung geübt.

In Bornim mit Baron Falkenhausen, seinem Schwiegervater, bei Harald von Koenigswald in seinem herrlich blühenden Garten und auf der Terrasse zum Kaffee. In der Abendsonne der wunderbare Spaziergang zur Friedenskirche: durch uns unbekannte Buchenwaldwege, übers Teehäuschen, Belvedere, das Paradiesgärtlein, nun kennen wir Potsdam ganz. Abendsonne, Tannenduft und Jasmin, wie ich Jasminsträucher so mächtig noch nicht sah. Und Rittersporn und Rosen! Erst brannte in der Kirche kein Licht:

so hell war draußen noch der Sommerabend. Klar standen die unbewegten Wipfel in den Fenstern. Zwischen Orgelspiel und Gesang das Vogelzwitschern. Anders als Ramin kann auch Bach seine Musik nicht gespielt haben. – Und die Leisner wird immer mehr die große, große Sängerin des geistlichen Barockliedes. – Für uns war's so schön, wie wir nun doch allmählich zu Potsdam gehören, was es nun schon für ein Begrüßen vor und nach dem Konzert gibt: Falkenhausens und ihre Marwitz-Schwestern, und alle kennen den Vater. Und Oertel wurde in Rom in der Pension ›aus den deutschen Fliegerkreisen‹ davon erzählt. Oertel und Topell waren auch noch ins Konzert nachgekommen und luden uns nachher, mit dem Wagen, mit Koenigswald zur Erdbeerbowle in die Meierei im Neuen Garten ein. Da saßen wir noch am See, in Decken gehüllt. Und immer noch beleuchtete Boote auf dem Wasser, auch ein dunkles, großes Segelboot. Nachts um eins waren wir erst wieder daheim. Welcher Trost ist für uns die Nähe dieser lieben Stadt. –

Heut schien sie uns stiller, lebensvoller und schöner denn je.

Soldaten in den Parks, Soldaten auch in der Kirchenmusik: Friedrich Wilhelms Stadt.

In der Friedenskirche sagte Hanni: ›Deine Liedertexte einmal von der Leisner gesungen hören.‹

Ich wünschte es mir auch von Rudolf Watzke. Am meisten: von der Gemeinde. –«

Potsdam erscheint hier (im Milieu von Kunst und Mode) beinahe als arkadische Idylle – in Wahrheit wird sie für den Schriftsteller und seine Familie buchstäblich zum Refugium angesichts der täglich neuen Repressalien. Es ist zu dieser Zeit, daß in Caputh der renommierte Maler Magnus Zeller den ›Hitlerstaat‹ malt (1938/39). 1888 geboren, war er Schüler Corinths und wurde 1913 Mitglied der Berliner Sezession. 1917/18 stand er, gemeinsam mit Arnold Zweig und Victor Klemperer, im Dienst der Heeresleitung Oberost. »[...] in Magnus Zellers Bild ist es der Götze, der von der Masse, Sklaven, von Prätorianer-Garden angetrieben, gezogen wird und die Städte niederwalzt, Galgen und Ruinen am Weg zurücklassend [...]« So charakterisiert Ernst Frommhold in dem großen Werk *Kunst im Widerstand* Zellers eindrucksvolles Bild. Ein anderes Zeller-Bild, 1944 gemalt, zeigt ein Staatsbegräbnis: Ruinen konfrontiert mit hohlem Pomp. Eigentlich ist es schon die *Stadt hinter dem Strom*, die man sieht.

Interludium

Wilhelm Furtwängler

Als 1955 ein Buch des Gedenkens an Wilhelm Furtwängler erschien, war in ihm ein Foto abgedruckt, das den Dirigenten und Komponisten im Arbeitszimmer seiner Potsdamer Wohnung zeigte, in der sog. Fasanerie. Nicht zufällig war als Fotograf Wolfgang Kiepenheuer angegeben. Über die Geschichte von Furtwänglers Domizil äußerte sich im März 1993 Heide Schönemann. Sie konnte dabei übrigens Legenden über einen angeblichen ›Einmann-Bunker‹ Furtwänglers während des Zweiten Weltkriegs zerstreuen. Es heißt dort:

»Der Aufenthalt Wilhelm Furtwänglers in der Fasanerie stand – entgegen den bekannten Vorwürfen – ganz im Zeichen des Schutzes bedrohter Intellektualität. Vor 1933 hatte Furtwängler in der Fasanerie ein Zimmer bei der ihm befreundeten Verlegerin Irmgard Kiepenheuer und war als Wochenendgast mit ihr Zentrum eines aufgeschlossenen Kreises von Intellektuellen, der unter der Terrorwelle des Jahres 1933 sich auflöste. Als der linke Verlag Irmgard Kiepenheuers nach mehrfachen Haussuchungen und vielerlei Schwierigkeiten sich nicht mehr halten konnte, übernahm Furtwängler die Wohnung, wohl um sie ihr für bessere Zeiten, die man damals bald erwartete, zu bewahren.«

Tatsächlich spielte die Fasanerie in Furtwänglers Leben keine geringe Rolle. Wenn man dem von Frank Thiess herausgegebenen Briefwechsel des großen Dirigenten folgt, hat er sich gern in die Wohnung am Rande des Parks von Sanssouci zurückgezogen; viele seiner Briefe (der erste vom 1. April 1931) sind von dort datiert, und nicht wenigen seiner Briefpartner empfahl er, ihre Post in die Potsdamer Viktoriastraße 36 zu richten; dort erreiche sie ihn (und das galt vor allem für die Kriegszeit) am sichersten.

Zu den bevorzugten Briefpartnern in der Potsdamer Zeit gehörten Thomaskantor Karl Straube und sein früherer Privatlehrer, der bedeutende Archäologe Ludwig Curtius. Im Februar 1940 etwa besprach er in einem Schreiben an Curtius seine Rede über Bruckner, die er für eine Feier vorbereitet hatte, an der auch sein Freund Wilhelm Kempff beteiligt war.

Von Anfang 1937 ist aus Potsdam ein Brief an Dr. Ludwig Misch, den bekannten Musikkritiker, überliefert, in dem Furtwängler mitteilte, er habe für ihn interveniert. Misch, der sich im Entnazifizierungsverfahren gegen Furtwängler zu dessen Gunsten äußern sollte, hat 1961 den Hintergrund von Furtwänglers Intervention so interpretiert:

»Nach Verlust meiner Position und wirtschaftlichen Existenz durch das Nazi-Regime erhielt ich vom zuständigen Schulrat Spanier, Berlin-Wilmersdorf, die Erlaubnis, an jüdischen Schulen zu unterrichten und erlangte eine entsprechende Stellung. Ein neuer Schulrat, Freitag, entzog mir mit sofortiger Wirkung aus formalen Gründen die Erlaubnis. Diese für mich wiederum ruinöse Anordnung konnte nur durch den Kultusminister rückgängig gemacht werden. Ich bat Furtwängler um seine Intervention, und seine nachdrückliche, wiederholte Verwendung für mich (zu der damals besonderer Mut gehörte) hatte schließlich Erfolg.«

Wiederum ein Brief an Misch, diesmal aus Berlin-Zehlendorf, vom 26. November 1938 enthielt ein Zeugnis, »das Sie vielleicht [...] an Mengelberg, Hutchinson u. s. w. schicken können«, also als Starthilfe für die Emigration (November 1938!) gedacht war.

Aus den Jahren unmittelbar nach Kriegsende sind schöne Briefe Furtwänglers aus der Schweiz an seine Potsdamer Haushälterin, Frau Helene Matschenz, mitgeteilt, aus denen hervorgeht, daß manche Informationen über die Berliner Philharmoniker via Potsdam an den Dirigenten gingen – und umgekehrt. Eine andere Verbindungslinie lief übrigens über die Schriftstellerin und Journalistin Karla Höcker, die mancherlei Kontakte nach Potsdam, vor allem zu Karl Foerster, hatte.

Über Furtwänglers Beziehung zu Potsdam sagt viel aus, was er am 22. Juli 1946 an Helene Matschenz schrieb: »Eigentlich habe ich, ich kann es nicht leugnen, große Sehnsucht nach Potsdam, nach dem Park und allem dort, nach Berlin und nach den Philharmonikern. Es wird schon alles kommen, wie es muß. Grüßen Sie bitte die ganze Fasanerie von mir.«

Ein paar Wochen später, am 7. Oktober 1946, drückt Furtwängler wiederum seine Hoffnung aus, endlich wieder nach Potsdam kommen und dort dirigieren zu können. »Ich habe doch seit fast zwei Jahren keinen Taktstock mehr in die Hand genommen. Das will was heißen.« Es dauerte indes fast noch ein Jahr, daß Furtwängler die Berliner Philharmoniker dirigieren konnte, in Berlin und dann sogleich, am 17. September 1947, in Potsdam. Ein Brief vom 11. August 1948 an Helene Matschenz verdeutlicht, wie schwierig die Lage für den Dirigenten im gespaltenen Deutschland ist:

»Soeben bekommen wir Ihre Briefe, und ich möchte für alle Fälle doch sofort antworten. Warum ich im Juli nicht nach Potsdam gekommen bin, habe ich deutlich an Diersche geschrieben. Die Reise wird mir erschwert, das Visum erhalte ich, wenn überhaupt, dann erst im letzten Moment. Die Einladung, die man zunächst an mich gerichtet hatte, und die ich zugesagt hatte, war zurückgezogen worden, so daß ich buchstäblich nicht wußte, ob die Konzerte in Berlin überhaupt stattfänden. Ich habe – das muß ich ein für allemal sagen – nicht die Absicht, Deutschland im Stich zu lassen oder mit dem Ausland zu vertauschen. Natürlich muß ich im Ausland Konzerte geben, weil ich nur von dem, was ich da draußen verdiene, leben kann. Aber ebenso selbstverständlich komme ich nach Berlin und – nach Wien. Ich bitte Sie, den Berliner Philharmonikern zu sagen, daß sie sich über meine Konzerte mit den Wienern in London nicht aufzuregen brauchen.«

Immerhin: Im Dezember 1949 kann er noch einmal in Potsdam dirigieren. Erst Ende 1951, so hat Heide Schönemann mitgeteilt, habe Furtwängler, »als für ihn erkennbar wurde, daß die alten Zeiten freien geistigen Lebens keine Fortsetzung haben würden«, die Wohnung aufgegeben. Durch Vermittlung von Curt Bois sei sie an Egon Monk gegangen, dem Brecht damals die Inszenierung des *Urfaust* am Berliner Ensemble übertragen hatte. Die Premiere (oder – bei Brecht üblich – Vorpremiere) fand im Theater im Neuen Palais in Potsdam statt. Paul Dessau saß mit der jungen Ruth Berghaus vor mir – Egon Monk hatte es nicht weit zu seiner Wohnung ...

Flucht, Tod und Rettung

Der ›Tag von Potsdam‹ und seine Folgen

Wir hatten Jochen Klepper – und nicht nur ihn – oft in Potsdam gesehen, ihn freilich als einen, der vom alten Geist anfänglich durchaus fasziniert war, ihn dann aber in Kämpfen und Krämpfen ausschied, sich dem ganz andern zuwendend.

Trost wenigstens für Stunden gibt ihm immer wieder ein Besuch in Potsdam, so auch der im September 1939, der Krieg ist schon ausgebrochen, und seine Stieftochter Brigitte ist nach England ausgereist:

»5. September 1939 – Dienstag

[...] Auch diese Nacht war wieder ruhig. Wie man das gelernt hat, dafür zu danken. Wir haben es freilich schon im November begriffen, als soviel Leid über die jüdischen Häuser kam. – [...]

Es ist so furchtbar, daß es nach allen Kämpfen um die Arbeit nun gleichgültig geworden ist, ob man arbeitet oder nicht. Es ging mir durch und durch, als Hanni heute ›noch einmal‹ nach Potsdam wollte. Es war ein Tag voll immer reinerer Klarheit, immer reinerem Glanze, von wunderbaren Beleuchtungen. Potsdam war sehr verändert. Das Leben der vitalen Stadt so reduziert. Die Dampfer auf der Havel lagen still; auch kein Boot war zu sehen; und fast nur Militärautos und requirierte Wagen; endlose Reihen von Lastautos zur Soldatenbeförderung und übende Truppen am Rande der Stadt und der stillen Parks, die man sonst kaum einmal ohne Scharen von Menschen sah. Wir gingen durch den Park von Sanssouci, mit Renerle, durchs Paradiesgärtlein, übers Belvedere und kamen zu Hans Pflugs Haus am Waldrand; wir sprachen aber nur Frau Pflug, er ist schon eingezogen; er ist vier Jahre älter als ich und körperlich sogar schwächer. – Dann gingen wir nach Bornim zu Koenigswalds. Friede, Friede über dem paradiesisch reich blühenden Garten, aus dem wir mit riesigen, bunten Sträußen heimkehrten in die gleiche Stille, den gleichen Frieden. –«

Pflug war übrigens ein Klepper und auch Hermann Kasack gut bekannter Schriftsteller, der ein Deutschland-Handbuch herausgegeben hatte.

Der von Klepper beschworene Friede in Koenigswalds Garten – er ist ein doppelt fragwürdiger und trügerischer, denn spätestens seit Kriegsbeginn ist die jüdische Existenz in Deutschland noch mehr bedroht als zuvor (Erschwerung der Emigration, Okkupation von möglichen Emigrationsländern), und es droht, was dann zynisch ›Endlösung‹ genannt wird: die Shoah.

Ende November 1935 hatte Paul Tillich aus New York an Lily Pincus geschrieben – sich beziehend auf die Auseinandersetzungen im Haus auf dem Küssel: Soll man bleiben, muß man gehen? Claire Loewenfeld hatte eigentlich bleiben wollen, hatte daher Tillichs frühe Emigration kritisiert; dieser wiederum hatte nie vergessen können, wie er den ersten antijüdischen Pogrom am 1. April 1933 in Hermannswerder erlebt hatte!

Er halte es für sinnlos, sowohl Seele wie Geld in einen Anfang zu investieren, der halb Anfang, halb Fortsetzung sei. Sie sollten vielmehr, »solange es irgend geht«, das fortsetzen, das bleiben, was sie gewesen waren, nämlich ein Ort, der vielen etwas bedeute. »Und, wenn es nicht mehr möglich ist, radikal neu anfangen, in ›einem Land, das ich Dir zeigen will‹, wie es zu Abraham gesagt war [...]« Es war dies die Rückerinnerung an seine Rede, nur wenige Jahre zuvor – und damals noch hypothetisch ...

»Rettet, rettet Deutschland, es will in der Judenverrücktheit ertrinken. Läßt sich denn sagen, wie traurig es ist – es ist tragisch, daß für Deutschland in dieser seiner unglückseligen leidensvollen Lage die Juden und nur die Juden so wichtig sind, als wäre ganz Deutschland ein Judendorf und ein Ludendorff [...]«

Auch das war (in den frühen zwanziger Jahren in Potsdam) in Zeiten geschrieben, als es noch diese buchstäbliche Bedeutung hatte – von Constantin Brunner, der dann in seinem frühen Exil in den Niederlanden scharfsinnige Analysen (nicht nur) des NS-Regimes als sein ›Vermächtnis‹ vortrug. Ob Brunner übrigens bewußt war, daß ein Bruder des Generals als Direktor des Astrophysikalischen Obversatoriums in Potsdam wirkte – Hans Ludendorff, noch dazu ein Schüler Wilhelm Foersters?

1938/39 erscheint in der Rückschau insofern als ein Schlüsseljahr tiefer Einschnitte, als mit dem Fortschreiten außenpolitischer Erfolge des Hitler-Regimes eine analog fortschreitende Akzeptanz dieser Politik in weiten Kreisen der Bevölkerung nicht zu verkennen ist, und beides zieht der Opposition gegen den Nationalsozialismus Grenzen. So haben wir denn mit der sog. ›Gebetsliturgie‹ der Bekennenden Kirche im Herbst 1938, in der Zeit der sog. ›Tschechenkrise‹, das im Grunde letzte große öffentliche Auftreten der Bekennenden Kirche (diese Liturgie als Absage an eine Politik der Gewalt und als Ausdruck der Sorge um den Frieden). Überdies hat die ›Kristallnacht‹ am 9./10. November 1938 (alsbald nach ›München‹!) brutal klargestellt, daß Außen- und Innenpolitik dieses Regimes eine Einheit bildeten.

Wie sich dies auf die Potsdamer Häuser und Salons, wie es sich in ihnen auswirkt – eine lapidare Notiz Hermann Kasacks vom 12. Dezember 1938 macht es deutlich, und in der Folgezeit ist er, der schon von vielen jüdischen Freunden hat Abschied nehmen müssen, fast völlig isoliert (Loerke wird bald, nicht nur an physischen Leiden, sterben, andere werden Soldaten, so Siegward Sprotte). »Obwohl die hiesigen Journale nichts davon melden, mehren sich die Zeichen, daß das Gewitter des Krieges, dem wir vor kurzem erst entronnen zu sein meinten, sich erneut zum kommenden Jahre über uns zusammenzieht. Dies lastet ja nun bald bewußter, bald verdrängter auf unseren Seelen. Die Kräfte der Hölle und ihrer Metalle sind entfesselt und drängen zur Explosion. Wird es in hundert Jahren noch einen Quadratzentimeter geben, der hier unzerstört ist?«

Zuvor, am 11. und am 13. November 1938, notierte Kasack: »Die Zeitereignisse spiegeln die vollkommen zerschlagenen und zerstörten Geschäftsläden der Juden allerorten, so auch in Potsdam; während die Synagoge hier, die unmittelbar an die Postgebäude grenzt, nicht [...] in Flammen aufgegangen ist [...] Das Ergebnis: erniedrigt und beleidigt, entehrt und ausgestoßen: So ist mein Empfinden, jetzt erst begreif' ich, wie groß der Neid der Lebenden auf die Toten sein müßte, wie sehr die Toten, sie alle, zu beneiden sind, die Schmach des Lebens hinter sich zu haben [...]« Erste Konturen der *Stadt hinter dem Strom*? Jedenfalls Signalement jüdischen Schicksals auch in der Havelstadt ...

Vier Jahre zuvor, am 23. November 1934, hatte die ›Potsdamer Tageszeitung‹ noch einmal eine Potsdamer Religionsstatistik veröffentlicht: 65 640 Evangelische, 5593 Katholiken, 299 Israeliten und 37 ›andere Christen‹. Israeliten – das hieß Angehörige der Synagogengemeinde, nicht- und andersgläubige Juden waren in dieser Zahlenangabe nicht enthalten. 1925 waren es 600 gewesen, 1939 sind es noch 175 ...

In der Liste 169 der ›Ausbürgerungen‹ vom 15. April 1940 finden wir die Namen von Hermann Schreiber, Charlotte Schreiber und Paul Schreiber aus Potsdam, in der Liste 133 Alfred Wiener, in der Liste 186 Erich Guttmann. Es sind dies führende Persönlichkeiten der Potsdamer Gemeinde wie des jüdischen Lebens überhaupt.

Hermann Schreiber war 1882 bei Posen geboren worden. Nach seinem Studium promovierte er mit einer gelehrten Arbeit über die Aristoteles-Auffassung bei Schopenhauer, in der er neueste wissenschaftliche Arbeiten aufnahm und sich deutlich an Hermann Cohen anlehnte. Von 1908 bis 1938 war Schreiber Rabbiner in Potsdam – in welcher Zeit: der des Ersten Weltkriegs, der Inflation, des anwachsenden Antisemitismus, der Machtergreifung der Nazis: Wie mag er den ›Tag von Potsdam‹ erlebt haben? Schon 1924 war es nach der Veröffentlichung der Pogromschrift *Die Weisen von Zion* im Hotel ›Einsiedler‹, wo damals auch die Versammlungen des Centralvereins deutscher Staatsbürger jüdischen Glaubens stattfanden, zu einer Diskussion über dieses Machwerk gekommen, in der der ehemalige Hofprediger Dr. Johannes Vogel (Friedenskirche) zur gegenseitigen Verständigung und Dämpfung der Extremisten aufgerufen hatte. Zeitweilig schien dies erreicht zu sein, auch angesichts des öffentlichen Prestiges des Rabbiners oder der Rechtsanwälte Josephson, die nicht nur im Centralverein eine wichtige Rolle spielten, sondern im kulturellen Leben der Stadt überhaupt (etwa im Präsidium der Buchwoche 1925).

1939 konnte der Rabbiner mit seiner Frau, einer geborenen Potsdamerin (Charlotte Neumann), nach England ausreisen und war in London und Edinburgh als Rabbiner und Lehrer tätig. 1954 verstarb er – bei einem Besuch in Westberlin. Ob er damals auch in Potsdam gewesen war?

Paul Schreiber, der Sohn des Rabbiners, war 1911 in Potsdam geboren worden. Er studierte in Berlin und Freiburg Jura, konnte 1933 noch seinen Referendar machen und 1935 promovieren. Sein Weg nach 1933 steht zunächst paradigmatisch für das, was Ernst Simon ›Aufbau im Untergang‹ genannt hat (wobei hier wenigstens am Rand erwähnt werden müßte, daß auch der Philosoph und Pädagoge Simon, der enge Mitarbeiter Bubers und Rosenzweigs, familiäre Bindungen zu Potsdam bzw. Babelsberg hatte: In Babelsberg nämlich war sein Vater Fabrikant). In Potsdam sammelte Paul Schreiber, der aus der jüdischen Jugendbewegung der ›Kameraden‹ kam, nach 1933 Acht- bis Fünfzehnjährige im ›Bund deutsch-jüdischer Jugend‹; in Berlin studierte er am Jüdischen Lehrerseminar (1935/36). Anschließend war er in jüdischen Einrichtungen, u.a. in Herrlingen und zuletzt (1938/39) wieder in Berlin, tätig, unterbrochen von einer mehrwöchigen Haft im KZ Sachsenhausen. 1939 gelang es ihm, nach Schweden auszureisen. Von dort ging Schreiber 1941 in die USA, wo er von 1948 ab eine steile Karriere als Universitätsgelehrter und im öffentlichen Dienst machte, theoretisch Sozialwissenschaft und praktisch Sozialpolitik betreibend. 1964/65 war der Potsdamer Rabbinersohn Sozialminister von Israel! Er verstarb 1976, kurz nach seinem 65. Geburtstag.

Alfred Wiener schließlich war 1885 in Potsdam geboren worden, studierte u.a. Jura und war in den zwanziger Jahren ein führender Mann im Centralverein, zumal in dessen Publizistik und Verlag (Philo Verlag). Als Abiturient hatte er dem damaligen Potsdamer Rabbiner Robert Kaelter, dem Vorgänger Schreibers, bei der Herausgabe der *Geschichte der jüdischen Gemeinde zu Potsdam* (1993 in der Edition Hentrich wieder herausgekommen) geholfen. 1933 ging Wiener, von dem zahlreiche Buchpublikationen vorliegen, zuerst nach Amsterdam und dann nach London. Aus dem, was er bereits 1933 als Dokumentationszentrum gegründet hatte, sollte sich jene Einrichtung entwickeln, die nach dem Zweiten Weltkrieg als Wiener Library berühmt, wenn nicht geradezu legendär wurde. Als sich Hermann Kasack und Alfred Wiener (er starb 1964) nach dem Zweiten Weltkrieg in London trafen, entdeckten sich beide als Potsdamer, die ihre Heimatstadt nicht vergessen konnten ...

Rechtsanwalt Raphael Josephson, um dies noch hinzuzufügen, war 1934 verstorben, und die ›Potsdamer Tageszeitung‹ widmete dem ehemaligen Stadtverordneten einen bemerkenswerten redaktionellen Nachruf. Sein Bruder Joseph konnte 1939 in die Schweiz emigrieren, von wo aus er nach dem Krieg dem ehemaligen Bürovorsteher Bock zum fünfzigsten Berufsjubiläum gratulierte; die ›Tagespost‹ meldete es ...

Nach dem Novemberpogrom ist es für die Familien Loewenfeld und Pincus (wir denken auch an Dr. Mayer!) keine Frage mehr: Sie müssen Deutschland verlassen, und sie gehen nach England. Lily Pincus schildert die Vorgänge um die Emigration eher zurückhaltend so:

»Günther war schon in England, wo er wohlsituierte englische Verwandte hatte. Claire ging bald nach Weihnachten nach Zürich, um ein Diätdiplom im Bircher-Benner-Sanatorium zu erwerben, und die Kinder fuhren zu gleicher Zeit mit einem Kindertransport nach England. Solche Kindertransporte wurden von jüdischen und internationalen Stellen in Zusammenarbeit mit englischen Internaten, die Freistellen für jüdische Flüchtlingskinder anboten, organisiert. Die Kinder wurden von den Eltern in die Züge gesetzt, in der Hoffnung, daß man sich bald wiedersehen werde, eine Hoffnung, die sich nicht immer erfüllte. Peter und Verena hatten das große Glück, in die Schule zu kommen, in der Bruno Adler als Lehrer arbeitete. Peter war vierzehn Jahre alt, als er aus Deutschland fort mußte, aber schon Monate vorher durfte er nicht mehr das Potsdamer Gymnasium besuchen und mußte seine Reitstunden aufgeben. Es war sehr deutlich, wie sehr er unter dieser Situation litt, und eigentlich ist er nie ganz über dieses Ausgestoßensein hinweggekommen. [...]

Löwenfelds, die lange vorher ihre Auswanderung vorbereitet hatten, konnten alle ihre Möbel und sonstigen Besitztümer mitnehmen. Aber zur Zeit unserer eigenen Auswanderung durfte man, wenn man in Potsdam lebte, überhaupt nichts mitnehmen [...]. Im allgemeinen waren wir erstaunlich unbekümmert, so ohne Besitz in die unbekannte Welt zu gehen. Fritz fiel es nur schwer, seinen geliebten Bechstein-Flügel zurückzulassen. Klavierspielen war seine größte Entspannung, und sowie er von der Arbeit nach Hause kam, setzte er sich ans Klavier und spielte, meist Bach. Für mich war das Zurücklassen von Möbeln und Dingen nicht sehr wichtig, aber der Abschied vom Garten fiel mir so schwer, daß ich nie wieder Freude daran gehabt habe, in einem Garten zu arbeiten. Das Stück von mir, das das konnte, ist auf dem Küssel zurückgeblieben. [...]

Es half auch, daß sich einer unserer Nachbarn auf dem Küssel so ungefähr eine Woche [,] bevor wir weggingen, im Dunkeln zu uns ins Haus schlich. Er und seine Frau waren entsetzt, daß wir so mittellos aus Deutschland weggehen mußten (außer den zwei Koffern durften wir nur je zehn Reichsmark mitnehmen). Der gute Nachbar sagte: ›Wir haben einen englischen Freund, einen jungen Pfarrer, der hier studiert und regelmäßig Geld von seinen Eltern aus England geschickt bekommt. Wir könnten arrangieren, daß dieses Geld an Sie in England ausgezahlt wird, und wir geben es dem jungen Mann hier wieder.‹ Wir waren tief gerührt, aber Fritz schlug das großzügige Angebot, mit dem unsere guten Nachbarn sich selbst in große Gefahr gebracht hätten, ab. Der Nachbar fing an zu weinen, und wir trennten uns alle sehr gerührt. [...]

Am 2. Februar 1939 kam für uns der Tag der Abreise. An das endgültige Verlassen des Küsselhauses, den Abschied von den noch dort vorhandenen Kindern, die alle bald in Sicherheit gebracht werden konnten [...], habe ich nicht die geringste Erinnerung. [...]

Unser Abschied wurde verkürzt, denn es wurde uns mitgeteilt, daß wir zu einer besonderen Untersuchung gehen müßten. Wir wurden getrennt in zwei Zellen geführt, viel ausgefragt und körperlich untersucht, jede Öffnung unseres Körpers. Bei mir war das eine tiefe Vagina-Untersuchung. Offenbar wurde vermutet, wir hätten Geld oder Schmuck am Körper versteckt. Das war unangenehm, aber nicht so schlimm wie die Sorge unserer Freunde. Sie sahen, daß wir weggeführt wurden, merkten, daß das Flugzeug nicht abflog – ein fahrplanmäßiges Linienflugzeug wurde für etwa eine Stunde aufgehalten, bis diese Untersuchung fertig war. Man erlaubte uns noch, unseren Freunden zuzuwinken, um ihnen klarzumachen, daß nichts Schlimmes mit uns passiert war.

Und dann saßen wir endlich im Flugzeug. Das Leben in Deutschland war für uns zu Ende – auch das Haus auf dem Küssel und das gemeinsame Leben mit Löwenfelds gehörte der Vergangenheit an.«

Wenigstens dies soll vom weiteren Weg dieser Potsdamer in England angedeutet werden: Sowohl die Loewenfelds als auch die Pincus' sollten in England noch von sich reden machen, Fritz Pincus als B.B.C.-Mitarbeiter während des Krieges und als Übersetzer von Robert Ranke Graves, Charlotte Loewenfeld als Heilkräuterspezialistin, die während des Zweiten Weltkriegs mit ihren Kenntnissen ›einheimischer‹ Vitaminspender die Küche der Briten – noch dazu auf gesunde Weise – bereichert und später Standardwerke (*The Complete Book of Herbs and Spices*, London 1976) publiziert, und Lily Pincus als Sozialarbeiterin (vor allem im Umfeld von Eheberatung und Sterbehilfe) und Verfasserin zahlreicher Bücher hierzu, von denen etwa ... *bis daß der Tod euch scheidet: Zur Psychologie des Trauerns* 1977 in deutscher Übersetzung (Stuttgart) erschien. Sogar mit Martin Buber hat Lily Pincus über solche Probleme disputiert.

Konnte Charlotte Loewenfeld 1938/39 emigrieren, so hatte umgekehrt ihre Schwester Margarete zuvor nach Deutschland zurückkehren müssen. Der Kölner Kirchenhistoriker Hans Prolingheuer hat hierzu nach mühseligen Recherchen dies feststellen können:

»Oskar Beyer und seine Frau Margarete, geb. Loewenfeld, sind gleich Anfang 1933 nach Kreta geflohen, nachdem sie ihre zwei minderjährigen Kinder an den Bodensee und den älteren Sohn nach England in Pflege gegeben hatten. In Kreta haben sie sich sogar ein eigenes Häuschen bauen können.

Klima und Krankheit (Malaria) vertrieben sie jedoch 1936 von dort über Athen in die Schweiz, schließlich nach Liechtenstein, um dort nahe bei ihren jüngsten Kindern zu sein. In der Schweiz wurde ihnen der Flüchtlingsstatus aberkannt (er als ›Vollarier‹ und sie als evangelische ›Volljüdin‹ lebten nach den Verordnungen zu den Rassegesetzen in einer vom NS-Staat tolerierten ›privilegierten Mischehe‹), nach kurzer Internierung bei Luzern erfolgte 1937 die Abschiebung nach Deutschland.

Seither wohnten sie, wieder zusammen mit den beiden jüngsten Kindern, in Rehbrücke(!). 1943 wurde Frau Beyer der Mietvertrag(!) zum Verhängnis, den sie noch nicht mit dem Zunamen ›Sarah‹ unterzeichnet hatte. Verhaftung, Prozeß und Zuchthaus Brandenburg sind die Folge.

1944 wurde Margarete Beyer zur Zwangsarbeit nach Auschwitz-Birkenau deportiert, wo sie die Befreiung durch die Rote Armee zwar noch erlebte, wenige Tage später aber an den Folgen der Torturen verstarb.«

Es ist dies nur eines der tragischen Schicksale Potsdamer Jüdinnen und Juden. Ein anderes ist erst in jüngster Zeit ins Licht einer weiteren Öffentlichkeit getreten: 1933 hatte der Potsdamer Bankdirektor Wallich auf einer Auktion die acht Tagebücher Theodor Fontanes erwerben können. Nach der ›Kristallnacht‹ emigrierte seine Familie – ein Sohn ging nach England, ein anderer über England in die USA, wo er später eine höhere Funktion im Regierungsapparat erhielt. Wallich selber, der noch die Kraft besessen hatte, eine umfangreiche wissenschaftliche Arbeit abzuschließen, ein dreibändiges Standardwerk zur Berliner Wirtschaftsgeschichte, beging in Potsdam Selbstmord – die Tagebücher hatte er in einem Safe der Deutschen Bank deponiert; nach dem Krieg wurden drei der acht Tagebücher geborgen: 1964 als Eigentum der Familie Wallich von der DDR offiziell anerkannt, können sie erst jetzt veröffentlicht werden. Unter den Bedingungen der deutschen Teilung hatte die Familie die Publikation abgelehnt gehabt. Mit Charlotte

Jolles, einer noch nach 1933 an der Berliner Universität promovierten Germanistin, ist eine heute in hohem Alter in London lebende Jüdin an der Edition beteiligt. Jüdisches und Märkisches – mehr als ein Schicksal von Büchern, die es ohnehin haben ...

Unwillkürlich muß man im Nachdenken über dieses Schicksal an das des nationalkonservativen jüdischen Gelehrten Eduard Engel in Bornim denken. Ende November 1938 stirbt er, in hohem Alter zwar, aber die Wirkung des Pogroms ist unverkennbar. Aus Bornim wird 1942 der Rechtsanwalt Dr. Gustav Herzfeld nach Theresienstadt deportiert – auch er, wie Engel, nationalkonservativ, vor allem aber durch sein soziales Engagement bekannt.

Verfolgung und Emigration, Verhaftung und Tod von Jüdinnen und Juden kreuzen sich im Haus der Maimi von Mirbach, die noch vor ihrem Tode in den achtziger Jahren in Israel als ›Gerechte unter den Völkern‹ geehrt wird. 1914 war Maimi von Mirbach, aus dem damals in Antwerpen lebenden Zweig dieser Familie, nach Potsdam gekommen; ihr Onkel, Ernst von Mirbach, war damals Oberhofmeister der Kaiserin, und er spielte im offiziellen, vor allem im kirchlichen Leben der Havelstadt eine herausragende Rolle. Ihr Vater starb bereits 1914, der indes als Geschäftsmann vermögend genug gewesen war, um seiner Frau und seinen Töchtern das Auskommen zu sichern. In der Alleestraße 10 können die Hinterbliebenen ein Haus erwerben, das in den zwanziger Jahren zu einem (wenn man so will) musikalischen Salon wird.

Maimi von Mirbach – sie hat ihre eigenen Vorstellungen von Preußentum und von Preußentum und Republikanismus – erwirbt sich kaufmännische Kenntnisse, hört an der Berliner Hochschule für Politik, liest sozusagen rechtzeitig Bücher völkischer und rassistischer Autoren wie Dinter, und bei Hans Chemin-Petit wird sie in Musiktheorie und Cello unterrichtet. Später nimmt sie die drei Kinder ihrer früh verstorbenen Schwester (von Treichel) bei sich auf. Die Potsdamer Biographin Maimi von Mirbachs, Gabriele Schnell, berichtet:

»Bis zum Herbst 1938 erfährt das Potsdamer Quartett mehrere Veränderungen. Oskar Rudnitzki ist inzwischen nach Irland emigriert. Ihn ersetzt Dr. von Lauppert, und die Erste Geige spielt Alexander Polnariow, genannt Sascha, der wegen seiner jüdischen Abstammung das Leipziger Gewandhausorchester verlassen mußte.

Das Quartett trifft sich im Haus des Bratschisten Dr. Fritz

Hirschfeld in der Griebnitzstraße 8 in Babelsberg. Der Jurist Hirschfeld, auch Jude und als Amtsgerichtsrat aus dem Berliner Finanzministerium entlassen, ist mit einer ›arischen‹ Frau verheiratet. Grete Hirschfeld hat Krebs. Das Stadium ihrer Krankheit läßt einen Ortswechsel nicht mehr zu. Für die Hirschfelds kommt deshalb die Emigration nicht in Betracht, nur ihre halbwüchsige Tochter schicken sie ins Ausland.

Am 10. November 1938 unterbricht Maimi von Mirbach ihr vormittägliches Cellospiel, weil Grete Hirschfeld telefonisch um kleine Besorgungen für den Abend bittet, das Quartett ist verabredet, um Beethoven op. 74 zu proben. Maimi von Mirbach fährt zum Einkauf. In der Nauener Straße ist das Schuhgeschäft ›Bottina‹ demoliert, einige Meter weiter sind die Fensterscheiben bei ›Etam‹ eingeschlagen ... In einem anderen Geschäft hört sie die Leute reden, was in Berlin geschehen ist, daß die Polizei nicht eingegriffen hatte, weil sie wohl nicht durfte.

Am Nachmittag ruft Grete Hirschfeld erneut an: die Gestapo hat ihren Mann verhaftet. [...] Zurück bleiben zerwühlte Zimmer, vier leere Stühle hinter Pulten mit Beethovennoten und zwei Frauen, die eine verstört, die andere, Maimi von Mirbach, empört und wütend. [...]

Fritz Hirschfeld kehrt nach drei Wochen aus dem Potsdamer Gefängnis zurück. [...]

Wer auswandern will, muß nach den Rassegesetzen Reichsfluchtsteuer zahlen. Die Angst vor erneuter Verhaftung treibt Fritz Hirschfeld zur schweren Entscheidung, Deutschland und damit seine kranke Frau zu verlassen. Doch Fritz Hirschfeld ist nicht im Stande, die Reichsfluchtsteuer aufzubringen, es sei denn, er würde sein Haus verkaufen. Für diese Zwangsverkäufe gibt es 1939 genügend anspruchsberechtigte Nazis, die zu Schleuderpreisen die Immobilien erwerben können. Natürlich müßte Grete Hirschfeld in diesem Fall ausziehen.

Maimi von Mirbach beschafft sich das notwendige Geld und kauft das Haus zum realen Preis, so daß die kranke Freundin in ihrem Heim bleiben kann, bis sie im Jahr 1941 stirbt.

Fritz Hirschfeld verläßt Deutschland mit einem Koffer, zehn Reichsmark, mehr ist nicht erlaubt, und einem Stempel im Paß in Form eines großen J. Bei Sluis in Holland findet er Aufnahme in einem katholischen Männerlager. Von diesem Lager aus hofft er, nach Brasilien auswandern zu können.«

Doch freilich, Hirschfeld und der Jurist Uli Lazarus, mit dem sich Maimi von Mirbach verlobt hat und der ebenfalls nach Holland emigrieren mußte, werden später nach dem KZ Theresienstadt verbracht, wo sich deren Lebensspuren im Herbst 1944 verlieren. Gabriele Schnell:

»Als andere Potsdamer ihre Kontakte zu Juden längst abgebrochen haben, weitet Maimi von Mirbach die ihren aus, macht Besuche, gibt Zuspruch und Geld, obwohl das ihre schon knapp ist. Einige Male versteckt sie in ihrem Haus jüdische Menschen, die von der Gestapo gesucht werden. Das muß sie auch vor den Kindern geheimhalten und ganz besonders vor Dienstmädchen und Köchin. Die beiden sind der Naziideologie auf den Leim gegangen; nicht auszudenken, wenn sie von der Wahrheit erfahren würden. [...]

Im Herbst 1942 nimmt sie die Studentin Gisela Brendel aus Hamburg zur Untermiete in ihrem Haus auf. Gisela Brendels Mutter ist Jüdin und ihr Vater als Studienrat deshalb längst vom Dienst suspendiert. Die Studentin konnte in Hamburg gerade noch ihr Pianistenexamen ablegen und gehört damit zu den letzten ›Mischlingen ersten Grades‹, denen das noch gestattet wurde. Studieren kann sie in der Hansestadt nicht weiter, weil ihre Identität bekannt ist. Die begabte junge Frau hat in Berlin Conrad Hansen gefunden, der sie weiter ausbilden will, trotz ihrer ›Rassezugehörigkeit‹, außerdem besitzt sie studentische Anmeldescheine für Arier. In Potsdam sichert Maimi von Mirbach ihre Unterkunft und zwei Monate später auch die ihres Verlobten und späteren Ehemannes, des Geigers Hubertus Distler.

Was wäre geschehen, wenn die Nazis in Berlin oder Potsdam Gisela Brendels Abstammung erfahren hätten? Für die Pianistin hätte es wahrscheinlich den Tod bedeutet. Und für Maimi von Mirbach? Der Paragraph 2 des ›Reichsbürgergesetzes zum Schutze des deutschen Blutes und der deutschen Ehre‹ vom 15. September 1935 bestimmte: ›Außerehelicher Verkehr zwischen Juden und Staatsangehörigen deutschen oder artverwandten Blutes ist verboten.‹ Unterstützung von ›Rassenschande‹, darauf stand Zuchthaus, KZ. [...]

Im Januar 1943 müssen alle Frauen ein Arbeitsverhältnis nachweisen. Als ›arisches Mädchen‹ arbeitet Gisela Brendel in einer Fabrik. Daß es die richtige ist, dafür hat Maimi von Mirbach gesorgt. Ihre ältere Nichte wird zum Arbeitsdienst eingezogen und sie selbst als Cellolehrerin im Kaiserin-Augusta-Stift verpflichtet, weil sie seit einigen Jahren bereits unterrichtet. Zu den privaten Schülern kommen nun noch sechs aus dem Internat hinzu. [...]

Als mehr und mehr Flüchtlinge von Ost nach West durch Potsdam ziehen, bekommen es viele in der Stadt mit der Angst, die Nazis haben ja genug Furcht vor den Russen gezüchtet. Wer wie Maimi von Mirbach durch das jahrelange Hören von ›Feindsendern‹ weiß, was die Deutschen den Russen angetan haben, ist noch stärker beunruhigt und hofft, daß die Rote Armee nicht als kämpfende Truppe kommen würde. Gisela Brendel, die ein Baby erwartet, schlägt sich im März 1945 nach Hamburg zu ihren Eltern durch. Auch die beiden Dienstmädchen verlassen Potsdam aus Angst vor den Russen. Das Haus in der Alleestraße wird deshalb nicht leer. Es gibt so viele Flüchtlinge, die Unterkünfte brauchen, auch wenn es wegen der Bomben nur Kellerräume sein können.«

Wie sich das Schicksal Gisela Brendels in der Familie in Hamburg spiegelt, geht aus einem Brief ihres Vaters, des Schriftstellers Robert Brendel, vom 3. Januar 1944 an Verwandte hervor:

»Liebe Hilde, lieber Rolf,

habt herzlichen Dank für Eure lieben Neujahrswünsche. Wir erwidern sie ebenso. Möge das neue Jahr der Welt den ersehnten Frieden bringen. Es wird ja sicherlich ein noch schwereres werden als das abgelaufene. [...]

Weihnachten haben wir alle zusammen sehr still und unter uns verlebt, dankbar, daß uns dieses Zusammensein vergönnt war. Gisela konnte sogar bis Neujahr hier bleiben. Ihre Abreise ist jedesmal für uns und sie sehr schwer, fährt sie doch nach Berlin, das augenblicklich viel zu leiden hat. Das einzige, das uns tröstet, ist, daß sie in Potsdam wohnt, das ja immerhin etwa dreißig Kilometer von Berlin entfernt liegt und bis jetzt noch verschont worden ist. Aber für wie lange, das kann man nicht wissen.«

Wieder ein anderes Schicksal: 1937/38 werden in Heidelberg Professoren entlassen, die sich geweigert hatten, sich von ihren jüdischen Frauen zu trennen. Karl Jaspers, man weiß es, gehörte zu ihnen (Gertrud Mayer, seine Frau, stammte übrigens aus dem uckermärkischen Prenzlau), Heinrich Zimmer, der Schwiegersohn Hugo von Hofmannsthals, und der Kunsthistoriker August Grisebach.

Grisebach, aus der bekannten Architektenfamilie, kann sich mit seiner Frau, die in Breslau seine Schülerin und Doktorandin war, und Kindern in Potsdam niederlassen, und es gelingt ihm sogar, sein Haus in der nötigen Verborgenheit zu halten, es aber dennoch zu einer Stätte des Musischen und des Gesprächs zu machen. Wiederum ein ehemaliger Schüler, Karl Ludwig Skutsch, der nach dem Zweiten Weltkrieg in Berlin als Schriftsteller und Kulturpolitiker hervortrat und auch mit Kasack bekannt war, half ihm hierbei; nicht zuletzt durch Lesung eigener Arbeiten.

Aus Hanna Griesebachs 1974 veröffentlichtem *Potsdamer Tagebuch* wissen wir vor allem um die Beziehungen der Familie zu den protestantischen aristokratischen Familien, aber auch zu einer anderen Minderheit, zu russischen Emigranten:

»An dieser Stelle will ich dankbar der Potsdamer Aristokratie gedenken, die mich im Kreise der zur Bekennenden Kirche Gehörenden verständnisvoll in ihre Häuser aufgenommen hatte. So war ich Mitglied des Bibelkreises um Gräfin Wedel, den der kämpferische und kluge Pfarrer Reisner leitete, ein früherer aktiver österreichischer Offizier, der vom Katholizismus zum Protestantismus übergetreten war. Seine Bibelexegesen waren von erleuchteter Weisheit, von überzeugendem Ernst und weitgespanntem Wissen. Etwas vom Geiste des frühen Christentums schwebte über diesem von der Außenwelt abgeschlossenen Kreise meist alter Damen voller Sanftmut und Stille. [...]

Auch die Pastoren der Bekennenden Kirche hatten uns in der letzten Kriegszeit in jeder Weise zu helfen und zu schützen versucht. Während einer Razzia durch die SS, der noch viele Frauen in meiner Lage zum Opfer fielen, verbarg mich Pastor Br. in seinem Hause. Während zwei höhere SS-Offiziere unser Haus betraten, entschlüpfte ich von unserm Sohn gewarnt durch eine zweite Tür, und mein Sohn brachte mir später das Gepäck nach. Ich reiste dann zu einer alten Freundin, einer polnischen Adligen, nach Lindow am Wutzsee und wartete dort ab, einige Wochen unbekannt lebend, bis die Gefahr vorüber war. Das Kloster Lindow unter weitschattenden alten Linden, von Fontane in seinem Alterswerk *Der Stechlin* porträtiert als Wohnsitz der Domina, beherbergte meist adlige alte Damen, darunter auch meine Beschützerin.«

Erwin Reisner, der nach 1945 als Lehrer an der Kirchlichen Hochschule in Berlin-Zehlendorf und als Autor religionsphilosophischer Schriften stark beachtet wurde, war während des Krieges in der Tat Hilfsprediger der BK in Berlin und in Potsdam;

zeitweilig hatte er die Verantwortung für die schulische Ausbildung ›judenchristlicher‹ Kinder gehabt. Und Pfarrer Br., also Günter Brandt, in dessen Pfarrhaus am 6. März 1945 die letzte Sitzung des altpreußischen Bruderrates der BK, u. a. mit Otto Dibelius (knapp zwölf Jahre nach dem ›Tag von Potsdam‹) und Wilhelm Niesel stattfand, hätten wir schon bei Maimi von Mirbach begegnen können; jetzt entdecken wir ihn unter denen, die Hanna Grisebach das Leben retteten.

August Grisebach hatte bereits in seinem Standardwerk über die Gartenkunst die Bedeutung des Parks von Sanssouci gewürdigt. 1947 gab er ein bebildertes Buch über Potsdam heraus – sicherlich auch als eine Hommage an seinen Exilort, von dem er 1946, bis dahin Präsident des märkischen Kulturbunds, nach Heidelberg zurückkehrte.

Die Berichte über diese Schicksale – es sind ja nur Abbreviaturen dessen, was wirklich geschehen ist, nüchterne Exposés von Erlittenem und Erduldetem – erweisen, daß die Häuser, die Salons nach 1938/39 nur noch eingeschränkt Refugien derart sein konnten, daß sie eine gewisse Sicherheit zu bieten imstande waren. Vielerlei Drohungen und Bedrohungen lagen über ihnen – nicht allein die von Bomben, die ja in Potsdam erst sehr spät fallen, dann aber eine um so radikalere Wirkung haben sollten. Die Ereignisse des Krieges nahmen, nach 1941/42, spätestens seit Anfang 1943 einen anderen Charakter an als in den Zeiten, da die Unterbrechung einer Rundfunksendung mit einer Siegesfanfare verbunden war; jetzt (so Kasack am 14. April 1942): »›Der Deutschlandsender unterbricht für einige Zeit sein Programm‹ – wie oft habe ich dieses Wort abends aus dem Rundfunkapparat gehört, das damit anzeigt, daß kriegsfeindliche Flieger, in diesem Falle englische, in deutsches Gebiet eingeflogen sind und keine Gelegenheit haben sollen, sich an diesem Radio-Sender durch Anpeilung zu orientieren [...]« Jene Akzeptanz der NS-Politik, die durch Siegesfanfaren erzeugt oder begünstigt wurde, war längst Apathie gewichen, und eine zeitweilig nicht zu verkennende Resignation in den nonkonformistischen, oppositionellen Kreisen mußte jetzt einer verstärkten Wachsamkeit weichen, gepaart allerdings mit Überlegungen, ob es nicht doch Zeit für Taten sei.

Im Juli-Heft 1941 des ›Inneren Reiches‹, jener Zeitschrift, die immer mit der ›inneren Emigration‹ in Zusammenhang gebracht wird, hatte Karl Foerster einen Aufsatz *Ungefeierte Einmaligkei-*

ten veröffentlicht. Er verfolgte die Veröffentlichungen der Zeitschrift offenbar ziemlich gut – am 10. Februar 1942 jedenfalls schrieb er an den Herausgeber Paul Alverdes: »Ich lese Ihre neue Nummer des Januar. Eigentümlich bedrückt mich in dem großen Anfangsgedicht [Ludwig Friedrich Barthel: ›Dem Schwert die Rühmung des Schwertes‹] das fehlende Bedürfnis des Dichters, nun zu bedichten, daß der Sinn dieser Kriege doch der ist, nun endlich den Totentanz Europas zu beenden. Das kann auf die Dauer nur dadurch geschehen, daß aus der *Civilkurage* der gleiche Kultus gemacht wird, wie aus dem *Kriegsheroismus*. Die Herren Dichter, die da in auswegloser Romantik des Krieges herumdichten, sind doch gar zu primitive Leute! Kling Klang gloria! Ewige Nibelungen-Blutmanscherei, Nibelungen-Idiotie [...] Der Name ›Das innere Reich‹ bedeutet doch, daß hier das Tiefste unseres Innern in ›Einklang‹ mit den furchtbarsten Bedrohungen seiner ›Stille‹ gebracht werden soll.«

Am 10. August 1943 sollte Karl Foerster an eine Bekannte schreiben: »Wir sind alle mitschuldig durch unsere zu bequeme Gotteszuversicht. Wir ›Stillen im Lande‹ hätten glühend wach in die Radspeichen eingreifen müssen. Jetzt gehören wir zu den Trägern des stellvertretenden Leidens. Aber nicht einmal durch ein Signal wie das Buch ›Mein Kampf‹ sind wir geweckt worden [...]«

Was Bornim für viele einzelne war, das war Michendorf, das Michendorf Peter Huchels, für einen engen Freundeskreis. Nach dem Krieg legte Horst Lommer hiervon Zeugnis ab – Lommer, dessen satirisches *Tausendjähriges Reich* damals sensationell gewirkt hatte:

»Es war wahrlich eine Ironie ohnegleichen, daß die Herren Nazis zunächst alles Erdenkbare versuchten, um Peter Huchel für sich zu gewinnen. Sie hatten seine Verse gelesen, und wenn sie auch keinen Begriff von ihrer Schönheit hatten, so glaubten sie doch, in Peter Huchel den ›Blut- und Bodendichter der Nation‹ entdeckt zu haben. In seinen Gedichten witterten sie echte Naturnähe, im Gegensatz zu den Machwerken ihrer ›bodenständigen‹ NS-Lyriker. Aber die Herren vom Propagandaministerium hatten sich getäuscht. Peter Huchel ließ sich nicht korrumpieren, er machte keine Konzession, er gab in den zwölf Jahren kein Buch, nicht den kleinsten Gedichtband heraus, weil er wußte, daß man ihn in diesem Falle wider seinen Willen als ›Blut- und Bodenspezialist‹

gefeiert und in unlogischer, aber echt nazistischer Weise für das braune ›Kulturleben‹ als Vorspann mißbraucht haben würde. Peter Huchel dichtete weiter. Aber nicht für die Reichskulturkammer. Er dichtete für uns, seine Freunde, und für die Stunde der Befreiung, an die er trotz aller Erfolge der gehaßten Machthaber unerschütterlich glaubte. Es ist ein tragisches Verhängnis, daß fast alle Werke Peter Huchels aus jener Zeit verbrannten. Weniges blieb übrig, weniges konnte ich selbst sicherstellen. Darunter einige seiner Zeitsprüche aus den Terrorjahren. 1934 schrieb Peter Huchel:

> Späte Söhne, rühmet euch nicht,
> einsame Söhne, hütet das Licht,
> daß es von euch in Zeiten noch heißt,
> daß nicht klirret die Kette, die gleist,
> leise umschmiedet, Söhne, den Geist.

Und 1940:

> Welt der Wölfe, Welt der Ratten,
> Blut, und Aas am heil'gen Herde;
> aber noch streifen die Schatten
> der toten Götter die Erde.
> Göttlich bleibt der Mensch und versöhnt,
> und sein Atem wird frei wieder wehn.
> Wenn auch die heulende Rotte höhnt, –
> sie wird vergehn.

Sein Häuschen in Michendorf, Treffpunkt eines kleinen Kreises Hassender, war das Refugium für unsere antinazistische Tätigkeit während der letzten Kriegsjahre.«

Wiederum im Tagebuch von Hermann Kasack können wir die (heute würde man sagen) sozialpsychologischen Veränderungen registriert finden, die der sensible Schriftsteller wie ein Seismograph aufgezeichnet hat. Im Sommer 1940 hatte er seine Tagebuchaufzeichnungen faktisch eingestellt (alsbald nach dem Triumph Hitlers in Compiègne). Als er sie Anfang 1942 wiederaufnahm, geschah dies unter der neuen Perspektive seiner eigenen Biographie: Nach dem Tode seines Freundes Oskar Loerke übernahm Kasack das Lektorat des Suhrkamp Verlags, wo er endlich wieder einen eigenen Gedichtband und u. a. eine Tieck-Ausgabe bringen kann, sich viele Mühe aber auch mit ›jungen Autoren und Autorinnen‹ gibt, mit Luise Rinser etwa und mit Hans Erich Nossack, den er schätzte und dessen Bedeutung er früh erkannte. Wenn Nossack fast ehrfürchtig von seinem Besuch in der Kaiser-Wilhelm-Straße in Potsdam berichtet hat – ein anderer, der womöglich nicht so nach Kasacks Geschmack war, hat dies später zynisch getan, der damalige PK-Berichterstatter Lothar-Günther Buchheim in der *Festung*. Lektoratsarbeit im allgemeinen und bei Suhrkamp im besonderen war in diesen Zeiten (und hier überschreiten wir das Biographische) keine ästhetische allein, auch nicht nur eine kulturpolitische: Es war schlechthin eine Existenzfrage, der eigenen geistigen Haltung *und* der realen Existenz des Verlags, der gleichsam alltäglich zur Disposition stand. Im März 1943 spitzte sich diese Problematik zu: »Alles, was geschieht, wirkt wie ein immer drohendes sich zusammenziehendes Weltgewitter. Niemand kann entrinnen. Und jeder Tag, jeder kleine Zeitabschnitt [...] wirkt wie ein Aufschub. Von Augenblick zu Augenblick vermehrt sich die Existenz des Vorläufigen, eines nur vorläufig noch geduldeten Lebenszustandes. Das gilt in Hinsicht auf das nackte Leben, in Hinsicht auf Haus und Wohnung: Sie sind wehrlos ausgesetzt den Kriegsangriffen aus der Luft. Das gilt für Tätigkeit und Beruf [...] Das Damoklesschwert, das leiblich oder seelisch oder geistig auszulöschen droht, hängt über jedem [...]«

Das steht bei Kasack unter dem 16. März 1943 und spiegelt die ganze damalige Situation im Zeichen von Stalingrad. Und am 17. März finden wir – auf den 16. bezogen: »Gestern nachmittag erfuhr ich, daß sich das Geschick des Verlages entschieden hat [...] Su[hrkamp] strahlte, fast fassungslos [...]« Wie hatte Kasack indes geschrieben? Alles, was man noch im alten Fahrwasser hinbringe, sei vorläufig: Ein Jahr später, am 13. April 1944, wird Peter Suhrkamp verhaftet. Schon im Herbst 1943 war ein Lockspitzel, Dr. Reckzeh, dessen Name auch in anderen konspirativen Zusammenhängen als solcher auftaucht, auf Suhrkamp angesetzt worden, ohne daß dieser ihn allzu ernst genommen hätte. Natürlich mußten auch die von Suhrkamp unter dem Pseudonym ›Der Zuschauer‹ in der ›Neuen Rundschau‹ veröffentlichten Betrachtungen zur Zeit (1942/43) als für ihn ›belastend‹ wirken.

Anfang 1944 war – um dies hier einzuschieben – ein anderer Verleger festgenommen worden: August Bonneß, der in Potsdam mit Robert Hachfeld seit 1896 Lehrbriefe zur Berufs- und Allgemeinbildung herausgegeben und nach und nach einen Konzern aufgebaut hatte. Zu diesem Konzern gehörte seit Mitte der dreißiger Jahre auch Rütten & Loening, früher Frankfurt am Main.

Albert Hachfeld, der Sohn Robert Hachfelds, war an der Übernahme dieses Verlags und der Sicherung seiner verlegerischen Linie verantwortlich beteiligt, hatte sich aber dann, wie der genaue Kenner des Potsdamer Verlagswesens Wolfgang Tripmacker schreibt, »mit den Nationalsozialisten eingelassen«.

Über den Bonneß-Prozeß gibt es einen Bericht, der die Bedeutung dieses Vorgangs im zivilen Bereich für den militärischen Widerstand in einem Zentrum des Militärs wie Potsdam eindringlich verdeutlicht. Detlef Graf von Schwerin schreibt in *»Dann sind's die besten Köpfe, die man henkt«*:

»Schulenburg hatte noch im Mai 1944 ein Erlebnis, das einen Vorgeschmack dessen gab, was er selbst bald erleben sollte. Bei einem der Kasinoabende des IR9 erbat er sich vom Potsdamer Gestapo-Chef, v. Dolega-Kozierowski, Zuhörerkarten für den bevorstehenden Volksgerichtshof-Prozeß gegen den Potsdamer Verleger Bonnes [!]. Der Verleger war nach dem Heimtückeparagraphen wegen Stammtischgerede angeklagt worden. In der ersten Verhandlung, die Schulenburg zusammen mit Kleist jr. besuchte, wurde Bonnes von dem VGH-Vize Krone zum Tode verurteilt. Die Zuhörer hatten von Anfang an das Gefühl, daß das Urteil bereits festgestanden hatte. Als in der Verhandlung das Stichwort ›verschärfte Vernehmung‹ fiel, zuckte Bonnes nur mit den Achseln. Zu einer weiteren Verhandlungsrunde ging Schulenburg zusammen mit Fritzsche, Oppen und wiederum Kleist. Diesmal führte Freisler den Vorsitz. Bonnes erklärte auf Befragen, natürlich sei er gefoltert worden, sein Verteidiger habe ihm beim ersten Mal nur abgeraten, davon zu sprechen. Die Verteidigung benannte einen Zeugen, der aussagte, daß der Verleger zum Zeitpunkt der angeblichen Äußerungen gar nicht in Potsdam gewesen sei. Freisler gab ihm fünf Minuten Zeit, von der Aussage zurückzutreten, andernfalls werde er wegen Falschaussage belangt. Der Zeuge fiel um, das Todesurteil wurde von Freisler bestätigt.

Schulenburg und die jungen Offiziere waren erschüttert über diesen Justizmord und Freislers Verdrehungen und Wortklaubereien. Schulenburgs Fazit: Nur nichts zugeben! Schwerin gab das an seine Frau als Verhaltensmaxime weiter mit dem Zusatz: ›Beweisen können sie ja doch nichts‹.«

Am 4. Dezember 1944 wurde Bonneß in Brandenburg hingerichtet. Am 7. November 1946 meldete die Potsdamer ›Tagespost‹, in Dortmund sei der Gestapomörder Kassebaum verhaftet worden; er habe Erich Kreutz, den Oberbürgermeister von Brandenburg, in den Tod gejagt und gehöre zu den Mördern des Verlagsbuchhändlers Bonneß ...

Doch zurück zu Suhrkamp, Kasack und Potsdam: In der Zeit von Suhrkamps Haft schrieb Kasack ein Stück Prosa, das als unzeitgemäß bezeichnet werden könnte, tatsächlich aber das war, was man heute einen ›operativen Text‹ nennt – und übrigens Kasacks Liebeserklärung an seine Heimatstadt. Kasack wußte, daß allein Neuerscheinungen seines Verlags, darunter ›Die Neue Rundschau‹, Suhrkamp erreichten. Sein Text *Das Birkenwäldchen*, der eine ›Botschaft‹ an Suhrkamp enthielt, wurde denn auch dort abgedruckt, und er wurde von Suhrkamp, aber auch von »einigen hellhörigen Ohren des Propagandaministeriums« so aufgenommen. Mit Hilfe »anspielungsvoller Erinnerungen« an Potsdam wollte Kasack diese Botschaft an seinen Verleger mitteilen: Nur Vorsicht und Geduld könnten die Heilung des ›Patienten‹ erwarten lassen.

»Was aber ließe sich Besseres sagen, um das Birkenwäldchen jemandem lebendig zu machen, der es so lange nicht erblickte, als dies: ich sehe es beinahe täglich mit deinen Augen. Denn diese Botschaft mag vielleicht für einen Augenblick noch einmal jenen Ausdruck innerer Gelöstheit auf seine Züge zaubern, den sonst der Anblick des Birkenwäldchens selber schenkte. Und wie es bei Hölderlin am Schluß des zweiten Hyperion-Bandes heißt, um die Fortsetzung des Geschehens anzudeuten, in dem Mensch und Natur immer treiben, setze ich diese Worte auch hierher: ›So dacht' ich. Nächstens mehr.‹«

Nächstens mehr an »der alten Strecke der Dampfbahn zwischen Berlin und Potsdam« mit ihrem einzigartigen, denkwürdigen Birkenwäldchen.

Auch sonst wurde in Potsdam an Suhrkamp gedacht – und dessen Frau geholfen. Am 7. Juni 1944 schrieb Suhrkamp aus dem Gestapogefängnis im KZ Ravensbrück an Annemarie und Werner E. Stichnote in Potsdam – an Stichnote, den Drucker und Verleger, den Buchkünstler: Wenn er sich Sorgen um seine Frau mache, »war immer der erste Gedanke, daß Sie beide da sind, die einzige Beruhigung. Merkwürdigerweise – obgleich wir uns nur flüchtig kannten [...]«

Am 8. Februar 1945 wurde Suhrkamp – offenbar auch aufgrund einer Intervention von Arno Breker, von dem bei Stichnote

Pariser Zeichnungen herausgekommen waren – aus dem KZ Sachsenhausen entlassen, wohin er inzwischen verbracht worden war. Der Verleger Henry Goverts schildert in einem Brief an Hermann Hesse, was dann geschah:

»Am 9. Februar 1945 erschien Suhrkamp morgens um 4 Uhr nach durch zwei Fliegeralarme unterbrochener Fahrt von Oranienburg in Potsdam und klingelte an Kasacks Haustür. Frau Kasack öffnete und prallte beim Anblick eines totenkopfähnlichen Gesichtes zurück, worauf ihr ein Zettel hingehalten wurde mit den Worten: Lesen Sie, ich bin wirklich entlassen. Kasack selbst erschrak ebenfalls ob dieser ausgemergelten Gestalt. Peter Suhrkamp setzte sich in Kasacks Zimmer und entlud sich, sprach sich aus bis in den Morgen hinein. Dann brach er zusammen, hatte 40 Grad Fieber und eine Lungenentzündung. Die Ärzte glaubten nicht, daß sie diesen bis aufs äußerste geschwächten Körper würden durchbringen können, zumal aller Lebenswille erloschen schien. Aber es gelang[,] und an diesem Gelingen sind auch Sie nicht ganz unschuldig. Suhrkamp läßt Sie grüßen und Ihnen sagen, daß es einer seiner innigsten Wünsche und ihm Kraft verleihenden[!] Hoffnung wäre, noch einmal mit Ihnen zusammen zu sitzen und sich mit Ihnen über alles, was ist und war, zu unterhalten, auszusprechen. Das sollte ich Ihnen bestellen.«

Von Februar bis April 1945 kämpften Ärzte des Potsdamer Städtischen Krankenhauses um Suhrkamps Rettung, insbesondere Dr. Poczka, dem dann selber ein schweres Schicksal – Verschleppung in die Sowjetunion bis in die fünfziger Jahre hinein – bevorstand. Nach der Zerstörung auch des Krankenhauses am 15. April 1945 weigerte sich Suhrkamp, evakuiert zu werden. Er ging erst zur Familie Stichnote, später in das Arnimsche Haus, ohne allerdings ausgeheilt zu sein. Bis Ende September 1945 blieb er in der Havelstadt.

In memoriam Peter Suhrkamp schrieb Kasack 1959: »Er war aus bäuerlichen Gnaden ein Edelmann, ein Herr [...] Ein Herr beugt sich nicht.«

Wir sind angesichts einer solchen feinfühligen Charakteristik auf Umwegen wieder bei jenen übergreifenden Ortsbestimmungen des Bürgerlichen in seiner Beziehung zu anderen sozialen Schichten, wie wir sie bei Reinhold Schneider und Thomas Mann fanden. Wir könnten die eines anderen Schriftstellers anfügen, der – wir erwähnten es bereits – noch dazu in Nowawes, also im heutigen Potsdam-Babelsberg, 1916 geboren worden ist, hier allerdings schon als kleines Kind mit seinen Eltern wegging, heute aber in der Havelstadt sehr heimisch ist: Peter Weiss. Es wäre hier vor allem zu denken an eine Bemerkung im dritten Band der *Ästhetik des Widerstands*, also in der Aufgipfelung seiner Betrachtungen und Erwägungen (und in etwa auch in die Zeit führend, in der wir uns jetzt ›in Potsdam‹ befinden): »Daß wir aus dem Bürgertum kommen, sagte [Arvid] Harnack, dafür sind wir nicht verantwortlich, wonach gefragt wird, ist nur, ob wir an dessen Wertvorstellungen festhalten, oder uns von dem gelöst haben, was Stillstand bedeutet. Vieles von dem, was wir besitzen, stammt von dorther. Gelehrter war mein Vater, bürgerlicher Gelehrter, aber keiner, der sich den Obrigkeiten beugte [...]«

Kasacks Aufzeichnungen aus der Zeit vor 1945 enden mit einer Notiz vom 24. März 1943, und es steht dort dieser cantus firmus: »Zum Hinnehmen und aus dem Maule fressen bin ich [...] nicht geschaffen [...] Tag in Nacht verwandeln, Nacht in Tag verwandeln, Herrscher sein über die Dämonen, Diener sein der Götter: Dies wäre Lebenswerk, Atem, Aufgabe. Aber – Sklave?«

Es ist dies keine abstrakte Bemerkung, sie fällt in einer konkreten Zeit: »Späte Nacht. Wieder einflugfrei [...] Es wirkt wie eine neue Galgenfrist den Stadtbewohnern gegenüber [...] Die Psychose nahm in unserem Potsdam letzten Sonnabend/Sonntag – ›Tag von Potsdam‹ in 10jähriger Wiederkehr – hysterische Ausmaße an. Hunderte flohen, weil sie gehört zu haben glaubten, am 20. oder 21. kämen die Flieger, um Potsdam in Schutt und Asche [...] zu legen. Andere räumten alles Besitzhafte in die Keller [...] und sitzen nun in kahler Behausung [...]« Der ›Tag von Potsdam‹ und die Folgen!

Interludium

Otto Becker

Zu den Potsdamern, die wie Hermann Kasack eine unfreiwillige Rolle in der Inszenierung des ›Tags von Potsdam‹ spielen mußten, hatte auch der Organist und Glockenist der Garnisonkirche gehört, der als Musiker, nicht zuletzt als Komponist (von über 200 Chorälen und Liedern) hoch angesehene Professor Otto Becker.

Becker war schon vor 1914 auf Wunsch des Kaisers von Berlin nach Potsdam gegangen und zum Königlichen Hoforganisten ernannt worden; 1929 hatte er nach dem Tod seiner ersten Frau eine wesentlich jüngere geheiratet, eine Kindergärtnerin, der seine kleine Tochter eng verbunden war. Otto Becker starb 1954 in Potsdam, seine Frau Elisabeth vierzig Jahre später, im Alter von 93 Jahren. So konnte sie am 14. April 1991 nicht nur das neue Glockenspiel der Garnisonkirche mit einer über Potsdam hinaus viel beachteten Rede einweihen helfen, auch als Zeitzeugin war sie in der Lage, manches aus dem Leben Otto Beckers zu überliefern, nicht zuletzt im Hinblick eben auf den 21. März 1933. Caroline Lorenz hat in einer biographischen Skizze dies festgehalten:

»Auch die Frau wird an diesem Tag aus dem Hofkantorhaus gehen. Sie wird eine ungute Ahnung beschleichen, ein schlechtes Gefühl. Sie kann diesem Hitler nicht trauen. Ihr Mann wird auf der Orgel spielen. Es wird ihm widerstreben, an diesem Tag. Er ist Musiker, kein Politiker. Tage später wird er sich in einem zornigen Brief dagegen verwahren, anläßlich des ›Festaktes‹ ein besonderes Gefühl der Freude empfunden zu haben, wie ein Journalist berichtet hatte. Die Frau wird Angst um ihn haben. Seine Handschrift war kaum leserlich, wird sie später sagen [...] Die Schwester der Frau wird den letzten Zug in die Schweiz nehmen müssen. Sie hatte Flugblätter verteilt [...] Der Organist der Garnisonkirche geht weiter jedes Wochenende und an jüdischen Feiertagen in die Synagoge, um dort die Orgel zu spielen, bis zum 9. November 1938. Danach wird es die Synagoge nicht mehr geben. Die Freunde des Mannes tragen den Judenstern und wollen auf der Straße an ihm vorbeieilen, um dem Mann nicht zu schaden. Er wird stehenbleiben, das Gespräch mit ihnen suchen. Er wird Eingaben an Goebbels schreiben. Es wird ihm gelingen, jüdische Freunde und Musiker vor dem Abtransport in die Lager zu retten [...]«

Daß das, was Elisabeth Becker über ihren Mann berichtet hat, keine Apologetik war, belegen andere Zeugnisse, so das von Sigrid von Rohr (Bonn):

»Mein Mann war nach dem 20. Juli 1944 von der Gestapo verhaftet und, nach Stationen in Greifswald und Stettin, nach Potsdam transportiert worden. Das Gestapogefängnis dort lag nahe der Garnisonkirche, und das Glockenspiel war für viele Gefangene ein täglicher Trost, besonders auch die Sonntage, wo das Programm etwas länger war.

Am 1. Oktober, dem Geburtstag meines Mannes, durfte ich zwar ein kleines Päckchen für ihn bei der Pforte abgeben, hatte aber keine Sprecherlaubnis erhalten. Bei meiner sorgenvollen und traurigen Rückwanderung über den riesigen Exerzierplatz vor dem Schloß hörte ich das sonntägliche Glockenspiel, und da ich wußte, daß es an Feiertagen von Hand gespielt wurde, kam mir der Gedanke, den Kantor – Prof. Becker, wie ich später erfuhr – um die Lieblingschoräle meines Mannes zu bitten. Die Kirche war verschlossen, der mühsam ausgemachte Küster öffnete mir schließlich und erlaubte mir, die vielen Stufen bis zur Glockenstube hinaufzusteigen, wo ich Prof. Becker am Manual sitzend antraf. Als ich ihm mein Anliegen vortrug, ging er sofort bereitwillig und freudig darauf ein, und nun erklangen die alten, geliebten Lieder *Harre meine Seele, Herz und Herz vereint zusammen, Jesus, geh voran* und noch manche andere. Es war eine unvergeßliche Stunde und für meinen Mann wie ein Wunder, ein Gottesgeschenk zu seinem Geburtstag und eine tiefe Stärkung – er hatte ja nichts von meinem Plan gewußt.

Von jetzt an spielte Prof. Becker noch oft für die Gefangenen. Ich glaube, man kann kaum ermessen, was dies für Menschen bedeutete, die in steter Angst und Lebensgefahr schwebten.

Ich denke immer wieder an Prof. Becker, sehe seine kleine Gestalt mit dem gütigen Gesicht vor mir und bin ihm dankbar bis an mein Lebensende.«

Wenn das ›Üb' immer Treu' und Redlichkeit‹ als Glockenspiel der Garnisonkirche zu einer Metapher für den ›Geist von Potsdam‹ stilisiert worden ist (auch als Titel von Romanen gegensätzlicher Tendenz, von Curt Riess im Westen und von Hanna-Heide Kraze im Osten) – mit Otto Becker hat solche Metaphorik letztlich ebensowenig etwas zu tun wie der Mißklang der Bombennacht vom 14. zum 15. April 1945: »Das Glockenspiel, das Potsdam als klingende Stadt charakterisiert hatte und dessen mehrstimmig gespielte Weisen zur Freude der Einwohner erklungen waren, zerschellt nach einem fast 80 Meter tiefen Sturz am Boden« (Andreas Kitschke).

Für Otto Becker war wohl immer jene Melodie wichtiger, die seit 1797 zur vollen Stunde von Gerlachs Turm ertönte: ›Lobe den Herren‹. Das ›Üb' immer Treu' und Redlichkeit‹ (Ludwig Hölty) kam nach der Melodie der Papageno-Arie alle halben Stunden.

›Der preußische Traum‹

Potsdam und der 20. Juli 1944

»Am 20. Juli 1944 hat der soldatische ›Geist von Potsdam‹ noch kurz vor Toresschluß Hitlers ›Tag von Potsdam‹ widerlegt.«

Ekkehard Klausa hat recht: Gerade in Potsdam mußte der 21. März 1933, mußten seine Folgen immer gegenwärtig bleiben, sei es in den Ängsten vor Bomben zum ›zehnten Jahrestag‹, sei es in den Plänen und Taten jener, die sich insonderheit herausgefordert fühlen mußten dadurch, daß »ihr Potsdam«, ihr »geliebtes Potsdam«, wie Fritz-Dietlof Graf von der Schulenburg zu sagen pflegte, zum Synonym für die abenteuerliche Politik des Regimes nach innen und nach außen geworden war.

Dieser Mißbrauch *ihres* Geistes von Potsdam und der Garnisonkirche mußte wie ein Stachel in ihrem Fleische wirken, vor allem dann, wenn sie in der Inszenierung des 21. März sich noch irgendwie entdeckt hatten. Eine gute Bekannte und spätere Mitarbeiterin Henning von Tresckows, Margarethe Gräfin von Hardenberg, geb. von Oven, hat berichtet, Tresckow sei zunächst sehr angetan gewesen vom Dritten Reich. »Ich erinnere mich zum Beispiel an den Tag von Potsdam, den ich von seiner Wohnung aus sozusagen miterlebte, er wohnte im Eckhaus an der Garnisonkirche. Ich war vollkommen fasziniert und hingerissen. Alle hatten gefürchtet, es würde schiefgehen zwischen Hindenburg und Hitler, und viele waren verzweifelt. An diesem Tag aber kamen die beiden und haben sich die Hand gegeben; es folgte eine Zeremonie in der Kirche, und da hatte man das Gefühl, jetzt wird alles gut. Auch Tresckow war von dieser Begegnung des greisen Reichspräsidenten mit Hitler angetan.«

Detlef Graf von Schwerin, als heutiger Polizeipräsident von Potsdam im Kampf mit Problemen ganz anderer Art stehend, hat im Rückblick auf den 20. Juli die politisch-geistigen Positionen des Grafen von der Schulenburg, ›Fritzi‹ Schulenburgs, untersucht und festgestellt, daß die Nähe von Preußentum und Nationalsozialismus entscheidendes Movens der frühen Hinwendung des Grafen zur NSDAP gewesen sei. Äußerungen von Goebbels und Hitler schon vor 1933 und der »Mythos des ›Tages von Potsdam‹« hätten den Eindruck auf ihn nicht verfehlt.

Tresckow, Schulenburg, Helmuth James Graf von Moltke und andere Gleichgesinnte sind es dann aber, die den ›Geist von Potsdam‹ an den Maßstäben ihrer Tradition, auch der authentischen militärischen, messen und in der Haltung der Führerclique des Regimes (Schulenburg in seiner ostpreußischen Zeit etwa bei Gauleiter Koch), vor allem aber in deren Taten alles andere ausmachen als das, was für sie Preußen, was für sie Potsdam bedeutete: konservative Wertvorstellungen, weltanschaulich-religiöse Verbindlichkeit, Zucht, Redlichkeit. So entdecken Tresckow, Schulenburg und ihre Freunde die Fragwürdigkeit zeitweiliger preußisch-nationalsozialistischer Amalgamierungen und gehen dazu über, ganz naiv, ohne ideologische Einfärbungen das einzufordern, was für sie im ›Geist von Potsdam‹ normativ ist.

»Gott hat«, so schrieb Schulenburg nach dem Tod eines seiner Brüder 1940, »[...] wie ein ferner Hall in mein Leben hineingeschwungen. Erst später trat er mehr in den Mittelpunkt meines Lebens, und erst in der letzten Zeit ist er mir oft gegenwärtig und klar wie der Glockenklang der Garnisonskirche [...]« Und bei anderer Gelegenheit sagte er, zu einer einwandfreien Staatsführung genüge, daß die Glocke von Potsdam in jedermanns Herz schlage.

Es ist daher kein Zufall, daß es gleichsam ›Ur-Potsdamer‹ wie Tresckow und Schulenburg waren, die auf langen Wegen und Umwegen von Erfahrungen und Reflexionen, der freundschaftlichen Gespräche in den Großfamilien mit ihren vielerlei Verflechtungen, aber auch in den Kontakten zu Potsdamer Salons und Häusern zu den konsequentesten und tatbereiten Gegnern jener wurden, die mit dem ›Geist von Potsdam‹ Schindluder getrieben hatten.

Der Lebensweg Schulenburgs war in der Tat eng mit Potsdam verbunden gewesen: Hier hatte der 1902 Geborene einen Teil seiner Kindheit verbracht; hier war er 1925 Regierungsreferendar; 1928 machte er hier seinen Assessor. Zehn Tage vor dem 21. März 1933 war Schulenburg in Potsdam. Seine aus Kyritz stammende Frau berichtet: »Am 11. März 1933 haben wir geheiratet, in der Berliner Dreifaltigkeitskirche. Anschließend fuhren wir nach Potsdam, das mein Mann so liebte. Sein Vater war Chef der Heeresgruppe Kronprinz und mein Vater Gardejäger in Potsdam gewesen [...]« Hier wurde im Mai 1939 ein Staatsakt anläßlich des Todes seines Vaters abgehalten, und wenn oft genug herausgestellt worden ist, Hitler habe Potsdam, das eigentlich ungeliebte, nach dem 21. März 1933 nicht wieder betreten – zu diesem Staatsakt war er gekommen. Schließlich trat Fritzi Schulenburg am 1. Juni 1940 in Potsdam ins legendäre I.R. 9, in dem bereits vier Brüder gedient hatten.

Auch Tresckow hatte ein intimes Verhältnis zu Potsdam: Er war nach seiner Teilnahme am Ersten Weltkrieg 1919 zum Regiment Potsdam gekommen, um dann nach Studien u.a. in Berlin, im Potsdamer Bankhaus Kann tätig zu werden. Mitte der zwanziger Jahre wurde er reaktiviert und trat als Leutnant ins I.R. 9. Mitte der dreißiger Jahre besuchte er eine Kriegsakademie; zuletzt war er I A der Heeresgruppe Mitte. Der Bankier Kann war übrigens einflußreiches Mitglied der Potsdamer Jüdischen Gemeinde; 1943 wurde der 62jährige nach Theresienstadt deportiert, wo er ums Leben kam.

Die äußerlich so unterschiedlichen Lebenswege des Juristen und hohen Verwaltungsmannes Schulenburg und des (nur zeitweilig und ›unfreiwillig‹ auf ›Abwegen‹ befindlichen) Militärs Tresckow mündeten ins I.R. 9 oder deren Ersatzeinheit, in jenes Potsdamer Infanterieregiment, das in den zwanziger Jahren, wie es selbst von apologetischen Autoren unterstrichen wird, als Hort elitärer Reaktion (›Graf Neun‹) galt, und man kann schon sagen, daß von dort aus eine ziemlich gerade Einbahnstraße zum ›Tag von Potsdam‹ geführt hatte ...

Zehn Jahre nach dem 21. März 1933 sah es in Potsdam freilich ganz anders aus: Wir erinnern uns neuerlich an die Sorgen der Potsdamer vor dem Fluch des bösen Tags, einem möglichen Bombenabwurf am zehnten Jahrestag. In eben diesen Tagen im März 1943 notiert Hermann Kasack (nicht mehr resigniert wie noch einige Jahre zuvor) gegen die Damoklesschwerter aller nur denkbaren Drohungen und Bedrohungen den konfessorischen Satz: »Woher die Kraft nehmen, sich zu wehren? Vielleicht aus dem Wissen, daß Fall und Verteilung der Lose nur ungerecht sein kann. Daß man also für seine eigene Gerechtigkeit kämpfen soll.«

»[...] kämpfen soll.« Im Arkanum seines Arbeitszimmers hatte Kasack einen Imperativ niedergeschrieben, der in zunehmendem Maße dem Geist der Debatte in Potsdamer Häusern und Salons von Adel und Bürgertum entsprach, und von dort hatte er ausgegriffen, übergegriffen auf Orte, die es (so oder jetzt eben so) mit kämpferischen Taten zu tun hatten, vor allem auf die Kaserne des I.R. 9 und auf dessen Kasino (Am Kanal) ...

Es gibt die eindrückliche Schilderung des ›Potsdamer Geists‹ des I. R. 9 zu Beginn der vierziger Jahre aus der Feder eines Nichtmilitärs, noch dazu eines deutschen Intellektuellen ganz eigener Art, der als Nationalist galt; freilich als Nationalist mit nationalbolschewistischen Zügen und als Verfechter eines Reichsgedankens, gegen das Zweite Reich gerichtet wie gegen das Dritte, der indes eine enge Beziehung zu jüdischer Geistigkeit hatte (mit Martin Buber hatte er, viel beachtet, öffentlich diskutiert), aber auch zu kommunistischen Intellektuellen, zu Wittfogel und Kantorowicz. Am 4. August 1946 notierte Alfred Kantorowicz in New York in sein Tagebuch, Friedrich Hielscher – um ihn nämlich handelt es sich – habe sich gemeldet. Ganz zuletzt sei seine Wohnung in Potsdam mit seiner reichen Bibliothek zerbombt worden. »Bei aller weltanschaulichen Gegnerschaft zwischen mir und dem ehemaligen nationalistischen Freikorpsmann [...], er war zur Stelle, als ich [1933] Hilfe brauchte [...]«

Hielscher war im Frühjahr 1940 nach Potsdam gekommen, und im Herbst 1940 zog er, jung verheiratet, in eine Wohnung in der Schloßstraße. »Hinüber bis zum I. R. 9 durch den Lustgarten waren es nur wenige Schritte. Es war eine gute Luft, in die wir geraten waren.« So beginnt das Potsdam-Kapitel in Hielschers 1954 bei Rowohlt herausgekommenem autobiographischen Buch *Fünfzig Jahre unter Deutschen* (es folgte nicht ganz zufällig und nicht ohne manche Pointe alsbald Ernst von Salomons *Fragebogen*):

»Wir haben manchem treuen Bundesgenossen die Hand gedrückt und manchen Tapferen getroffen. Lüninck war Allen überlegen.

Ihm unterstand das Ersatzbataillon des neunten Infanterieregimentes. Es führte die Tradition der vier preußischen Gardeinfanterieregimenter fort und hieß demzufolge Graf Neun. Nationalsozialisten wurden in diesem Regimente nicht gesichtet. Es war eine Zuflucht der Anständigen. Ich habe in seinen Räumen, so oft ich Lüninck dort besuchte, niemals ein Heil Hitler gehört. Es trug den Widerstand und schützte ihn. Es trug auch den 20. Juli. [...]

Was er riet und forderte, gehörte einer anderen Ordnung an als derjenigen, der Schulenburg und seine Freunde – nicht schon, sondern immer noch – verhaftet waren. Lüninck, der vor ihrer Zeit wirkte und dessen Welt auch älter war als die ihre, war eben mit ihr und durch sie zugleich der Jüngere, dem gegenüber sie fast wie Greise wirkten.

Ich konnte es bei einem Gespräche über den künftigen Staat in seiner Potsdamer Wohnung beobachten. Es waren außer Schulenburg und August Winnig Dr. Hermann und ich erschienen, dazu der Freiherr Plettenberg. Über Winnig freute sich Lüninck besonders [Hielscher verschleierte bei der Niederschrift seiner Bücher die Namen mancher noch Lebender: Dr. Hermann ist Dr. Hermann Priebe, dem wir noch begegnen.].

Er kannte ihn 1940 noch nicht; und als er von mir erfuhr, daß ich ihn regelmäßig träfe, bat er mich, sie zusammenzuführen. Ich tat es bei uns zu Hause, und Lüninck brachte Plettenberg mit, der Winnig schon in Ostpreußen begegnet war [...]

1941 kamen wir zu Vieren überein, Schulenburg und Dr. Hermann noch hinzuzuziehen und gemeinsam zu beraten; die Zeit sei jetzt reif dafür, über die Grenzen der einzelnen Bünde und Gemeinschaften hinauszugehen. Und so hatte Lüninck denn geladen.

Dabei zeigten sich Winnig und Plettenberg den Plänen Gördelers[!] geneigt, obwohl sie mit uns seine Unvorsichtigkeit verurteilten. [...]

Schulenburg ging weiter als Gördeler und wollte – mit seinen Freunden, wie er durchblicken ließ – die Ordnung der Wirtschaft und die Verfassung des Staates tiefer umgestalten als Jener. Manche seiner Gedanken schienen mit denen Reichweins verwandt zu sein, und nicht ohne Grund; denn, wie ich nach dem Zusammenbruche erfuhr, arbeiteten Schulenburg und Stauffenberg mit Reichwein und Haubach zusammen. Obwohl wir sowohl den einen, als auch den anderen Kreis kannten, unterrichtete doch Keiner den Anderen von den Fäden, die er spann: unverständlich für sichere Zeiten, selbstverständlich für die damaligen.

Die Verwandtschaft der Gedanken erfreute uns; doch war sie begrenzt. Die Verfassung nach dem Sinne Schulenburgs setzte nicht die gewachsenen Stämme und ihren freien Bund voraus, sondern war als Umbau des straffen Einheitsstaates der Nationalsozialisten zu einem lockeren gedacht, der die Länder abzugrenzen und ihnen die Befugnisse zuzuteilen hatte.

Damit näherte sich Schulenburg dem Orte, von welchem ich ausgegangen war – man erinnere sich des Gespräches mit Martin Buber – und den ich verlassen hatte. Folglich sagte ich jetzt Ja zu den kleinen Betrieben auf dem Lande und Schulenburg zu den mittleren, ein Unterschied, der auch an jenem Abende fühlbar wurde, obwohl wir die großen Beide ablehnten.

Lüninck hörte zu, ermunterte uns, so genau wie möglich unser Bild zu entwickeln, und redete Winnig gut zu, der sich von diesem Streite wenig versprach: erst sollte vielmehr gehandelt werden; und über die Grenzen Bismarcks hinaus einen größeren Staat zu bedenken, hielt Winnig vollends für verfehlt; die Nationen in sich zu festigen und mit ihnen Europa: das schwebte ihm vor.

Lüninck deckte die Unterschiede nicht zu; aber er glich aus und einigte, indem er sie auf das Gemeinsame zurückführte: der geborene Landesvater, welcher nicht nur die Ruhe und Unerschütterlichkeit Hindenburgs, sondern auch den überlegenen Geist und das menschliche und sachliche Verständnis besaß.

›Ich hoffe weniger, und die Aussicht ist trüber, als ich mir anmerken lasse‹, sagte er mir hinterher; ›und nicht nur wegen des Gegners.‹

›Ob man nicht, falls es gelingen sollte, auf die Kameradschaft vertrauen darf, die der gemeinsame Kampf zusammengeschmiedet hat?‹ wandte ich ein.

›Zusammengeführt: ja, zusammengeschmiedet: nein‹, antwortete er; ›sobald das gemeinsame Anliegen, der Sturz des Tyrannen, verschwunden ist, treten die Gegensätze des Zieles wieder hervor. Sie werden an mich denken.‹«

Hier finden wir – nehmen wir eine gewisse Exaltiertheit in Haltung und Stil dieses Mannes in Kauf – ziemlich gut beschrieben, wie der Weg neuer Ideen aus Salons und Wohnungen in die – Kaserne des I. R. 9 führte und von dort zurück in die Häuser und Salons. Diese werden jetzt, um 1942/43, Refugien auch ganz anderer Art, nämlich zur Stärkung und Ermutigung jener Militärs, die zu Taten bereit sind. Zu diesen Häusern gehörte das von August Winnig (»unter mir der Garten [...], vor mir der Pfingstberg mit seinen alten Bäumen und gegenüber der Park mit dem Schlosse Cä[!]cilienhof [...]«), freilich nicht erst jetzt, sondern schon früher, als sich dort Schulenburg und der Divisionskommandeur von Brockdorff-Ahlefeldt, zugleich Garnisonsältester, trafen und als die jungen Offiziere des I.R. 9 »musizierend und schwärmend meinen Garten belebten«. Jetzt, 1942, kommen Schulenburg und von dem Bussche. Und weiter heißt es bei August Winnig:

»Im Mai 1942 ließ Schulenburg sich zu Mansteins Stabe versetzen. Es lag ihm weniger daran, Sewastopol mit zu erobern, als festzustellen, ob Manstein bereit sei, *der* Mann zu werden.

Im Oktober kam er zurück. Manstein war ein kluger Taktiker,

der vor Sewastopol seinen militärischen Gegner glänzend überspielt hatte, aber der Mann war er nicht.

Schulenburg war davon nicht sehr enttäuscht; es hatten sich inzwischen andere Aussichten eröffnet, und außerdem hatte sich mit der Lage im Osten die Gesamtlage geändert. Südrußland war besetzt, die Krim und das Vorland des Kaukasus in deutscher Hand. Der harte Rückschlag vom vergangenen Winter war fast vergessen. Wie hart er gewesen war, wußte nur die Dienststelle, wo die Verluste gezählt wurden; nicht einmal unser Oberst im strategischen Zirkel wußte es; die Verlustzahlen waren eins der großen Geheimnisse. Der ›Glaube an Hitler‹ (man begegnete oft der Frage: Glauben Sie an den Führer?) hatte einmal etwas gewankt, aber die da gewankt hatten, machten sich jetzt Vorwürfe und glaubten um so heftiger. Dies war nicht die Zeit für die Aktion. [...]

Schulenburg sprach nie ein Wort, hinter dem nicht die volle Gewißheit gestanden hätte. Was ungewiß war, nannte er nicht gewiß. Gegen Jahresende zwischen den Festen war er bei mir. Es konnte sich nur noch um Monate handeln. ›Der Mann‹ war bereit, aber sein Name blieb ungenannt; ich drängte nicht, ihn zu erfahren; vielleicht wußte ihn selbst Schulenburg nicht. Die Aktion in Berlin war als Handstreich gedacht, wofür eine Reihe Sturmtrupps bereitstanden. Hitler sollte aufgehoben werden, wo er sich gerade befand, ein Flugzeug sollte ihn in sicheren Verwahr bringen, bis man ihn vor Gericht stellen würde, ihn und seine Mitschuldigen. Schulenburg wollte wissen, welchen Anteil an der Regierung ich mir wünschte. Was er vorschlug, lehnte ich ab, erklärte mich aber bereit und erbat es mir, die Aktion im Rundfunk zu begründen; wenn man Wert auf meine weitere Mitarbeit legte, wäre mir der Geschäftsbereich des früheren Kultusministeriums am liebsten.

Bald danach wünschte auch Habermann eine Aussprache, und da keiner mehr sein Haus für ganz sicher hielt, trafen wir uns im Berliner Büro der Hanseatischen Verlagsanstalt. Es war das Haus Potsdamer Straße 1, eine ordinäre Herberge für Vertretungen, Rechtsanwälte usw., die keine bessere Unterkunft fanden. Es war Januar, wir hatten mehr als zwanzig Grad Kälte und das Haus war ungeheizt. So gingen wir in dem uns überlassenen kleinen Zimmer zwischen Tür und Fenster hin und her, jedesmal fünf Schritt, und erörterten Fragen, die Habermann durch diese Aussprache klären wollte. Ihm waren einige Bedenken gekommen. Eine Militärdiktatur war unvermeidlich; müßten wir uns nicht davor sichern, daß sie unnötig verlängert und ungebührlich scharf gehandhabt würde? Daß Goerdeler Reichskanzler würde, war selbstverständlich, aber müßten wir nicht etwas tun, um einem reaktionären Kurse vorzubeugen? Mir lagen solche Befürchtungen fern, aber Habermann nahm sie so ernst, daß er sich an ihnen trotz der Kälte warmredete. Während er mir vorstellte, wie schrecklich es wäre, wenn wir soziale und andere Reaktion mit unserm Namen decken müßten, dachte ich: wie gründlich und gewissenhaft ist doch Max Habermann, und wie oberflächlich bin ich dagegen, und schämte mich meiner Arglosigkeit. Ich wußte wohl, daß sie, aufs Menschliche gesehen, ihren eigenen Wert hat, aber ich wußte auch, daß der Arglose nicht in die Politik gehört, weil er dort nicht nur scheitern muß, sondern obendrein sehr viel schaden kann.«

Winnig und Hielscher konnten auf je eigene Weise mit ihrer ›nationalen‹ Vergangenheit, Winnig zusätzlich mit seinen Gewerkschaftskontakten (den sozialdemokratischen, den deutschnationalen – Habermann – und den katholischen, zu Jakob Kaiser etwa), ein wichtiges Medium der Vermittlung von militärischer und ziviler Opposition und auch der Generationen, der ›Weimarer‹ und der ›Nachweimarer‹, sein; so berichtet F. Hassenstein (späterer Göttinger Germanistikprofessor und Biograph des Prinzenerziehers Ernst Curtius), wie er und andere Potsdamer Gymnasiasten Botendienste und ähnliche Hilfsarbeiten für Hielscher erledigten, in der Ahnung, worum es sich handeln könne …

Stärkung und Ermutigung – es hatte dies auch, wie wir bei Hielschers Beschreibung der Potsdamer Diskurse finden, mit politischen Problemen der Gestaltung eines zukünftigen Nach-Hitler-Deutschland zu tun, mit den Unwägbarkeiten der Attentatsvorbereitung, seien sie technischer Art, seien sie solche der Abstimmung des Termins, und sie hatten auch mit Fragen zu tun, die in das Zentrum militärischen Geistes zielten, mit dem Eid etwa, mit der Sorge, es könne neuerlich eine ›Dolchstoß-Legende‹ entstehen, mit der um mögliche Opfer, zumal unter nicht unmittelbar Beteiligten.

Daß es im I. R. 9 zu einer solchen Konzentration oppositioneller Offiziere kommen, daß dieses Regiment – nicht zuletzt mit seinen Ersatzeinheiten – eine bedeutendes Zentrum des militärischen Widerstands überhaupt werden konnte, hat mit all den Faktoren, den Konstellationen zu tun, auf die schon hingewiesen worden war: mit dem subjektiven Faktor solcher Persönlichkeiten wie Tresckow, Schulenburg und Lüninck, mit den Verzweigungen von Salons und Kaserne, mit dem mehr zufälligen, aber letztlich auch wieder charakteristischen Umstand, daß durch die Zerstörung Berliner Wohnungen Zufluchten in der Umgebung gesucht und gerade auch in Potsdam gefunden wurden, und nicht zuletzt mit dem Moment der geistig-politischen, der Gewissensentscheidung, die von der längst überfälligen Entmythologisierung des Mythos vom 21. März 1933 geprägt war.

Anläßlich der Konfirmation hatte Henning von Tresckow 1943 in der Garnisonkirche eine Ansprache an seine Söhne gerichtet, in der diese Entmythologisierung erfolgte und mit der genau an dem mißbraucht gewesenen geweihten Ort das zurückgenommen wurde, was womöglich er selber von jenem (Un)Geist aufgenommen gehabt hatte: »Vergeßt niemals, daß ihr auf preußischem Boden aufgewachsen und heute an der heiligsten Stätte des alten Preußentums eingesegnet seid. Das bürgt [!] eine große Verpflichtung in sich: Die Verpflichtung zur Wahrheit, zur innerlichen und äußerlichen Disziplin, zur Pflichterfüllung bis zum Letzten. Vom wahren Preußentum ist der Begriff der Freiheit niemals zu trennen. Wahres Preußentum heißt Synthese zwischen Bindung und Freiheit, zwischen Stolz auf das eigene und Verständnis für anderes. Nur in der Synthese liegt die Aufgabe des Preußentums, liegt der preußische Traum.«

Seit 1943 kommt es dazu, daß bei der Zuspitzung der militärischen Situation und angesichts der Intensivierung des Widerstands in allen, gerade aber auch in den militärischen Bereichen die Fäden der Verschwörung fester geknüpft werden und viele von ihnen in Potsdam zusammenlaufen:

In der Potsdamer Markgrafenstraße 5 ist – im Hause Dr. von Heppes – Dr. Eduard Brücklmeier untergekommen. Bis zu einer Denunziation 1939 war er im diplomatischen Dienst gewesen; aus ähnlichen Gründen wurde er aus Funktionen der Militärverwaltung entfernt. Jetzt war er in der Wirtschaft tätig, gehörte also zum zivilen Zweig der Verschwörung. Zu ihm zog Ende November 1943 Ulrich-Wilhelm Graf Schwerin von Schwanenfeld, ein Reserveoffizier, der 1943 in den Stab der Division Brandenburg und (1944) in das Amt des Generalquartiermeisters kommandiert worden war. Der Göhrener Großgrundbesitzer gehörte zum engsten Kreis der Verschwörung. Zeitweilig übernachtete auch

Schulenburg in der Markgrafenstraße. Nach dem Scheitern des Attentats wurde diese Potsdamer Adresse oft genug in den Fahrtenbüchern der verhafteten Offiziere ausgemacht.

Eine andere Potsdamer Adresse für die militärischen Verschwörer war die Villa des Adjutanten von General Olbricht, Fritz von der Lancken, auf dem Mühlenberg. Es war ein offenbar bevorzugter Ort für vertrauliche Gespräche, vor allem aber wurde hier der Sprengstoff für das Attentat zwischengelagert.

Diesen Sprengstoff zu beschaffen war schwierig genug, und es war Oberleutnant Helmuth von Gottberg, dem es letztlich gelang. Von Gottberg war ein Verwandter Anni von Gottbergs – wir sehen neuerlich, wie sich das Geflecht preußischer Militärs und altpreußischer protestantischer Bekenner/innen in Potsdam vor dem 20. Juli in Taten herausformte. Wenn wir hinzufügen, daß ein anderer Offizier des Verschwörerkreises in der Division Brandenburg, von Normann, ein Sohn Anni von Gottbergs aus erster Ehe ist, können wir bestätigt finden, wie familiäres Geflecht und Geflecht der Verschwörung ein authentisch ›Potsdamer Geflecht‹ ergeben haben ...

Was die Zwischenlagerung des Sprengstoffs, der später das besondere Gestapo-Interesse hervorrief, angeht, war an einen neutralen Ort gedacht worden. Detlef Graf von Schwerin schreibt hierzu: »Es wäre günstig gewesen, jemanden für die Lagerung zu finden, der mit dem Widerstand nicht in Verbindung stand und daher nicht gefährdet war. Schulenburg versuchte es mit seinem Potsdamer Buchhändler. Ein kleines Paket mehr im Bücherkeller mochte nicht auffallen. Dieser mußte jedoch ablehnen, da er selbst seit Wochen von der Gestapo überwacht wurde.« Daher kam der Sprengstoff zu von der Lancken.

Bei der Potsdamer Buchhandlung Schulenburgs handelte es sich um die von Max Jaeckel, die Ende der zwanziger Jahre bei der Gründung der Ortsgruppe der Kant-Gesellschaft deren Geschäftsstelle geworden war. Wir stoßen wiederum auf die Verflechtung der militärischen und zivilen Nonkonformisten in Potsdam.

Mit Carl-Hans Graf von Hardenberg, der die Ersatzeinheit des I.R. 178 kommandierte, ist das Mitglied der Verschwörung genannt, das die Kontakte zwischen Bendler-Block und dem Generalkommando Berlin-Brandenburg zu verantworten hatte. Hardenberg kam ins KZ Sachsenhausen, wo er dank der Hilfe von Mithäftlingen überlebte.

Wir sehen, Potsdam war tatsächlich eines der Zentren der Verschwörung.

Hier hatte auch die Nichte Goerdelers, Eva Held, ihren Wohnsitz. Bei ihr muß Goerdeler noch wenige Tage vor dem 20. Juli gewesen sein; dort soll er von dem gegen ihn erlassenen Haftbefehl, der vor dem 20. Juli ergangen war, gehört haben.

Von den Historikern und Historikerinnen, die den 20. Juli im allgemeinen, den in Potsdam besonders untersucht haben, von Ines Reich und Kurt Finker, werden überdies zwei Häuser genannt, die geradezu als konspirative ›Zellen‹ angesehen werden können. Da ist das von Hannah von Bredow aus der Familie Bismarck. Bei ihr verkehrten u.a. Werner von Haeften, der mit einer Tochter des Hauses befreundet war, und Fregattenkapitän Dr. Jessen, ein guter Bekannter Berthold von Stauffenbergs. Zum anderen muß auf das Haus von Wilhelm Freiherr von Schilling in der Großen Weinmeisterstraße 53 verwiesen werden. Sonnabends war dort jour fixe, und Mechthild Freifrau von Schilling hat (nach der Wende wiederholt Gast in Potsdam) berichtet, daß zu den Gästen oft genug u.a. Fritz Schulenburg, Werner Haeften, Ewald Heinrich Kleist, Hans Fritzsche und Lüninck sowie Friedrich Hielscher gehörten. Wir haben diese Namen schon genannt oder werden sie noch nennen. »Unser Vater und auch meine Schwester wußten gottlob nichts von dem eigentlichen Zweck dieser Treffen.«

Doch die Topographie der Potsdamer konspirativen Zellen ist nicht einfarbig: Auch Hermann Maaß, die Schlüsselfigur in den Gesprächen zwischen militärischer Verschwörung und Sozialdemokratie, wohnte in Potsdam, in Potsdam-Babelsberg. In seiner Wohnung in der Heimdalstraße fanden mehrere Gespräche des Gewährsmannes von Leuschner, Reichwein und Leber mit Stauffenberg statt, wobei dieser von Maaß nie mit Namen, sondern nur als ›mein Oberst‹ angeredet wurde. Uta Maaß, die älteste Tochter von Hermann Maaß, hat berichtet:

»Als ich dreizehn war, bat mich Vater, zum Bahnhof UFA-Stadt [...] zu gehen und jemanden abzuholen. Mir wurde lediglich gesagt, es ist ein ganz großer Mann in Uniform. Auf den gehst du zu und sagst: Ich bin die Uta. Das habe ich getan, ohne irgendetwas zu fragen, das kam mir gar nicht in den Sinn. Wir sind nach Haus gegangen, wahrscheinlich haben wir miteinander gesprochen, denn wir hatten gute zwanzig Minuten zu Fuß. Erst viel später habe ich erfahren, daß es Graf Moltke war.

Vielleicht sogar noch eindrucksvoller, ich war auch älter, war die Begegnung mit Stauffenberg bei uns zu Hause, der von meinem Vater als ein Offizier vom Generalstab angekündigt wurde. Als Potsdamer Kind wußte ich natürlich, daß ein Offizier des Generalstabs zumindest mit den breiten roten Streifen an der Uniform kommt. Ich erinnere mich, daß er ein Cape trug. Besonders eindrucksvoll war die Begrüßung. Meine Mutter war damals in Erwartung ihres sechsten Kindes, und er gab ihr einen Handkuß. So etwas hatte ich noch nie gesehen. Wir haben nachher in der Familie noch darüber gesprochen. Diese Geste, die zu meinem Vater als Pommer nie gepaßt hätte, nahm meine Mutter so selbstverständlich entgegen, als bekäme sie jeden Abend einen Handkuß. Als kleine zierliche Frau in ihrem Zustand hatte es vielleicht auch noch eine besondere Bedeutung: Es war so viel Respekt und Würde in dem Ganzen.

Am Abend des 20. Juli 1944 klärte mein Vater mich von sich aus auf. Er fragte: Weißt du, wer der Attentäter Stauffenberg gewesen ist? Ich verneinte. Da sagte er: Das war der, der euch damals so beeindruckt hat.«

Maaß wurde alsbald verhaftet. Aus der Haft konnte er noch einige Briefe an seine Frau und seine Kinder richten, die bekennerischen Charakter trugen, so der vom 12. August 1944 aus der Haft in Drögen i. M.:

»Seit meiner Jugend waren für mich allgemeine, gültige, menschliche Liebe, Gerechtigkeit und der Einsatz für eine wohlgeordnete Gemeinschaft, die auch vor Gott bestehen kann, die treibenden Kräfte, die mich über die Familie und den Beruf hinaus zum Einsatz für Volk, Staat und Gesellschaft drängten. Die Funktion, die Leistung auf Grund seiner Gaben zugunsten Dritter, war mir dabei stets mehr wert als irgendein Eigennutz. Nie war ich um des Amtes oder einer Stellung wegen bereit, es zu übernehmen, sondern um der Leistung willen. Dieses war die mein Wesen formende und bestimmende Kraft.

Die zweite Kraft war mein Gottesglaube. In meiner Jugend – örtlich begrenzt wie der Blitzstrahl, der auf Saulus niederfuhr – kam es wie eine Erleuchtung über mich, daß es ohne Konfession und Dogma, sondern still und groß wie alles in der Schöpfung, im Menschen fühlbare, wahrnehmbare Verbundenheit zwischen ihm und Gott, eine Einigkeit mit Ihm gibt, daß es wirklich eine umfassende, wiederum schlichte und undogmatische Menschenliebe gab und gibt; seit jener Zeit hat mich diese Kraft ebenfalls stetig geformt und geführt. Ich hoffe, sie bleibt mir bis zum letzten Atemzug erhalten.«

Am 20. Oktober 1944 wurde das Todesurteil gegen den Sozialdemokraten vollstreckt, fünf Wochen später verstarb seine Frau Eva Maaß-Habich, die engagierte Sozialarbeiterin gewesen war. An ihrem Sarg sprach die frühere Reichstagsabgeordnete der Deutschen Demokratischen Partei, Gertrud Bäumer. Sie richtete ihre Worte vor allem an die sechs Kinder: »Wenn Eure Mutter in ihren letzten Lebenstagen schrieb, daß sie Euch zu allem Großen und Ewigen zu führen gesucht habe: in dieser Sphäre des Ewigen wird sie unverlierbar bei Euch bleiben [...]«

Von Babelsberg nach Sacrow: Seit 1941 wohnte dort Hans von Dohnanyi, ein Schwager Dietrich und Klaus Bonhoeffers; mit ihm, der als Sonderführer bei der ›Abwehr‹ tätig war, verbindet sich eine in der Literatur erst jetzt erhellte Rettungsaktion für sieben jüdische Persönlichkeiten noch während des Krieges (›Unternehmen Sieben‹).

Wenn für Gespräche zwischen militärischen und zivilen Verschwörern (übrigens auch mit den ›Kreisauern‹) neben dem Babelsberger Haus Maaß überdies das Prinzessinnenpalais Unter den Linden in Berlin genannt worden ist, dann war damit die Arbeitsstelle des Freiherrn von Sell gemeint. Ihn kennen wir bereits, von Reinhold Schneider her, als Vermögensverwalter der Hohenzollern.

Wie Ulrich von Sell zu den Leuten des 20. Juli gehörte, so auch der von Hielscher schon erwähnte Hofkammerpräsident des Hauses Hohenzollern, Kurt von Plettenberg. Nach der Zerstörung seines Berliner Amtssitzes nahm er diesen im Schloß Cecilienhof; dort wurde er nach dem 20. Juli verhaftet, weil die Gestapo von einer Verabredung Plettenbergs mit Stauffenberg Kenntnis erhalten hatte.

Über seinen ›Nachbarn‹ im Neuen Garten, über Plettenberg, der als Reserveoffizier in das Umfeld des I. R. 9 gehörte, hat August Winnig berichtet: »Aus Sorge, er könne unter der Folter Namen nennen, hat er [bei Verhören in der Prinz-Albrecht-Straße] zwei Beamte niedergeboxt und sich aus dem Fenster gestürzt.« Plettenbergs Freitod sei so zum Ausdruck einer mannhaften preußischen Haltung geworden.

Winnigs Bericht hat Pfarrer Gottfried Kunzendorf, früher

Bornstedt, über den wir noch sprechen, hinzugefügt: »Erstaunlicherweise hat Kurt von Plettenberg eine Grabstätte in Bornstedt bekommen, und der Hofprediger Doehring durfte die Trauerfeier halten [...] auf diese Weise hat der berühmte Bornstedter Friedhof eines der ganz wenigen Gräber von Beteiligten am 20. Juli.«

Wir haben vorgegriffen – kehren wir zu weiteren ›Potsdamer Militärs‹ zurück:

Daß zu ihnen und zum militärischen Verschwörerkreis auch Militärangehörige mit ganz anderer Vergangenheit gehörten, erweist der Fahnenjunker-Feldwebel Dr. habil. Hermann Priebe. Dieser Argrarwissenschaftler war Direktor der Versuchs- und Forschungsanstalt für Landarbeit in Bornim gewesen. Nach der Verkleinerung des dortigen Stabs kam er zum I.R. 9 und hatte besonders enge Beziehungen zu Lüninck, Schulenburg und den Brüdern Haeften.

Wiederum aus der Potsdamer Tradition im engeren Sinne kam Major Hans-Jürgen von Blumenthal, der 1941 nach schwerer Verwundung zum allgemeinen Heeresamt versetzt worden war. Sein Vater war gleichsam ein ›Kollege‹ von Sells und von Plettenbergs, und zwar als Prinzenerzieher im Haus Hohenzollern; überdies war er von dem nationalkonservativen Publizisten F. W. Heinz beeinflußt, der seinerseits Friedrich Hielscher nahegestanden hatte.

Blumenthal war mit Albrecht Ritter Mertz von Quirnheim befreundet, der am 20. Juli im unmittelbaren Zentrum der Auslösung jenes Befehls stehen sollte, den Trescows Frau und Frau von Oven geschrieben hatten: ›Walküre‹.

Mertz von Quirnheim war um 1920 nach Potsdam gekommen, nachdem sein Vater, Generalleutnant Hermann Ritter Mertz von Quirnheim, Präsident des Reichsarchivs geworden war; er besuchte hier das schon mehrfach erwähnte Viktoriagymnasium. Seine Schwester heiratete Otto Korfes, der in den zwanziger Jahren oft als Redner im Potsdamer ›Stahlhelm‹ (1925 etwa sprach er über eine Lappland-Reise) aufgetreten war. In Stalingrad kam der Generalmajor in sowjetische Gefangenschaft und gehörte dort zu den führenden Leuten des Nationalkomitees ›Freies Deutschland‹ und des Bundes Deutscher Offiziere; in der DDR-Zeit spielte er eine einflußreiche Rolle in der NDPD und – im Archivwesen.

Hatten wir mit Veit Valentin und K. H. Schäfer schon an Persönlichkeiten aus dem Reichsarchiv erinnert, die den anderen

Geist von Potsdam vertraten – entgegen jenem, den ihr Archivkollege Prof. Dr. Kurt Hesse mit seiner Schrift *Der Geist von Potsdam* beschworen hatte –, so ist an dieser Stelle der Name des Majors d.R. Wilhelm Dieckmann, Oberregierungsrat im Reichsarchiv und ebenfalls Schwiegersohn Mertz von Quirnheims, hinzuzufügen. Dieckmann hatte eine Reihe von Arbeiten herausgegeben, darunter über die Behördenorganisation in der deutschen Kriegswirtschaft im Ersten Weltkrieg, 1937 in der Hanseatischen Verlagsanstalt erschienen, und er muß, wie Eberhard Zeller in seiner Monographie über den 20. Juli hervorhebt, einen großen Einfluß auf die jüngeren Potsdamer Offiziere ausgeübt haben. »Er hatte eine große Kenntnis der geschichtlichen und politischen Vorgänge [...] und wußte sie als wirksame Konterbande, oftmals nur mit sokratischen Fragen, in die Gespräche der Jüngeren einzuführen [...] Auch einem mißgünstig Gesonnenen war es nicht leicht, an solcher Art ›Preuße‹ Tadel zu finden [...]« Dieckmann, der zur Bekennenden Kirche gehört hatte, wurde schon im September 1944 gehenkt.

Aus Wolfgang Pauls Geschichte des I.R. 9, die 1984 erschien, wissen wir, wie solche Einflüsse ›sokratischer‹ und anderer Art in der Kaserne, im Kasino wirksam wurden. In den dreißiger Jahren schon war nämlich ein jour fixe für die jüngeren unverheirateten Offiziere eingerichtet worden, zu dem oft prominente Vortragende eingeladen wurden. Der damalige Divisionspfarrer Dr. Johannes Doehring, Sohn des früheren Hofpredigers und späterer Leiter der Evangelischen Akademie Loccum, erinnerte sich etwa eines Vortrags von Eduard Spranger: »Er verstand es in überzeugender Weise, die Grundposition seiner Philosophie: ›Spekulieren um des Handelns willen‹ mit der anderen Notwendigkeit zu verbinden, daß ›alles Denken sich eine Kontrolle durch die Tatsachen gefallen lassen muß!‹ Dieser Ansatz des Philosophen und Pädagogen mußte faszinierend auf die jungen Offiziere wirken. Die hier geforderte wechselseitige Befruchtung durch Theorie und Praxis traf genau die Lage der jungen Kompaniechefs und Zugführer [...]« Später könnten Sprangers Thesen auch in ganz anderer Weise (... um des Handelns willen) nachgewirkt haben. Übrigens hatte diese Montagabende der letzte Regimentsadjutant vor dem Kriege eingeführt: Es war Wolf Graf von Baudissin, von 1928 bis 1938 beim I.R. 9 – und nach dem Zweiten Weltkrieg der Reformer der Inneren Führung der Bundeswehr...

Doch wir sind in den Jahren 1943/44: »Für die jungen Offiziere, die verwundet von den Schlachtfeldern nach Potsdam zurückkehrten, war Schulenburg der führende Kopf, der unter ihnen Männer suchte, die entschlossen waren, ihn zu begleiten, wenn die Stunde des Umsturzes schlug«, schreibt Wolfgang Paul. »Im Potsdamer Kasino des einstigen Ersten Garde Regiments zu Fuß [...] fand sich für solche Gespräche und Diskussionen eine geeignete Plattform. Dort waren die Offiziere des Regiments 9 vor dem Polenfeldzug zum letzten Mal zusammengewesen; nun waren die Überlebenden der Regimenter 9 und 178 [...] im Ersatzbataillon 9 [...] die Gastgeber bei den in größeren zeitlichen Abständen stattfindenden Gästeabenden [...]« Paul nennt als Redner u.a. den ehemaligen Reichskanzler Dr. Hans Luther, die Botschafter von Hassell und von Hentig, Staatssekretär Ernst von Weizsäcker und Professor Albrecht Haushofer – mit von Hassell und Haushofer zwei spätere Opfer des 20. Juli (von Hassell, der in seinem Tagebuch über Potsdamer Begegnungen mit Goerdeler berichtet, wurde in der Potsdamer Seestraße verhaftet, im Hause des Senatspräsidenten Karl-Otto von Kameke). Jedenfalls hätten diese Gästeabende, so faßt Paul zusammen, die Gelegenheit zum Meinungsaustausch, zur Information und zum ›politischen Abtasten‹ geboten.

Es muß hierbei im Blickfeld sein, daß von der Schulenburg überdies Sorge dafür trug, daß Frontoffiziere des I.R. 9 in die Pläne der Verschwörung eingeweiht wurden, so Oberleutnant Richard von Weizsäcker. In seinen Erinnerungen sollte später der Altbundespräsident, der 1993 Festredner in Potsdam war, die prägenden Erlebnisse im Potsdamer Milieu im Zeichen des ›Üb' immer Treu und Redlichkeit‹ beschwören.

Wir hätten also mit diesen Angaben eine Art (allerdings unvollständiger) Topographie jener Potsdamer, jener militärischen und zivilen Kreise, die mit der Tat des 20. Juli in Verbindung zu bringen und von der Gestapo in tödliche Verbindung gebracht worden sind. Ordnen wir diesen Orten (oder Namen) eine Zeittafel hinzu, folgen wir (hier allerdings nur auf Potsdam bezogen) im wesentlichen der, die Detlef Graf von Schwerin aufgestellt hat:

In den ersten Julitagen geht es um die schon geschilderte Zwischenlagerung des Sprengstoffs. Eine interessante Ergänzung finden wir hierzu bei Wolfgang Paul, zumal sie über die Verschwörung der Offiziere hinausweist: »Dank der Schweigsamkeit des

Feldwebels Knodel, der die Waffen und Geräte zu verwalten hatte, konnte der Adjutant [von Gottberg] auch ohne Registrierung Handgranaten beschaffen, aus denen er zusammen mit Hauptmann Frhr. v. d. Bussche die von diesem benötigten Zünder ausbaute.«

Am 6. Juli gab es in der Markgrafenstraße ein Treffen des engsten Freundeskreises (allerdings ohne Stauffenberg, der nach Berchtesgaden hatte fliegen müssen). »An diesem Abend wollte Schwerin [...] nach familiärer Tradition seinen ›Sommergeburtstag‹ feiern. In dem kleinen Potsdamer Haus versammelten sich neben dem Gastgeber Schwerin die Freunde Schulenburg, Yorck, Berthold Stauffenberg, Werner Haeften und Trott [...] Gogo Nostitz stieß um 20 Uhr zur Tafelrunde, deren Gespräche und Atmosphäre ihn tief beeindruckten – und deren einziger Überlebender er schließlich sein sollte. Er schrieb zwölf Monate später: ›Keinem von ihnen waren Klassenprivilegien oder Besitz oder persönlicher Ehrgeiz Beweggrund ihres Handelns, keiner von ihnen war enger Nationalist oder gar preußischer ‚Militarist' [...]‹.«

Schulenburg schlief jetzt zumeist in der Markgrafenstraße, und der junge Ewald-Heinrich von Kleist kam um 6 Uhr zum Frühstück, um Aufträge Schwerins und Schulenburgs entgegenzunehmen. Am 11. Juli hatte das Attentat eigentlich in Berchtesgaden stattfinden sollen. Daraus wurde aber nichts. Ähnlich war es am 15. Juli (ganz ähnlich doch nicht: Es bedurfte Anstrengungen, den schon ausgelösten ›Walküre‹-Befehl zurückzunehmen).

An den folgenden Tagen kam es in Berlin und Potsdam zu vielerlei Plänen, die sich dann wieder zerschlugen, wobei aber mit dem 20. Juli als letztlich festem Termin gerechnet wurde. Jedenfalls war das die Gesprächslage, als sich am 18. Juli Schwerin und zwei junge Offiziere, Kleist und Ludwig Freiherr von Hammerstein, auf dem Potsdamer Bahnhof trafen. Am 19. Juli war Schulenburg zu der Potsdamer Verwandten Goerdelers geeilt – dieser war aber schon abgereist (auf der Suche nach einem neuen Versteck). Ehe Schwerin in die Markgrafenstraße kam, hatte er mit Witzleben in Berlin konferiert.

Der 20. Juli: Am diesem heißen Donnerstag mußte sich das bewähren, was so lange und so leidenschaftlich debattiert, nüchtern geplant und militärisch exakt festgelegt, ja auch schon zuvor praktisch erprobt worden war: So war der ›Walküre‹-Alarm – wiederum nicht zufällig – beim Ersatzbataillon 9 mehrfach ausgelöst worden, um etwaige Fehlerquellen zu entdecken und nach Möglichkeit auszuschalten.

Der 20. Juli – es war dies in gewisser Weise ein Schicksalstag für das I.R. 9, mußten doch Einheiten des Regiments zwölf Jahre zuvor, 1932, den Schlag des Reichskanzlers von Papen gegen das sozialdemokratisch regierte Preußen, den ›Papen-Putsch‹, militärisch absichern. »1932 wurde gehorcht, 1944 handelte man im Widerstand«, heißt es in der Geschichte des Regiments.

Konkret bedeutete dies, daß für den Abend des 20. Juli zwei Kompanien und eine Infanteriegeschütz-Kompanie des I.R. 9 in voller Ausrüstung bereitzustehen hatten. Schon zuvor hatten die von vornherein in die Pläne einbezogenen I.R. 9-Offiziere, so Hauptmann Dr. Hans Fritzsche, Leutnant von Kleist, Oberleutnant Freiherr von Hammerstein sowie der blutjunge, 21jährige Leutnant Georg-Sigismund von Oppen, die ihnen zugewiesenen Aufgaben in der Bendlerstraße übernommen. Hauptmann Fritzsche etwa mußte die Flure und anschließenden Räume, also das Zentrum der Verschwörung, kontrollieren. Dort befanden sich u.a. Schulenburg, Schwerin und Hauptmann Karl Klausing, ferner der Potsdamer Regierungspräsident Gottfried Graf von Bismarck-Schönhausen und Oberstleutnant Hans-Alexander von Voß, ein ehemaliger I.R. 9-Offizier.

Wir wissen um das Scheitern des Attentats, und wir wissen um seine Opfer. Zu Märtyrern aus dem I.R. 9 und seinem Umfeld wurden Major Ferdinand Freiherr von Lüninck, Schulenburg, Schwerin, Klausing, der frühere Seeckt-Adjutant Oberst Hans Otfried von Linstow, Oberst Freiherr von Roenne, Oberstleutnant von Boehmer sowie die Generäle von Hase und Graf Sponeck. Die jungen Offiziere wurden verhaftet, Oberleutnant von Gottberg, dessen Name übrigens auch mit der Verbringung der Särge des Soldatenkönigs und Friedrichs II. 1943 aus der Garnisonkirche verbunden ist, zweimal. Wenn diese jungen Offiziere mit Strafversetzungen davonkamen, war dies – so die Regimentsgeschichte – »dem Schweigen des Grafen Schulenburg« zu verdanken gewesen.

Wie Hermann Priebe, späterer Professor für Agrarpolitik an der Universität Frankfurt/Main, damals Feldwebel der Reserve und Offiziersanwärter, Verhaftung, Verhör und Überleben (zuletzt das der Kriegsgefangenschaft) erinnert, hat er so beschrieben:

»Potsdam, ein sonniger Tag Anfang August 1944, Wachoffizier

beim Ersatzbataillon 9 in der Priesterstraße. Zum Kommandeur befohlen, nach meiner Bereitschaft befragt, den Kriegsgerichtsrat zu einer Vernehmung nach Berlin zu begleiten. Zur Abgabe der Pistole aufgefordert.

Als wir zum Bahnhof über den Platz am Stadtschloß gehen, klingt das Glockenspiel der Garnisonkirche: Üb immer Treu und Redlichkeit –

Bei der Gestapo Meinekestraße 10 der Wache gegen Quittung abgeliefert, Vernehmungen ohne Ergebnis, Kellerzelle im Reichssicherheitshauptamt, Albrechtstraße. Am anderen Tag neue Vernehmungen, Verlegung ins Zuchthaus Lehrter Straße. Im Aufnahmeraum Tafeln mit den Namen der Häftlinge: Das waren die großen Namen der preußischen Geschichte – ›ich bin hier nicht in schlechter Gesellschaft –‹.

Weitere Vernehmungen durch SS-Obersturmbannführer Neuhaus, der spätere Landesbischof Lilje hat ihn aus der Erinnerung an seine Vernehmungen als eine besondere Verkörperung des Bösen dargestellt – er war es in einer sehr raffinierten Form, mit dem Ergebnis: ›Wir geben Ihnen Zeit zur Besinnung!‹

Einzelzelle über einige Monate. Heute nennen sie das Isolationsfolter. Wir waren etwas weniger wehleidig, nahmen das als eine besondere Art der Frontbewährung, dachten, es hätte noch schlimmer kommen können [...]

Der Trick mit den Tagebüchern von Werner von Haeften zog nicht, die angedrohte persönliche Gegenüberstellung mit Fritz Schulenburg und Hans Haeften war nach ihrer Hinrichtung in Plötzensee nicht mehr möglich. – Nach Monaten in der Zelle, an einem Dezembertag, einem anderen SS-Führer vorgeführt: Der Führer bietet Ihnen die Möglichkeit, die Verbindung mit den ›Verbrechern‹ vom 20. Juli an der Front im Osten wiedergutzumachen [...]

Am Abend mit der S-Bahn nach Potsdam zur Meldung beim Ersatz-Bataillon 9. Als ich am Stadtschloß über die Brücke gehe, erklingt wieder das Glockengeläut der Garnisonkirche. Da heulen die Sirenen auf. Der Verkehr stockt, ich gehe allein durch die Stadt, übers Bornstedter Feld auf mein Haus in Bornim zu [...]

Am anderen Morgen Meldung beim Ersatzbataillon 9 in Potsdam. Zum Kommandeur befohlen. Wo kommen Sie her? Herr Major, ich habe strikten Befehl, darüber nicht zu sprechen. – Danke, das genügt mir, und nach einer kurzen Pause: Wenn Sie daher kommen, haben Sie gewiß zu Hause einiges zu ordnen, ehe Sie an die Front gehen. – Jawohl, Herr Major. – Zum Adjutanten Helmut Gottberg: Können wir eine Woche Arbeitsurlaub geben? Wenn Herr Major befehlen! [...]

Acht Tage später, Mitte Dezember 1944, in Danzig. Im Winternebel auf einem Transportschiff, im Geleitschutz deutscher Torpedoboote mit Nachschub für die eingeschlossene Kurland-Armee.

Inzwischen wurde unser Regiment 9 in der 23. Märkischen Grenadier-Division auf der Insel Oesel vernichtet. Wir hörten im Wehrmachtsbericht das Ende, den ›Rückzug‹ von der Halbinsel Sworbe, und kamen wenige Stunden danach an der Leitstelle in Windau an. Von dem Bataillon, für das wir bestimmt waren, kehrten in einem der letzten Sturmboote ein Leutnant, ein Unteroffizier, ein Mann als Verwundete zurück.«

Henning von Tresckow war am 20. Juli nicht in Berlin, sondern an der Ostfront und suchte den ›Freitod‹, der zunächst als ›Heldentod‹ erschien, bis die Verflechtung des Ur-Potsdamer Generals mit der Verschwörung bekannt und geahndet wurde. Er hatte seine Motive in diesem Satz zusammengefaßt: »Wenn einst Gott Abraham verheißen hat, er werde Sodom nicht verderben, wenn auch nur zehn Gerechte darin seien, so hoffe ich, daß Gott auch Deutschland um unsertwillen nicht vernichten wird.« Den ›Freitod‹ suchte und fand in Potsdam Oberst Siegfried Wagner: Er stürzte sich, um der Gestapo zu entgehen, aus einem Fenster seiner Wohnung in der früheren Kurfürstenstraße/ Ecke Moltkestraße.

Einen Vorgang ganz anderer, eigener Art im zeitlichen Umfeld des 20. Juli und dem räumlichen Potsdamer Milieu beschreibt Hans von Herwarth, der bekannte Diplomat, der seine Erinnerungen mit Anspielung auf seine Moskauer Tätigkeit *Zwischen Hitler und Stalin* genannt hat. Von Herwarth war 1944 im Stab des ›Freiwilligenverbands‹ von sowjetischen Kriegsgefangenen, der General Köstring unterstand, also dem ehemaligen Militärattaché in Moskau, von dem es in der Literatur heißt, er habe den Auftrag der Verschwörer gehabt, Kontakte zur sowjetischen Seite herzustellen. Dieser Stab saß 1944 in Potsdam. Hans von Herwarth, der zum Freundeskreis u. a. der Brüder von Haeften gehörte, war am 20. Juli nicht in Potsdam. Als er am 26. Juli zurückkehrte, fand er auf seinem Tisch eine Notiz vom 19. Juli 1944 (!) des Inhalts vor, Oberleutnant von Haeften, der Adjudant des Obersten von Stauffenberg, bitte Rittmeister von Herwarth, sofort bei ihm anzurufen. General Köstring, der von Herwarth informiert wurde, bestand darauf, daß der Rittmeister für einige Tage abkommandiert würde. Vor seiner Abreise traf von Herwarth auf einer Potsdamer Straße seinen Freund von Etzdorf. »Wir waren, ohne uns zu begrüßen, aneinander vorbeigegangen. Im Vorübergehen hatte Etzdorf mir geflüstert: ›Davon später.‹«

Was im Vorfeld der Attentatsversuche, besonders des 20. Juli 1944 selbst, sichtbar geworden war, es mußte dies auch nach deren Scheitern zum Ereignis werden, zum Zeichen menschlicher und politischer Solidarität: Die Häuser und Salons, ohnehin im Zustand des kriegsmäßig Provisorischen, noch nicht zerstört, aber gleichsam der Zerstörung harrend, werden wieder zu Refugien, jetzt nicht mehr allein, wie im Falle der Frau von Mirbach oder des BK-Pfarrers Brandt und seiner Freunde, für rassisch Verfolgte, sondern für Frauen und Männer des Widerstands.

So ist bekannt, daß sich am 28. Juli 1944 Goerdeler, Jakob Kaiser und Josef Wirmer, als Vertreter des zivilen Widerstands, in Potsdam trafen. Elfriede Nebgen, die Mitarbeiterin Jakob Kaisers, des katholischen Gewerkschaftsführers, berichtete: »Zwei Nächte hatte er (Goerdeler) schon bei seinem Freund Fritz Elsaß verbracht. In Potsdam erfuhr Goerdeler anscheinend von dem ehemaligen Oberbürgermeister Klimpl [...], den er nach Kaisers und Wirmers Mitteilung in einer Gesprächspause in Potsdam traf, von der Möglichkeit, [...] in Friedrichshagen eine Zuflucht zu finden [...]«

General Lindemann, einer der konsequentesten Anhänger Stauffenbergs, dessen Schwiegermutter in Potsdam wohnte, war auf seiner Flucht in der Familie des Oberstleutnant a.D. Günther von Scheliha aufgenommen worden – in der Potsdamer Birkenstraße 1, also dort, wo Reinhold Schneider eines seiner Potsdamer Domizile gehabt hat.

Oft genug waren es nur wenige Stunden oder Tage, die Verfolgte in solchen Häusern versteckt werden konnten. Es gibt indes einen geradezu dramatischen Bericht, wie einer der Männer des 20. Juli monatelang in einem Keller eines Babelsberger Hauses – in der Heimdalstraße, also unweit von Maaß – versteckt überleben konnte: Jakob Kaiser, dem wir schon begegnet waren und der in der Zeit der Vorbereitung des Attentats oft in Potsdam gewesen war, zu Gesprächen mit Max Habermann bei August Winnig.

Nach manchem Hin und Her, nach dem häufigen Wechsel der

Quartiere fand Jakob Kaiser am 27. September 1944 Zuflucht in dem kleinen Haus von Gertrud Droste, einer Nichte von Arnold Knoblauch, einem Freund Habermanns, der Generaldirektor der Gagfah (der Wohnungsbaugenossenschaft) war. Habermann hatte sich dort schon versteckt gehabt, und Gertrud Droste hatte sich auch bereit erklärt gehabt, Goerdeler aufzunehmen. Elfriede Nebgen, die sich ebenfalls verborgen halten mußte, hat die Monate dieser buchstäblichen inneren Emigration eindrücklich geschildert:

»Mit zwei Unterbrechungen [...] blieb dieser Keller bis zum 10. Mai 1945 sein Heim. Ein kleiner, aber sehr guter Radioapparat, von Freunden zur Verfügung gestellt, ließ ihm die Verbindung mit der Welt. Aber auch sonst war es nicht einsam um ihn. Lektüre füllte viele Stunden. Oft saß er an seinem Tisch – ein auf einem Kofferständer aufgebauter Koffer – und studierte englische Vokabeln und Satzlehre. Er wollte in der Lage sein, sich beim Einzug der Amerikaner, mit dem jeder rechnete, in aller Form zu legitimieren. Öfteres Schachspiel mit Gertrud Droste war ihm Erholung, und ich tat das meine, bei Gertrud Droste immer wieder die Verlängerung seines Aufenthaltes zu erreichen. Sie brachte nicht die Härte auf, ein Nein zu sprechen. Dabei waren es keine leichten Monate für sie, denn sie mußte für manchen ihrer Freunde ihr Haus verschlossen halten. Um so mehr gehörte ihr die Achtung und der Respekt Jakob Kaisers und seiner Freunde, die ihr jede sonstige Sorge für Unterhalt und mögliche Bequemlichkeit abnahmen.

Jede Woche einmal schleppte Mina Amann ihre schweren Taschen mit Lebensmitteln den weiten, anstrengenden Weg vom Bahnhof Babelsberg bis zum Häuschen am Ende der Heimdalstraße. Möglichst in der Dämmerung zwängte sie sich durch das kleine Gartentor. Sie brachte Lebensmittel meist aus eigenen Beständen, aber auch von dem, was andere Freunde opferten. [...]

Bewegend aber war die ebenso unermüdliche wie mutige Sorge des Hausmeisters aus der Wittelsbacher Straße für die Wintermonate, in denen er den kleinen Kellerofen für Jakob Kaiser mit Koks versorgte. Morgens noch in der Dunkelheit kam er mit einem kleinen Handwagen von Wilmersdorf nach Babelsberg und die lange Heimdalstraße heraufgefahren. Wie oft es in dem langen bombenreichen Winter geschah, weiß ich nicht mehr zu sagen. Wohl aber weiß ich, daß Jakob Kaiser nie die Treue vergessen hat, die er in diesen Monaten der Gefahr erfahren hat. Sie war ein wesentlicher Ausgleich für die inneren Belastungen, die er zu tragen hatte. Die Eingeschlossenheit des Kellers unterbrach er am späten Abend regelmäßig durch hundert Kniebeugen vor der Kellertür. Nur der Bedrückung durch das Todesschicksal der Freunde wußte er kaum Herr zu werden. [...]

Von Bomben war Babelsberg bis zu diesem Zeitpunkt verschont geblieben. Aber immer wieder zogen die schweren amerikanischen Bomber in ihrem Zug nach Berlin über Babelsberg hinweg. Mancher Freund wurde noch schwer getroffen. Im Februar der unbegreifliche, menschenmordende Angriff auf die Stadt Dresden. Bei Bombenangriffen, die Kaiser selbst erlebte, verhielt er sich stets soldatisch. Nie zeigte er irgendwelche Unruhe. Aber das Schicksal von Dresden, einer der Städte, die er vor allem liebte und deren Vernichtung er nun am ausländischen Sender miterlebte, vermochte er kaum zu fassen. Mitte April kam dann noch der letzte schwere Nachtangriff. Er galt Potsdam. Zu drei Frauen saßen wir mit Jakob Kaiser in seinem Kellerverlies in dem dünnwandigen, leichtgebauten Häuschen. Es bot kaum Schutz. Jakob Kaiser stand aufrecht, das Gesicht gelblich blaß, ohne jede Bewegung. Niemand sprach ein Wort. Wir hatten alle Nachtangriffe auf Berlin miterlebt, aber jetzt schien die Hölle nahe. Bomben explodierten bis zur kleinen Gartentür des Hauses. Nun wurde also auch Potsdam ›ausradiert‹.

Am nächsten Tag kam noch einmal mancher besorgte Freund. Vorsorglich brachten sie noch etwas zum Lebensunterhalt, denn alle Brücken zwischen Berlin und Babelsberg sollten zerstört werden, um den Feind aufzuhalten. [...]

Aber nicht die Amerikaner würden der Feind sein, der aufgehalten werden sollte. Magdeburg und Leipzig waren zwar von ihnen besetzt. Sie standen an der Elbe. Aber ihr Marsch auf Berlin, auf den wir warteten, fand nicht statt. Die Eroberung der Hauptstadt hatte man den Russen überlassen. Mit Erschrecken nahmen wir es auf. Jakob Kaiser hatte seine englischen Vokabeln und die Satzlehre umsonst gelernt. Und zum Studium des Russischen war es zu spät. [...]

Um Babelsberg selbst wurde nicht gekämpft, wohl aber hatten sich die Russen im Wald ringsum eingegraben und Geschütze aufgestellt. Am 26. April begann die fünf Tage dauernde Beschießung von Potsdam. Unaufhörlich gingen die Granaten über unsere Köpfe hinweg.

Am gleichen Tag erhielt Kaiser den ersten neugierigen Russenbesuch in seinem Keller. Er mußte Kostproben von eingemachten Früchten nehmen, die dann mitgenommen wurden. Im Anschluß daran der Versuch eines Gesprächs, das zwar von keiner Seite verstanden wurde, aber doch freundlich verlief. Bei den Nachrichten von immer neuen Brutalitäten schien das erstaunlich. Bei mir weckte allerdings auch weiterhin jeder Soldatenschritt, der sich dem Hause näherte, neue Sorge, während Jakob Kaiser den russischen Soldaten gegenüber stets unbefangen blieb. Vielleicht war das der Grund, daß uns nie Unfreundlichkeiten widerfuhren.«

Ehe Jakob Kaiser am 10. Mai 1945 Babelsberg verlassen konnte, war es am 30. April zu einem tragischen Ereignis gekommen: Jakob Kaisers Retterin, Gertrud Droste, war – im Garten räumend – durch eine verirrte Granate der letzten Kämpfe in Potsdam ums Leben gekommen ...

Refugium wiederum anderer Art war das Sanatorium Sinn in der Nähe des Jagdschlosses Stern. Dort war 1943 der Maler Karl Hofer nach der Zerstörung seines Berliner Ateliers untergekommen, Karl Hofer, der 1934 als Hochschullehrer entlassen worden war und Ausstellungsverbot erhalten hatte; 1938 mußte er überdies die Akademie verlassen. Immer ungemütlicher sei es 1943 in Berlin geworden: »[...] die Verhaftungen nahmen zu. Wir begaben uns nach Babelsberg in ein Nervensanatorium, das neben einigen Gesunden ungefährliche Irre beherbergte, mit denen wir nun die Nächte im Luftschutzkeller verbrachten.«

Und weiter lesen wir auf den letzten Seiten seiner Lebenserinnerungen:

»Im November 1943 ging auch unsere Wohnung mit dem letzten Rest unserer Habe in Flammen auf. Kurze Zeit später brachten die Nazis den französischen Ministerpräsidenten Edouard Herriot in unser Sanatorium. Wir verbrachten mit ihm und seiner Gattin zusammen die Bombennächte im Luftschutzkeller. Ich unterhielt mich mit ihm über sprachwissenschaftliche Fragen, auch berichtete er über seltsame Winkelzüge der Männer der Weimarer Republik. Begleitet und bewacht war er von vier Gestapoleuten. Es wurde bedrohlich, denn Dr. Sinn hielt eine alte jüdische Dame versteckt. Im Garten schrieb ich unter den Augen der hin- und herpromenierenden Bullen an einem Traktat schärfster Art gegen das Dritte Reich.

Näher und näher kam der Tag der Befreiung, Erregendes lag in der Luft und teilte sich den Menschen mit; in der Ferne war Geschützdonner zu hören. Im Hause waren zwei verschleppte ukrainische Mädchen, sie hatten es gut, wurden anständig behandelt und wollten sich erkenntlich zeigen, was sie zu folgender Äußerung brachte: ›Wenn Russ kommt, ich saggen gute Mensch, nicht quällen, gleich kaputt.‹ Und der Russ kam, zu unserer großen Enttäuschung, denn man hatte die Amerikaner erwartet, die den schon damals und heute erst recht unverständlichen und unverzeihlichen Befehl erhielten, bei Magdeburg stehen zu bleiben. Die Bullen verschwanden einer nach dem anderen, und der Russ war da. Viele, die sich wie Bestien benahmen, aber auch zivilisierte Menschen darunter. Unbeschäftigt, hatte ich begonnen, russisch zu lernen, da ein Sprachlehrer in der Nähe war. So schrieb ich in cyrillischen Lettern ein Plakat mit den russischen Worten für Irrenhaus, das die Sieger fernhalten sollte, denn schon war bekannt, was im Siegestaumel geschah. Eine uns bekannte Dame mußte es in einer Nacht achtzehnmal über sich ergehen lassen, und der Altersrekord widerfuhr einer einundachtzigjährigen buckligen Frau! Wir blieben vom Gröbsten verschont, wohl dank der Anwesenheit Herriots und der alten jüdischen Dame. Herriot und seine Frau wurden sofort nach Moskau gebracht, von wo er jedoch bald zurückkam, um sich zu verabschieden; er durfte in die Freiheit nach Frankreich.«

Und auch das gehört zu den letzten Wochen des Kriegs in Potsdam: Axel von Ambesser hatte eine Tante, die seinen Großvater bis zum Tode gepflegt hatte und dann in ein Stift für adelige Damen nach Potsdam gegangen war. »Als meine Frau und ich uns gegen Ende des Krieges aus dem schon von Russen umzingelten Berlin nach Bayern absetzen wollten, telefonierte ich noch mit ihr in ihrem Potsdamer Stift und drang in sie, sie solle mit uns kommen. ›Nein‹, sagte sie, ›ich bleibe hier. Wir sind alle in Gottes Hand. Er hat mich hierher geführt, so werde ich hier warten, was mit mir geschehen wird.‹ Das Stift wurde von der Artillerie zerstört. Tante Fanny half allen, die ihrer Hilfe bedurften, und dann erreichte sie der Tod, da, wo sie verwurzelt war. Sie starb als das, was sie ihr ganzes Leben lang verkörpert hatte, als ein Beispiel für den – auch von mir so oft satirisch veralberten, aber, wie mir immer klarer wurde, eigentlich großen Begriff, der für preußische Noblesse und Einfachheit steht – Potsdam.«

Demokratische Erneuerung und ihre Grenzen

Wer im Februar 1947 die ›Berliner Hefte‹ in die Hand nahm, konnte sich in unterschiedlicher Weise auf Potsdam gewiesen fühlen. Herausgeber dieser damals viel gelesenen Zeitschrift war Wolfgang Goetz, ein Sachse in Berlin – oder genauer: in Stahnsdorf, Am Kiehnwerder 41, also im Einzugsgebiet Potsdams (und unter kulturgeschichtlich Interessierten ist der Name des Ortes durch seinen Friedhof wohlbekannt).

In dieser Ausgabe der ›Berliner Hefte‹ fanden sich nämlich ein wissenschaftlicher Text von und ein Nachruf auf Veit Valentin, und wir erinnern uns (auch im Nachruf wird es andeutungsweise getan), wie eng dieser bedeutende Historiker bis zu seiner Entlassung aus dem Reichsarchiv mit dem geistigen und politischen Leben der Havelstadt verbunden war. Ludwig Justi, jetzt als Generaldirektor in die Berliner Museen zurückgekehrt, äußerte sich in einem Brief an Goetz über seine Intentionen für die Erneuerung der Museen angesichts der Trümmerlandschaft und Zerstörung bzw. Verstreuung des Museumsgutes. Und hatte Ferdinand Lion in einem Essay das Preußische des zeitweiligen Potsdamers Heinrich von Kleist untersucht, so führte eine Erzählung – das Kernstück der belletristischen Beiträge dieses Heftes – unmittelbar nach Potsdam, auf den ›Geist von Potsdam‹, wie er in der Nachkriegszeit gleichsam wie selbstverständlich gedeutet wurde. Goetz druckte nämlich in Fortsetzungen eine Erzählung ab (oder nach), die zuvor im ersten literarischen Preisausschreiben der sowjetamtlichen ›Täglichen Rundschau‹ einen der Preise erhalten hatte, die *Potsdamer Novelle* von Georg C. Klarén. Klarén (eigentlich Klaric) war Wiener, hatte über Weininger promoviert und nach 1945 zu den ersten DEFA-Regisseuren gehört, besonders bekannt wurde er durch seinen *Wozzeck*.

Potsdamer Novelle – es ist dies die Geschichte eines Provinzschauspielers, der eigentlich nie so recht hatte Karriere machen können und der sie dann, subjektiv zufällig, objektiv angesichts der Konjunktur friderizianischen Geistes unmittelbar vor und nach 1933, in atemberaubender Weise als der Alte Fritz macht. Langesser, so heißt dieser Schauspieler, nimmt die Züge des Alten Fritz oder, genauer, die seiner Legende so an, daß er sich auch im

Umgang mit seiner Umgebung bis hin ins Private wie dieser fühlt; er spielt den Alten Fritz auch im Alltag. Sicherlich stand die Biographie Otto Gebührs im Hintergrund der *Potsdamer Novelle*; Klarén ging es allerdings in dieser auch heute noch lesenswerten Erzählung mehr um das Objektive, eben um die Überwindung einer Gesinnung und einer Haltung, die schlagwortartig mit dem ›Geist von Potsdam‹ zu tun hatten. Vor allem aber zeigte Klarén, daß der ›Potsdamer Geist‹ für die NS-Machthaber im Grunde von Anfang an Maskerade gewesen sei.

»Der Tag von Potsdam brachte noch einen großen Rummel um Fridericus, aber Langesser wurde nicht zugezogen. Es geschah wohl nur, weil sich sogar diese politischen Zirkusregisseure davor scheuten, einen wenigstens ihrerseits für historisch gehaltenen Akt und das eigene schlechte Theater mit dem Komödiantischen seiner Erscheinung zu verknüpfen [...]«

Auch in der Zurückgezogenheit (er sieht sie der Widerstandsarbeit und KZ-Haft seines Sohnes geschuldet) bleibt Langesser *Fridericus* – bis zum 14. April 1945, zur Bombennacht, in der er als ›König‹ durch die Stadt irrt und von denen, die Hilfe brauchen, *seine* aber nicht annehmen wollen, demaskiert wird; in dieser Nacht demaskiert er sich letztlich selbst und ist – in articulo mortis – wieder Ulrich Langesser, der Schauspieler. –

André François-Poncet, der Vertreter des Quai d'Orsay in Berlin und der genaue Beobachter der deutschen Szene, hatte nach dem ›Tag von Potsdam‹ bemerkt, die Potsdamer Feier verschwinde bereits in der Dämmerung – ihre Schatten aber warf sie, wie wir gesehen hatten, über die Jahre. Es war daher auch alles andere als zufällig, daß die nach Yalta entscheidende Gipfelkonferenz der ›Großen Drei‹, die Konferenz der Sieger, in die Stadt einberufen worden war, von der – von jenem Märztag 1933 her – scheinbar oder wirklich ›alles‹ ausgegangen war. Mit dem ›Potsdamer Abkommen‹ sollte schon vom einprägsamen Schlagwort her jener altböse ›Geist von Potsdam‹ auf immer ausgetreten werden, und einer der letzten gemeinsamen Beschlüsse des Alliierten Kontrollrats, der die Potsdamer Entscheidung zu exekutieren hatte, war der über die Auflösung Preußens Anfang 1947 (just zu dem Zeitpunkt, da Goetz die *Potsdamer Novelle* abdruckte).

In einer 1977 in deutscher Sprache erschienenen Monographie über die Potsdamer Konferenz hat Charles L. Mee betont, Potsdam sei ein »zweckdienlicher Ort« für die Konferenz gewesen,

»und das war ohne Zweifel Stalins Grund, ihn auszusuchen«, einerseits in Erinnerung daran, was Clausewitz, der preußische Militär, für Lenin bedeutet habe; zum anderen und damit im Zusammenhang »war Potsdam für Stalin ein Denkmal des Beginns des preußischen Militarismus, des Endes der deutschen Militärmacht und des dauernden Kampfes um die Macht [...] Potsdam war ein passender Ort für die Absicht der drei Staatsmänner, die sich hier zu Gesprächen trafen, aber nur Stalin war sich klar darüber«.

Habe Stalin, so dieser Autor, den Ort bestimmt, so Truman den Termin, und dies nicht allein wegen der Notwendigkeit, sich als Nachfolger des gerade erst verstorbenen F.D. Roosevelt einzuarbeiten und eigene Prioritäten zu setzen – es ging um anderes, nicht zuletzt darum: »Es lag ihm daran, diese Konferenz zu veranstalten, bevor Stalin sich nahm, was er wollte. [...]«

Und Churchill? Der historisch gebildete englische Premier, der das Potsdamer Treffen freilich wegen der Wahlniederlage seiner Konservativen Partei verlassen mußte, sah den ›Weg in die Katastrophe‹ mit dem ›Tag von Potsdam‹ im Zusammenhang. In seinen Memoiren hält er fest – und wir zitieren noch einmal: »Am 21. März 1933 eröffnete Hitler in der Potsdamer Garnisonkirche, in unmittelbarer Nähe der Gruft Friedrichs II., den ersten Reichstag des Dritten Reichs. Im Schiff der Kirche saßen die Vertreter der Reichswehr, des Symbols der ununterbrochenen Dauer deutscher Macht, und die hohen SA- und SS-Führer, die neuen Gestalten des sich wieder erhebenden Deutschland [...]« Daher auch hatte Churchill im Cecilienhof, während der Debatten der Großen Drei, für eine ›strenge‹ Behandlung Preußens plädiert. Eine solche Sicht auf das Preußische, auf den ›Geist von Potsdam‹ war später, zumal in den Zeiten altbundesdeutscher Restauration und der Verteufelung des Preußentums in der DDR, eine weit verbreitete, Konsens stiftende Auffassung.

Als Joachim Seyppel Ende der sechziger Jahre als ›Yankee in der Mark‹ auftaucht, natürlich auch Potsdam visitiert und im Cecilienhof übernachtet (dort möchte er sogar in Stalins Bett geschlafen haben), zitiert er nicht nur Agitationsschriften der ›Nationalen Front‹ – er erinnert sich:

»Potsdam. Haben wir nicht in Potsdam Fußball gespielt? Hat nicht der Vater hier sein Potsdamer Stangenbier getrunken? Sanssouci, Historische Mühle, ›Tag von Potsdam‹. Glücks- oder Unglücksrad der Geschichte mit wenigen Gewinnen und vielen Nieten. Haben wir nicht bei Erntearbeiten auf dem Feld von Flugzeugen abgeworfene Zettel gelesen, Roosevelt sei gestorben, in Potsdam finde eine Konferenz statt, und sahen nicht die sowjetischen Bewacher mißtrauisch herüber? Haben wir nicht, später, in Potsdam und bei Potsdam Schwarzmarktgeschäfte getrieben im ersten Nachkriegswinter, Eis auf den Pfützen am Fußboden unterm lecken Dach? Potsdam Potsdam Potsdam. Stadt, Symbol, Einzelfall? ›I remember a visit to Potsdam in the state of New York‹, auch hier Kriegsgedenksteine, mitausgewanderte Soldaten, und ist nicht, weil nicht nur in Potsdam, *Potsdam*, Potsdam *überall*?«

Der damalige Erlanger Historiker Ernst Deuerlein hat fast zur gleichen Zeit in einer glänzenden Studie über die Potsdamer Konferenz die (letztlich kaum zu beantwortende) Frage gestellt, ob das Abkommen eine Deklaration oder ein Ersatzfrieden gewesen sei. Als historischer Hintergrund war ihm, unabhängig von seiner Antwort, jedenfalls dies klar: »In Potsdam wurde sichtbar, in welche Katastrophe der ›Höllensturz des Diktators‹ das deutsche Volk gerissen hatte. Sein Schatten stand über den Entscheidungen, die in Potsdam getroffen wurden. Seine Untat saß am Tisch, an dem beschlossen wurde, Völker aus jahrhundertealten Siedlungen zu vertreiben. Eine Teufelskette umschließt den ›Tag von Potsdam‹ (21. März 1933), an dem die Machtergreifung Hitlers in der Stätte altpreußischer Tradition demonstriert und wohl auch für einen Teil der Öffentlichkeit legalisiert wurde, und die ›Konferenz von Potsdam‹ (17. Juli bis 2. August 1945).«

In historischer Perspektive – Deuerleins Fragestellung deutet es an – ist das Potsdamer Abkommen letztlich weniger Besiegelung des gemeinsamen Siegs über das Hitler-Regime als die Erklärung dessen, was alsbald folgen sollte, des Kalten Kriegs. Im Potsdamer Cecilienhof wurde zwar ›the full unity of the Allies‹ beschworen, tatsächlich aber die Spaltung der ›One World‹ vorgenommen – damit die Zerstörung jener Vision Wendell L. Willkies, während des Kriegs von ihm entworfen und von Gottfried Bermann-Fischer in Stockholm deutsch herausgebracht.

Mögen die Auguren schon im Sommer 1945 die Spaltung der Welt gesehen, mindestens geahnt haben – für die, die gerade aus ihrer Todesangst befreit worden waren und die in Trümmern und in Hunger, allerdings auch schon bald wieder in Ängsten, nach einem neuen Leben suchten, waren solche Visionen wie die von der ›Einen Welt‹ Lebenselixier.

Was in den Refugien bildungsbürgerlicher Häuser, aber auch in den Kasernen und im Babelsberger Untergrund von Jakob Kaisers Versteck während der Zeit, zumal auch der End-Zeit des NS-Regimes debattiert und bedacht worden war und zur Tat gedrängt hatte – genau dies schien bestimmendes Element dessen werden zu können, was damals ›demokratische Erneuerung‹ genannt wurde.

Potsdam war – entgegen der Erwartung vieler – von den Sowjetarmeen erobert worden; es war allerdings (nach der Aufteilung Berlins in vier Sektoren im Sommer 1945) die Nähe zu Westberlin ein wichtiger Faktor für die Haltung und den Lebensstil der alten Potsdamer, jedenfalls bis zum 13. August 1961.

Es gibt einen sehr charakteristischen Bericht über diese dramatischen Wochen, der zugleich verdeutlichen kann, wie Potsdamer Häuser und Salons durchaus zu Keimzellen neuer gesellschaftlicher Bewegungen im Zeichen demokratischer Erneuerung werden konnten – zeitweilig jedenfalls. Dieser Bericht stammt von Werner E. Stichnote für Erich Kubys Buch *Die Russen in Berlin 1945* (und wenn dort von Kaputh die Rede ist, dann ist Caputh gemeint, und Kückelhaus ist der bekannte Designer Kükelhaus – 1947 hat Stichnote Gedichte von Hermann Kükelhaus publiziert):

»Wir saßen auf dem Krähenberg in Kaputh zusammen mit Kiepenheuer, Kückelhaus, Andreas Wolff und erwarteten an diesem abgeschiedenen Ort den Einmarsch der Russen, der hier ziemlich harmlos vor sich ging. Als sie, wenn ich mich recht erinnere, am 21. oder 22. April einrückten, sahen wir zunächst nicht viel von ihnen. Die Frauen hatten wir vorsorglich in einem Tiefkeller verborgen. Es kam auch ein Trupp Russen, der unser Haus durchsuchte, ohne die Frauen zu entdecken. In den ersten fünf Minuten wurde ich dabei meine Uhr los.

Wir hatten das Glück, daß einer unserer Freunde, der in Rußland geborene und russisch sprechende Buchhändler Wolff, von den Russen zum ersten Zivilkommandanten von Kaputh ernannt wurde. Daher hatten wir vieles leichter. Als ich jedoch einige Tage später in meine Häuser nach Potsdam zurückkehrte, waren andere Russen da und oft sehr unangenehm. Wie alle anderen Druckereien wurde auch meine Druckerei versiegelt.

In der ersten Zeit standen wir unter der Wirkung des Schocks, den die Ereignisse hinterlassen hatten. Wir kamen nicht dazu, irgendwelche Konzeptionen zu entwerfen; es ging ganz einfach um das nackte Leben. Nachdem sich die Versorgung notdürftig eingespielt hatte, organisierten die Russen das berühmte System der Pajoks für die sogenannte schaffende Intelligenz. Ich gehörte auch zu den Empfängern der Pakete.

Man kann über die Beziehungen zu den Russen nicht generell urteilen. Es gab sehr große Unterschiede. Interessant waren die Begegnungen mit den sehr intellektuellen, künstlerisch sehr pointierten Russen, die unter der Regie von Oberst Tulpanow in den Kulturabteilungen saßen. Dort lernte ich viele einsichtsvolle und maßgebliche Russen kennen. So erfolgte durch mein Haus auch die Rehabilitierung von Wilhelm Furtwängler. Bei mir wohnte ein in Rußland geborener Konzertimpresario, der dank seiner Sprachkenntnisse die Verbindung zwischen der Kulturabteilung und Furtwängler herstellen konnte. Es muß zu Ehren der Russen gesagt werden, daß sie bei der Rehabilitierung Furtwänglers die entscheidende Rolle gespielt haben. Ich war dabei, als Furtwängler im Titaniapalast in Berlin sein erstes großes Konzert nach seiner Rückkehr gab, und ich habe dabei Russen gesehen, die vor innerer Bewegung weinten.

Da wir von allen Verbindungen wie Zeitungen, Rundfunk, Telefon abgeschnitten waren und daher nichts aus der Welt, aber auch nichts von unseren Freunden hörten, richteten wir in unserem Haus einen ›jour fixe‹ ein: man traf sich jeweils am Sonnabend. Es kamen Peter Suhrkamp, der Maler Paul Strecker, der Maler Graf Luckner, der Universitätsprofessor Schadewaldt und viele andere mehr. Wir trafen uns, um Neuigkeiten auszutauschen. Auf diese Weise kam gleichsam die erste mündliche Zeitung zustande. Die Zusammenkünfte hatten aber auch Nachteile: sie wurden allmählich bekannt, und es bildete sich die Vorstellung von einer ›Gruppe Stichnote‹ in Potsdam, die den Kommunisten und den Russen sehr suspekt erschien.

Bald nach seiner Rückkehr nach Deutschland besuchte mich Johannes R. Becher, um mich für den Aufbau des ›Kulturbundes zur demokratischen Erneuerung‹ zu gewinnen. Unsere Vorstellungen gingen dahin, daß alle aktiven Kräfte ungeachtet ihrer politischen Überzeugung bei einem solchen Wiederaufbau mitwirken sollten. Ich gehörte zu den Mitgründern des Kulturbundes in der Provinz

Brandenburg, zusammen mit dem Bruder von Karl Liebknecht, dem Chemiker Professor Liebknecht, dem Kulturhistoriker Griesebach [!], dem Maler Otto Nagel und dem Kunsthistoriker Professor Kurt [!]. Die Aufgabe des Kulturbundes bestand in jener ersten Zeit darin, Kunstausstellungen und Dichterlesungen zu organisieren, Vorträge halten zu lassen usw.

Als ich einmal Professor Kurt [!] zu einem Vortrag über van Gogh bewegen konnte, zitierte er zum Schluß seiner Ausführungen ein Gedicht von Nietzsche: ›Ja! Ich weiß, woher ich stamme! Ungesättigt gleich der Flamme glühe und verzehr ich mich. Licht wird alles, was ich fasse, Kohle alles, was ich lasse: Flamme bin ich sicherlich!‹ Dieses Zitat führte zur ersten internen Auseinandersetzung im Kulturbund. Die Empfindlichkeit war damals so groß, daß diese harmlose Zitierung eines Gedichtes, nur weil es von Nietzsche war, schon zu den bösesten Auseinandersetzungen führte.

Äußerlich trat der Kulturbund zunächst niemals mit dem Anspruch auf kommunistische Tendenzen auf, sondern tarnte sich hinter einer allgemeinen kulturellen Maske, was ja in der ersten Zeit sehr leicht war. Erst die immer stärker spürbar werdenden kommunistischen Machtansprüche brachten für die einzelnen Leute die Entscheidung, die beispielsweise mich zur Flucht in den Westen veranlaßte.

An linksgerichteten Mitgliedern, die in unserem Kulturbund tätig waren, sind zu erwähnen: Claudius und Marchwitza und, sicher kein Kommunist, aber mit starken Linkstendenzen, Bernhard Kellermann.«

Immerhin galt es 1945, mit den Bedingungen der Besatzungsmacht zurechtzukommen, und das bedeutete, die demokratische Erneuerung in diesen Rahmenbedingungen zur Geltung zu bringen. Hierbei kam neben den sehr bald gegründeten Parteien und den Gewerkschaften dem Kulturbund zur demokratischen Erneuerung Deutschlands eine überragende Bedeutung zu. In ihm kreuzten sich die Merkmale einer kulturpolitisch-intellektuellen Vereinigung mit Elementen eines zeitweilig auch stellvertretend administrative Aufgaben wahrnehmenden Organs. Anfang 1947 gehörten mit dem Maler Otto Nagel und dem früheren (1933 entlassenen) Breslauer katholischen Theologieprofessor Max Rauer als Vorsitzenden die Schriftsteller Bernhard Kellermann und Bruno H. Bürgel, Geheimrat Justi und Professor Otto Liebknecht, die Schauspielerin Jenny Jugo und (als Schriftführer) Wilhelm Fraenger, Kunsthistoriker und Freund Zuckmayers wie Heinrich Georges, an. Hermann Kasack, ebenfalls Mitglied der Landesleitung, befand sich also in einer guten Gesellschaft, in deren Umkreis dann auch Persönlichkeiten wie Karl Foerster, Werner Wilk und Hugo Hartung, der Verleger Franz Steiner sowie evangelische Pfarrer gehörten (unter letzteren Friedrich Lahr, den wir 1933 neben Otto Dibelius in der Nikolaikirche bei der Begrüßung Hindenburgs sahen). Professor Rauer konnte im Potsdamer Kulturbund seinem protestantischen Kollegen Professor Walther Eltester begegnen, dem damals in Rehbrücke wohnhaften Religionswissenschaftler, der 1945 Dekan der Berliner Theologischen Fakultät geworden war.

Es war Bernhard Kellermann, dem im ›Nachsommer‹ 1945 eine Schlüsselrolle zufiel. Kellermann, der aus der Akademie der Künste entfernt worden war und integer blieb, war im Heimatland der neuen Herren in einem Ausmaß bekannt, das er – der Ende der zwanziger Jahre mit Stefan Zweig an den Tolstoi-Feiern der UdSSR teilgenommen hatte – so selber wohl kaum geahnt hatte. Einfache sowjetische Soldaten – dies berichtet die Anekdote – hätten nicht glauben wollen, daß sie bei der Eroberung Werders unweit von Potsdam auf einen Bernhard Kellermann stießen und damit den Autor des *Tunnel* vor sich hatten ... Johannes R. Becher, mit Walter Ulbricht früh aus Moskau zurückgekehrt, wollte denn auch Kellermann zum Kulturbund-Präsidenten machen – mit dem einleuchtenden Argument, es müsse dieses Amt jemand übernehmen, der alles ›hier‹ überlebt habe und ›hier‹ anständig geblieben sei. Es war der Vertreter der Evangelischen Kirche im Gründungskomitee, der Zehlendorfer Pfarrer Lic. Otto A. Dilschneider, der statt dessen Becher als Präsident vorschlug – mit dem mindestens so einleuchtenden Argument, daß dieser in dieser Zeit mit seinem Draht zur Besatzungsmacht der Richtigere sei ...

Kellermann war dann allerdings einer der ersten deutschen Intellektuellen, der in der Zeitung der Besatzungsmacht, der ›Täglichen Rundschau‹, das Wort zu einer längeren Artikelfolge erhielt, die vom Aufbau-Verlag als Broschüre übernommen wurde und rasch eine Auflage von 35.000 Exemplaren erhielt.

Zu Beginn dieser Aufsatzfolge erinnerte Kellermann an einen Artikel, den er Ende 1923 in Theodor Wolffs ›Berliner Tageblatt‹

veröffentlicht und der den Titel *Der Wiederaufbau Deutschlands* getragen hatte. Damals habe er geschrieben: »Wir haben nur noch die Wahl zwischen Verfall und Verelendung auf der einen Seite und der Möglichkeit des Wiederaufbaus durch eine *verzweifelte* Anstrengung und größte Opfer auf der anderen Seite. Wer zögert, zu wählen? Wo es sich um Sein oder Nichtsein unseres Volkes handelt, wer würde zögern?« Heute, da Deutschlands Nöte »weit furchtbarer« seien, müsse diese Frage erst recht beantwortet werden. Entsprechend diesem Ansatz seiner Aufsatzfrage beschäftigte sich der Schriftsteller in ihm vor allem mit wirtschaftlichen Fragen.

Ein anderer, etwas später geschriebener Aufsatz setzte sich mit der »demokratischen Erneuerung«, mit Normen der »Erziehung zur Demokratie« auseinander. Ihnen gab er substantiell die Gestalt von ›zehn Geboten‹: »Du sollst nicht herrschsüchtig sein! Du sollst nur Ideen dienen und keinem Menschen! Du sollst Gerechtigkeit üben! Du sollst demütig sein! Du sollst deine Eitelkeit bekämpfen! Du sollst deiner Verantwortung bewußt sein! Du sollst friedfertig sein! Du sollst tolerant sein! Du sollst Jugend und Alter achten! Du sollst hochherzig sein!« –

Vom Gebot der Demut heißt es:

»In der alten indischen Stadt Lahore, der Residenz der Großmogule, erhebt sich noch heute der kaiserliche Balkon aus weißem Marmor, wo jeden Tag der Großmogul in juwelenüberladenen Gewändern auf dem Pfauenthron Audienz gab. Aber bevor der Vorhang zur Seite glitt, um den Erhabenen dem Volke zu zeigen, erscholl aus tiefem Grabe in der Nähe die Stimme eines Priesters, um den Gottähnlichen daran zu mahnen, daß er dem Tode ebenso unterworfen sei wie andere Sterbliche. Die Weisheit Indiens erzog den von Macht Berauschten zur Demut!

Die Tugend der Demut zu erlernen, dürfte dem deutschen Volke recht schwerfallen, das bis gestern noch die größten Kanonen zu besitzen meinte, die größten Heerführer, die größten Gelehrten und größten Erfinder. Hat es sich nicht von einem Scharlatan wie mit einem Nasenring an seiner kritiklosen Selbstverherrlichung ins Verderben führen lassen? Ein Sturmwind mußte einherfahren, ein Orkan der Hölle, bis ihm die Augen aufgingen! Heute weiß es, daß es noch viele andere Völker gibt mit großen Kanonen, großen Feldherren, Gelehrten und Erfindern. Jahr um Jahr muß es lernen, vergleichen, prüfen, wägen, bis es richtig sehen lernt. Wer ist so klug, daß er es sich leisten könnte, Klugheit und Weisheit seiner Mitmenschen zu mißachten? Wer ist so klug, um zu wissen, was sein Nachbar denkt, mehr noch, was andere Völker denken? Deshalb! Lerne, prüfe, erwäge, vergleiche, denke nach und dann erst urteile. Der Weg zur Demut ist weit, er führt über hundert Erkenntnisse. Eine der ersten Erkenntnisse aber lautet: nur der Dumme ist hoffärtig.«

Es waren solche Überlegungen, solche Normative geprägt vom Optimismus desjenigen oder derjenigen, die ihre innere Emigration in der Zeit des NS-Regimes als legitimiert empfinden mußten, für die sich daher auch eine Art gesetzmäßigen Fortschritts bei der ›Besichtigung eines Zeitalters‹ (Heinrich Mann) ergab. Solcher Auffassung gab Bruno H. Bürgel, der ein Mann des Volkes und ein Schriftsteller des Volkes war, in einer seiner letzten Schriften vor seinem Tod im Juli 1948 Ausdruck, in der 1946 in Halle (Saale) erschienenen Studie *Der Weg der Menschheit*:

»Schauen wir noch einmal einen Augenblick zurück. Vom Vormenschen gingen wir aus, vom Menschen der Eiszeit, vom Neandertaler, schritten wir vor zum Homo sapiens einer späteren Zeit. Durch Altsteinzeit, Jungsteinzeit, die erste Metallzeit ging der Weg bis zu den Schrifterfindern, den Hochkulturen am Anfang der überlieferten Geschichte unseres Geschlechtes. Welch ein Weg und welch ein Aufstieg! Wenn uns zuweilen, uns Menschen einer späten Zeit, die tragische Rückfälle in Unvernunft und Barbarei erlebten, Kulturpessimismus befallen will, dann sollten wir immer diesen langen, großartigen, immer aufwärtsführenden Weg unseres Geschlechtes überdenken. Es liegt an uns selbst, wie schnell und wie kraftvoll wir zu noch vor uns liegenden Gipfeln aufsteigen! Wir alle müssen als aufrechte Kämpfer für das Wahre, das Schöne, das Gute, für das Recht und für das Rechte uns einsetzen, im Sinne Schillers, der uns zuruft:

›Froh, wie seine Sonnen fliegen
Durch des Himmels prächtigen Plan,
Wandelt, Brüder, eure Bahn,
Freudig, wie ein Held, zum Siegen!‹«

Die vordergründige politische Anwendung eines Geschichtsbildes, das von einem letztlich linearen Aufstiegsoptimismus diktiert schien, finden wir auch in einem offiziellen Bericht, der im Auftrag der damaligen Provinzialverwaltung der Mark Brandenburg (ihr Präsident war der ehemalige Sozialdemokrat Dr. Karl

Steinhoff) von deren Pressestelle 1946 herausgegeben wurde: *Ein Jahr der Bewährung der Mark Brandenburg. Rückblick und Rechenschaft.* Er ist von einem Mitarbeiter dieser Pressestelle verfaßt, der seit 1942 in Potsdam wohnte: Werner Wilk. 1930 hatte der damals Dreißigjährige zu einer Sezession linksbürgerlicher Kräfte aus der Deutschen Demokratische Partei unter Leitung von Professor Quidde gehört; es hatte dies zur Bildung einer kleinen radikalen demokratischen Partei geführt, und Werner Wilk war 1932/33 deren letzter Vorsitzender gewesen. Nach seiner Tätigkeit für die Pressestelle der Provinzialverwaltung sehen wir Wilk später beim Verlag Rütten & Loening, wo wir ihm noch begegnen werden und wo 1949/50 sein damals viel diskutierter Roman *Wesenholz* herauskam. Aus dem Bericht Wilks, an dem typographisch und zeichnerisch der viel im kirchlichen Umfeld tätige Rudi Wagner beteiligt war, sei hier zitiert:

»Über die Mark Brandenburg war ja nicht nur der Krieg hinweggezogen. In ihr hatte die Vernichtungswut jener ›Helden‹ getobt, die auf dem Standpunkt standen, daß mit ihnen das ganze Volk zugrunde zu gehen habe. Nach uns die Sintflut, war ihre Devise. Es genügte ihnen nicht, ein Land zu verwüsten, sie wollten auch noch das Volk ausrotten. Alle Brücken wurden gesprengt, auch die kleinsten und unbedeutendsten. Die Eisenbahnlinien wurden unterbrochen, lebenswichtige Anlagen zerstört, Deiche durchstoßen, Ortschaften niedergebrannt, Proviantlager vernichtet. Die Zivilbevölkerung wurde aus ihren Wohnorten vertrieben oder zu sinnlosestem Widerstand aufgeputscht. Überall wurde verbrannt, zerstört, gesprengt, überflutet, unbrauchbar gemacht. Und als der Krieg dann zu Ende war, war eigentlich alles zu Ende. Es gab keine Verkehrsmöglichkeiten mehr. Es gab keine Produktionsstätten. Es gab keine Versorgung. Es gab keine Verwaltung. Es gab überhaupt nichts mehr. Hunderttausende von Menschen waren ohne Obdach und irrten auf der Landstraße umher. Es war alles geordnete Leben völlig zu Ende. Chaos. Die allgemeine Moral hatte sich dem Absturz angehängt; was noch an Lagern, an Vorräten vorhanden war, wurde geplündert. [...]

Die große Masse der Bevölkerung – bis auf wenige Ausnahmen – stand in diesen Tagen wie gelähmt ihrem eigenen Schicksal teilnahmslos gegenüber. Sie war von der Empfindung durchdrungen, daß ihr weiteres Leben oder Sterben völlig in der Hand der Besatzungsmacht liege, von ihr bestimmt und geregelt werde. Erst allmählich entdeckte man, daß niemand der deutschen Bevölkerung die Verantwortung für ihr eigenes Leben abgenommen hatte und abnehmen konnte. Auf sie selbst kam es an, auf jeden einzelnen, auf ihre Initiative, auf ihre Ordnungsliebe und Aufbauwilligkeit, auf ihre öffentliche Moral.«

Zu dieser gleichsam amtlich so dokumentierten und von einem Optimismus eigener Art geprägten Atmosphäre paßte nicht so recht, was in Wilhelmshorst von Paul Feldkeller niedergeschrieben wurde. Dieser als Publizist (in der ›DAZ‹ und der ›Deutschen Rundschau‹) nicht unbekannte philosophische Kopf war früh mit Aufsätzen im ›Tagesspiegel‹ (im März 1948 auch noch in der ›Märkischen Union‹) hervorgetreten. Vor allem aber hatte er 1947 im französisch lizenzierten Chronos-Verlag eine Broschüre mit dem für ihn charakteristischen Titel *Psycho-Politik. Zur Demokratisierung, politischen Erziehung und Säuberung* veröffentlicht. In ihr ging es Feldkeller, der im Oktober 1948 unter dramatischen Umständen nach West-Berlin gehen mußte, darum, die nach der Niederlage des Nazi-Regimes notwendige Umerziehung jenseits nur scheinbar neuer propagandistischer Klischees und ideologischer Postulate in Richtung auf echte demokratische Werte zu gestalten.

In der Rückerinnerung ist in einem nach der Wende geschriebenen Text analog jener seinerzeitige amtliche Optimismus dementiert worden. Es ist dies ein eher resignierter Text aus dem Erinnerungsband eines mit der Mark (*Märkische Forschungen* in Dichtung, Film und Edition) eng verbundenen Autors wie Günter de Bruyn. Identisch sind allerdings bei Bericht und Rückschau die Reflexe auf eine unbeschreibliche Not. In dem Abschnitt ›Sanssouci‹ der *Zwischenbilanz* de Bruyns lesen wir:

»Die Entscheidung, Lehrer zu werden, war, dem praktischen Sinn meiner Mutter folgend, im Bewerbungsschreiben als ein Herzenswunsch, schon von Kindheit an, ausgegeben worden, in Wahrheit aber war sie ausschließlich materiell motiviert. Ich hatte meiner Mutter in den Weihnachtstagen eröffnen müssen, daß ich das Abitur frühestens 1947 ablegen durfte, worauf sie mir, peinlich berührt, da von Geld zu reden sich nicht gehörte, gestanden hatte, daß keins mehr im Hause war. Da die Kirche die Witwenpension noch nicht zahlen konnte, die Sparkonten gesperrt waren und ich mich für praktische Arbeit, wie Kohlenschippen im Königs Wusterhausener Umschlaghafen, als wenig geeignet erwiesen hatte, kam das Stipendium, das mir den Sprung von der Schulbank direkt aufs Katheder ermöglichen sollte, gerade recht. Gleich nach der Ankunft in Potsdam, am 3. Januar 1946, konnte ich es in der Dortustraße (genau dort, wo später das Fontane-Archiv einziehen sollte) nach Ausfüllung der Fragebögen entgegennehmen: 75 Reichsmark, von denen 35 für die Kammer beim Ehepaar Rudolph und 15 bis 20 für rationierte Lebensmittel zu zahlen waren; der Rest war für meine Mutter bestimmt. [...]

Mehr als an Wissen gewann ich an Menschenkenntnis, weil die Mitlernenden aus allen sozialen Bereichen kamen und in der Mehrzahl älter waren als ich. Da gab es den Landarbeiter, der in sechs Kriegsjahren fast das Schreiben verlernt hatte, die elegante Industriellenwitwe, die zu Alkolat-Partys in ihre Villa am Brauhausberg einladen konnte, den bärbeißigen Berufssoldaten, der in wenigen Wochen zum Parteifunktionär wurde, die Potsdamer Beamtentochter, die für Rilke und Rudolf G. Binding schwärmte, und den von allen Frauen bemitleideten Ostpreußen, der, kahlgeschoren aus russischer Gefangenschaft kommend, von seinen Angehörigen keine Nachricht hatte, täglich Reste der Nilschlammsuppe in einer großen Milchkanne nach Hause schleppte und in den ersten Wochen den alten Militärmantel nicht ablegen konnte, da er weder Hemd noch Jacke besaß.

Einer der älteren Kursusteilnehmer, der einer Lungentuberkulose wegen nie hatte Soldat werden müssen, kam aus einer alteingesessenen Potsdamer Familie, hatte Orts- und Geschichtskenntnis und hieß nicht zufällig Fritz. Die Gespräche mit ihm, die mehr Unterweisungen in Hohenzollernverehrung waren, begannen an der Garnisonkirche, auf deren Trümmern wir in den Pausen oft in der Sonne saßen, und führten fast immer ins klassische Preußen zurück. Es war nicht schwer, wenn auch lebensgefährlich, in die Gruft der Ruine hinunterzusteigen, wo die Särge des großen Friedrich und seines Vaters gestanden hatten und Napoleons geflügelte Worte gefallen waren: Wenn dieser noch lebte, stünde ich jetzt nicht hier. Die Särge, die sich längst im Westen befanden, waren falschen Gerüchten zufolge, wie die Kunstschätze und sogar Kübelpflanzen, aus Sanssouci und dem Neuen Palais nach Moskau abtransportiert worden. Fritz hatte die Güterzüge mit Bildern und Möbeln gesehen. Ausflüge führten uns nach Caputh, Geltow und Werder, zum Marmorpalais und über die Glienicker Brücke, wo US-Soldaten das verwahrloste Schlößchen als Lagerplatz nutzten, nackte Schwarze sich vor Schinkels Bauten im Wasser der Havel vergnügten und Fritz so lebhaft vom Prinzen Karl und der Königin Luise erzählte, als habe er sie noch persönlich gekannt. Mir gerieten die Friedrichs und Wilhelms und Friedrich Wilhelms rettungslos durcheinander, aber Fritz, der sich vor dem Kriege zeitweilig als Fremdenführer sein Geld verdient hatte, war durch Zwischenfragen nur schwer zu bremsen; doch war sympathisch an ihm, daß er manchmal sich selbst komisch fand. Die gängigsten Routen beherrschte er auch in Französisch und Englisch, und wenn er sich selbst parodierte: And now, ladies and gentlemen, you will see the famous view to the castle ..., lieferte er die Oohs und Aahs der Touristen gleich mit. In Sanssouci war das Schloß noch verschlossen, das chinesische Teehäuschen geplündert und seiner wertvollen Stofftapete beraubt. Der Park aber war schon für Besucher geöffnet, es sei denn die Russen feierten in ihm ihre Feste, wie den ersten Jahrestag ihres Sieges am 9. Mai. Aus Lautsprechern dröhnten dann Märsche und jubelnde Chöre, die ich auch in meinem Zimmer am Schafgraben hörte; Feuerwerk erinnerte an die Ängste der Bombennächte, und des Nachts schwebte am Himmel über dem Schloß, von Scheinwerfern angestrahlt, Stalins Porträt.«

Wir sprachen von der Provinzialpressestelle. Ihr erster Leiter war Franz Steiner, ein Journalist von großer Sensibilität, der bis 1933 Chefredakteur des ›Königsberger Tageblattes‹ gewesen und nach 1933 im Überlebenskampf in unteren Rängen des Dienstleistungsgewerbes in Berlin zu finden war. Wie Kellermann war er ein integrer Mann, und als solcher konnte er mit dem Präsidenten Steinhoff gut kooperieren. Steinhoff hatte in der Zeit seiner inneren Emigration Novellen aus dem Italienischen übersetzt, die erst jetzt nach neuerlicher Wende im Märkischen Verlag in Wilhelmshorst – wo Steinhoff wohnte – erschienen sind. Mitte 1946 hatte Steiner, unterstützt von seiner Frau Paula, die vor 1933 literarische Beiträge auch für die Funkstunde verfaßt hatte, damit begonnen, in Potsdam eine überparteiliche Zeitung ›Tagespost‹ herauszugeben. Damit versuchte er die Quadratur des Kreises, nämlich die Gesinnung des Potsdamer Bürgertums – u. a. mit Hilfe einiger ehemaliger Schriftleiter der ›Potsdamer Tageszeitung‹ (Hupfeld) – und die Prioritäten der herrschenden Mächte zu harmonisieren.

Zehn Wochen nach der Gründung der ›Tagespost‹ fanden – beide Ereignisse standen durchaus in einem signifikanten Zusammenhang – die Kommunalwahlen statt, in denen die SED auf 25 Sitze in der Stadtverordnetenversammlung kam, die CDU auf 20 und die LDP auf 14. Mit Georg Spiegel wurde ein ehemaliger Sozialdemokrat und Vertrauter von Hermann Maaß Stadtverordnetenvorsteher. Wiederum fünf Wochen später erreichte die CDU bei den märkischen Landtagswahlen in Potsdam 28 338 Stimmen – 4000 mehr als bei den Kommunalwahlen, und sie schnitt damit in diesen letzten freien Wahlen vor 1990 als stärkste Partei der Havelstadt ab (SED: 28 006 Stimmen). Es ist dies nicht nur zeitgenössisch charakteristisch, sondern auch aufschlußreich für Vergleiche zu den neunziger Jahren.

Die ›Tagespost‹ war eine der drei Zeitungen ›überparteilichen‹ Typus in der SBZ (außerhalb Berlins), und sie war es, die die beiden anderen (in Weimar und Leipzig) überlebte und bis 1951 ihr Publikum erreichte. In den ersten Jahrgängen dieser Tageszeitung, die sich als Lokalblatt im Generalanzeigerstil gab, fiel – weniger durch Quantität als durch Qualität – das Feuilleton auf. Wir finden dort von Anfang an Karl Foerster und Bernhard Kellermann, Bruno H. Bürgel und Werner Wilk, Kurzgeschichten von Claus Back, einem in Potsdam lebenden Autor, von dem später bemerkenswerte historische Erzählungen erschienen, und Texte von Rudolf H. Daumann, der Historisches und Futuristisches erzählte. Alfred Kantorowicz äußerte sich über Peter Huchel, Magnus Zeller über bildende Kunst und Hans Chemin-Petit über *Form als Symbol* (die Zeiten der Formalismus-›Diskussion‹ sollten erst noch kommen). Natürlich wird rezensiert, wenn Chemin-Petit und Wilhelm Kempff Konzerte geben, wenn Furtwängler mit den Berliner Philharmonikern konzertiert (einmal, 1946, wird Scherchen angekündigt, er muß aber absagen, statt dessen dirigiert Celibidache), wenn Professor Otto Becker spielt – jetzt allerdings u. a. in der Friedenskirche. Auch Pfarrer gehören anfänglich, mindestens zu den hohen Festen, zu den Autoren der ›Tagespost‹, Superintendent Konrad Stolte, Pfarrer Günter Brandt und Pfarrer Günter Heidtmann sowie der Hugenotte Pastor Manoury.

Überdies konnte es vorkommen, daß in der ›Tagespost‹ der ehemals deutschnationale Oberbürgermeister Potsdams, Arno Rauscher, der am 21. März 1933 beteiligt war, 1934 aber zurücktreten und dem NS-Kreisleiter und General Friedrichs Platz machen mußte, noch 1949 über seine Shakespeare-Übersetzungen schreiben konnte; Rauscher, im Mai 1950 gestorben, wurde in Bornstedt beigesetzt. Und auch sonst finden wir Autoren aus dem Bildungsbürgertum: Oberpostrat Hugo Niederastroth, Kasacks Gesprächspartner, oder Ferdinand Krumbholtz, der über Geschichte und Literaturgeschichte schreibt, schließlich Walther Sprotte aus Bornstedt, ebenfalls kulturgeschichtliche Themen behandelnd – mit ihm ist das Haus Sprotte in der ›Tagespost‹ vertreten. Es wird registriert, was der inzwischen hochbetagte Emil August Glogau schreibt, er, der in den zwanziger Jahren bekannte Dramatiker, der 1945 das Kulturressort der Provinzialverwaltung der Mark Brandenburg leitete. 1947 erhält der Rehbrücker Paul Schulze-Berghof, Verfasser kulturhistorischer Romane und Freund Liliencrons wie Dehmels, seinen Nachruf – ebenso wie Anfang 1950 die Babelsbergerin Elisabeth Brönner-Hoepfner, demokratisches Mitglied der Nationalversammlung von 1919 und Publizistin aus ostpreußisch-memelländischem Milieu.

Von Autoren aus dem Umfeld der – sagen wir – neuen politischen Kräfte fallen der Schriftsteller Peter Nell (er als Chefredakteur) und Karl Stitzer auf, Nell mit kommunistischer und Stitzer mit sozialdemokratischer Vergangenheit. Von Stitzer wird – um wenigstens dies noch zu erwähnen – 1949 ein satirisches Gedicht über die Garnisonkirche gedruckt. Vor allem aber wird man Hans-Werner Meyer nennen müssen, der aus der Familie eines baltischen Pädagogen stammte und der als Kulturberichterstatter über Jahrzehnte hinweg gleichsam der Eckermann des anderen Geistes von Potsdam war – und noch ist. Zu ihnen traten 1947/48 einige Neu-Potsdamer, prominente Schriftsteller, die aus der Emigration heimgekehrt waren – in eine Stadt, die nicht ihre Heimat war und in der sie möglicherweise fremd blieben: Hans Marchwitza, ein ›realer‹ Arbeiterschriftsteller, Verfasser der *Kumiaks*, kam mit seiner Frau Hilde, geborene Stern, nach Potsdam; sie war die Tochter des Philosophen William Stern und die Schwester des philosophischen Schriftstellers Günther Stern, den wir als – Günther Anders kennen. Fast gleichzeitig nahm hier Eduard Claudius seinen Wohnsitz, der Spanienkämpfer, dessen Buch *Grüne Oliven und nackte Berge* damals viel gelesen war. »Ich zog nach Potsdam«, schreibt Claudius in seinem Erinnerungsband *Ruhelose Jahre*. »Marchwitza nistete sich neben mir ein. Irgendwie schien ich mich durch den Umzug dem Leben genähert zu haben [...] Kasack lernte ich kennen, und Bernhard Kellermann kam mir freundlich entgegen. Trotzdem aber lebte ich einsam.«

Demokratische Erneuerung und ihre Grenzen

Ein anderer in der ›Tagespost‹ bis 1950 häufig vertretener Autor war ebenfalls zugewandert, er kam aus der ›Festung Breslau‹. Auch er meditierte über die Frage nach der Heimat, und er beantwortete sie später, als er schon durch die Verfilmung seines Piroschka-Romans und durch *Wir Wunderkinder* berühmt geworden war, längst aber nicht mehr in Potsdam lebte, damit, daß er einen Roman der Verbundenheit *Die Potsdamerin* schrieb, leider Fragment geblieben: Es ist Hugo Hartung. Am 6. Juli 1948 druckte die ›Tagespost‹ einen Aufsatz Hartungs ab: *Einer schreibt an einen Dichter*. Es war ein fiktiver Brief Hartungs an den schlesischen Dichter Paul Keller, den Verfasser der *Ferien vom Ich* (Karl Foerster in Bornim sollte diesen Titel aufnehmen und in *Ferien vom Ach* verwandeln!). »Lieber Paul Keller! [...] Es war am Ende dieses Krieges. Schwerkrank lag ich als Kriegsgefangener in einem Lazarett. Ich war mutlos und ohne Hoffnung [...] Da fiel mir einer Ihrer Romane, ›Heimat‹, in die Hand [...]« Erst habe er das Buch wieder weglegen wollen, dann sei es ihm zur Offenbarung geworden. Heimat – sie sei nicht nur dort, wo die Wiege gestanden habe, sondern dort, wo Mitmenschlichkeit praktiziert werde.

Insofern konnte Potsdam für eine Zeit auch die Heimat von Hugo Hartung sein, und wer ihn dort in Vorträgen erlebt hat, war fasziniert von seinem Weitblick, seinem Wissen, seiner Gelassenheit. Wenn Potsdam nicht seine ›Heimat‹ bleiben konnte – es lag nicht an ihm; *Die Potsdamerin* beweist es ...

Wir sehen also im kulturellen Leben Potsdams nach dem Zweiten Weltkrieg, widergespiegelt auch in der Publizistik, ein Geflecht von Namen, die uns aus den Wohnungen des Bildungsbürgertums bekannt und zu denen durch die Konstellationen der Nachkriegszeit andere hinzugetreten sind. Diese Namen stehen indes auch für das, was unmittelbar nach 1945 als möglich erschien, eine demokratische Erneuerung gerade aus diesen bildungsbürgerlichen Refugien heraus, durchaus im Horizont erweitert durch die Begegnung mit den Siegermächten, zumal dieser Siegermacht.

Und tatsächlich schien es, bis 1948/49, nicht zuletzt im Kulturbund und über ihn Gestaltungsmöglichkeiten für das Bildungsbürgertum zu geben – weniger für die Adeligen, die in Potsdam geblieben waren. Es waren dies, wie der Annoncenteil der ›Tagespost‹ ausweist, gar nicht so wenige. Sie waren, buchstäblich, depossediert, und sie versuchten dennoch, einen gewissen ›preußischen Stil‹ zu wahren, jene Noblesse, die Axel von Ambesser an seiner Potsdamer Tante ausgemacht hatte. Sie wahrten diesen Stil, sei es, daß sie sich trotz allem bis zu einer bestimmten Grenze öffentlich betätigten, sei es, daß sie versuchten, ihr Schicksal literarisch zu gestalten, etwa in lyrischen Formen. So meldete die ›Tagespost‹ am 10. April 1948, der älteste Potsdamer Straßenobmann, Arthur Graf von Bernstorff, Am Neuen Garten, sei 75 Jahre alt geworden, und Anfang 1947 hatte die Gräfin von Schlieben, Frau des bekannten Schriftstellers Thassilo von Schlieben und engagierte kirchliche Mitarbeiterin, zu den Mitbegründerinnen des Demokratischen Frauenbunds in Potsdam gehört. Noch 1949 war eine Erklärung zur Bildung der Friedensbewegung von Frau von der Lancken unterschrieben. Im kirchlichen Umfeld und in der ›Tagespost‹ kam Albrecht von Estorff, in den dreißiger Jahren Autor des Jess-Verlags in Dresden, zu Wort. Ich selber werde in diesem Zusammenhang eines meiner frühesten Erlebnisse in Potsdam, im Winter 1948/49, nicht vergessen, den Besuch von Marga von Rentzell im kargen Büro des Volontärs der ›Märkischen Union‹, einer feinsinnigen Dame, die früher zur Potsdamer Gesellschaft gehört und viel in der ›Potsdamer Tageszeitung‹ publiziert hatte: Was muß sie gefühlt haben, als sie einem Neunzehnjährigen, dessen Dialekt die Herkunft aus Sachsen verriet, ihre Gedichte anbot, ohne – aus der Form zu fallen. Überdies war es schwierig genug, dann doch etwas für sie tun zu können. Welche Stellung die verbliebenen Adligen in Potsdam hatten, läßt sich – bezogen auf die späten vierziger Jahre – pointiert aus den Memoiren von Eduard Claudius ablesen:

»Ich erinnere mich an einen läppischen, aber bezeichnenden Vorfall. In einer Straßenbahn fuhr ich der Stadt zu, und eine alte Dame stieg ein; obwohl ich sie wegen ihres hochmütigen Gesichts gern hätte stehen lassen, bot ich ihr doch meinen Platz an: Ohne zu danken, setzte sie sich, schnupperte plötzlich, sah indigniert an mir vorbei und sagte mit dünner Greisinnenstimme: ›Diese Menschen ..., wie das hier nach Knoblauch riecht!‹

Schon wochenlang gereizt durch viele Kleinigkeiten des täglichen Lebens, durch die Hetze nach Essen, durch nervöse, unfruchtbare Diskussionen, brachten mich ihr Ton, die Verachtung in ihren Augen in Wut. Irgendwo hatte ich einige Zehen Knoblauch erwischt, hatte am Morgen dicke Schnitten Brot damit belegt und alles für ein fürstliches Frühstück gehalten. An Spanien hatte ich mich dabei erinnert, mit Wehmut an den Abend nach dem Einmarsch in der Mailänder Universität gedacht, als wir zum erstenmal wieder gegessen hatten, wie es sich für Menschen geziemt.

Heftig fuhr ich das arme Weiblein an: ›Sie können wohl diesen Hitler immer noch nicht vergessen, wie? Es wäre besser gewesen, sie [!] hätten Butterbrot mit Knoblauch gegessen, als es noch Zeit war. Aber Sie haben alles in die Kanonen gesteckt. Wem der Geruch nicht gefällt, kann ja aussteigen ...‹ Das arme Weiblein fiel wie aus allen Wolken. Erstarrt, mit ängstlichen Mausblicken versuchte sie bei den Umstehenden Hilfe zu finden. Aber niemand rührte sich. Es war, als hätten wir unser Gespräch im luftleeren Raum geführt und ich sei allein mit ihr in der Straßenbahn.

An der nächsten Haltestellte stieg sie aus, hastete über die Straße, sicherlich voller Angst vor einer Verhaftung oder Verschleppung. Ich sah noch, wie sie sich ängstlich umblickte und dann um eine Straßenecke verschwand.«

Angesichts der Nähe vieler adliger Familien zum 20. Juli hätte es nahegelegen, daß deren antifaschistische Haltung gewürdigt würde. Tatsächlich sah diese ›Würdigung‹ oft genug so aus: Aus der Geschichte der Familie von Sell ist bekannt, daß Ulrich von Sell nach neun Monaten Einzelhaft 1945 von den Russen befreit – und dann wieder von ihnen verhaftet wurde und im Dezember 1945 in einem sowjetischen Lager verstarb. Über Maimi von Mirbach erfahren wir von Gabriele Schnell:

»Maimi von Mirbach wird von den neuen Mächtigen als eine betrachtet, die selbst dann noch genug hat, als für sie und die Mädchen nur zwei Kämmerchen des Hauses bleiben. Diese undichten Mansardenstübchen dienten vor und während des Krieges als Abstellkammern. Um von einem Kämmerchen ins andere zu gelangen, muß der Hof überquert werden. In den Wohnräumen des Hauses leben russische Familien und eine deutsche. Gisela von Treichel, die Klavierlehrerin werden will und an der Berliner Musikhochschule zum Studium eingeschrieben ist, kann daheim nicht üben. Das Zimmer mit dem Flügel ist von anderen bewohnt, und in ihre Kammer, die sie mit der Schwester teilt, paßt kein Instrument hinein. Jeden Tag läuft sie deshalb zu einer weit entfernt wohnenden Freundin zum Üben. Sie und ihre Schwester putzen die Zimmer der russischen Offiziersfamilien, besorgen auch das Kochen und die Einkäufe. Maimi von Mirbach ist nicht imstande, für die Lebensmittel auf Marken stundenlang anzustehen, weil sich ihr Gesundheitszustand verschlechtert hat. [...]

Maimi von Mirbach beschließt, gemeinsam mit den Kindern nach Argentinien auszuwandern, um dort ein menschenwürdigeres Leben zu führen. Von den zahlreichen Verwandten in dem südamerikanischen Land erhofft sie die Unterstützung ihres Vorhabens. [...] Ihre Pläne sind von der Absicht begleitet, niemandem zur Last zu fallen, und sie will in Argentinien als Cellolehrerin, wenn nötig als Sekretärin oder wie auch immer arbeiten. Die Kinder könnten alle drei bereits zum Unterhalt beitragen. Auch Unkosten, die ihre Verwandten unter Umständen aufbringen müßten, will sie zurückzahlen, das versichert sie in ihren Briefen immer wieder. Doch die zahlreichen und gut betuchten argentinischen Verwandten reagieren nicht, nur [...] Tante Charlott schickt einige Male Lebensmittel.

1949 bekommt sie das Musikzimmer zurück, weil ihr die Mutter von Gisela Distler-Brendel hilft. Als gebürtige Russin schreibt sie an den in Potsdam stationierten Major Belojew, was Maimi von Mirbach alles für ihre Tochter getan hat.

Endlich kann Gisela zu Hause die praktischen Aufgaben ihres Klavierstudiums erledigen, auch Marina kann wieder musizieren, und sie selbst erhält nach zähem Ringen die behördliche Genehmigung, als Cellolehrerin arbeiten zu dürfen. Der Traum von Argentinien ist ausgeträumt, die Hoffnung, den deutschen Verhältnissen zu entfliehen, aufgegeben. Statt dessen setzt sie bei den DDR-Behörden einen Erweiterungsbau über ihrer Garage durch und schafft damit neuen Wohnraum. Als der Anbau fertig ist, zieht auf ihr Drängen ein wohnungsloses Rentnerehepaar ein.

Zahlreichen Schmähungen und Beleidigungen ist Maimi von Mirbach in der Sowjetischen Besatzungszone und später in der DDR ausgesetzt. Einer Baroneß, auch wenn sie Antifaschistin war, verzeiht in einem Arbeiter- und Bauern-Staat kaum jemand ihre Herkunft. Als Marina von Treichel-Mirbach 1953 weggeht, zieht Maimi von Mirbach nach Westberlin, und das Haus Alleestraße 10 übernimmt ihre Nichte und Adoptivtochter Gisela. Während des Mauerbaues verbringt diese gerade ein paar Tage bei ihrer Tante Maimi. Auch sie kehrt nicht nach Potsdam zurück.«

Anni von Gottberg, die nach 1945 im kirchlichen Leben tätig blieb, verließ ebenfalls, schwer krank, 1955 Potsdam – und kehrte nach ihrem Tode, 1958, nach hier zurück: Sie liegt in Bornstedt begraben...

1949 war es in solchem Umfeld, daß Otto Dibelius neuerlich

in Potsdam – in seiner Pfingstpredigt – Zeichen setzte. Er tat es damals als Bischof der noch nicht geteilten Evangelischen Kirche Berlin-Brandenburg, und so flexibel der altpreußische Kirchenmann sich geben konnte – 1945 hatte er sich gegenüber dem sowjetischen Stadtkommandanten als ›Metropolit von Berlin‹ vorgestellt –, so harsch konnte er in prinzipiellen Fragen formulieren, zumal in seiner Absage an sozialistische Experimente. Diesen zog er theologisch, ethisch und politisch Grenzen (›Grenzen des Staates‹), allerdings im Kontext einer theologischen Haltung, die für die von Barth und Bonhoeffer herkommenden Kirchenleute fremd blieb. In der Absage an die Konzeption von Dibelius – man sprach später von ›Dibelianismus‹ – entstand dann freilich die Gewissensfrage, ob mit ihr die Hinwendung zur DDR erfolgen sollte oder nicht. 25 Jahre später tagte die Synode des Bundes der Evangelischen Kirche der DDR in Potsdam-Hermannswerder und äußerte sich dort zum 25. Jahrestag der DDR so, daß man in den Korridoren der DDR-Macht hätte zufrieden sein können, wenn man bereit gewesen wäre, aus den synodalen Texten kritische Solidarität herauszuhören.

Potsdam – Im Schnittpunkt zweier Systeme

In der ›Tagespost‹ war, 1946 weniger, am meisten 1947 und 1948, über Hermann Kasack, hier und da auch einiges von ihm zu lesen, darunter ein Text, den man im Vokabular der SBZ/DDR als ›Stellungnahme‹ bezeichnete. Es war dies aber, im Zusammenhang mit einem ›Volksbegehren‹ zur Wiedervereinigung, eine ›Stellungnahme‹ sui generis (20. Mai 1948): »Was uns verbindet, ist das Leiden, das Erbe, das Schicksal Deutschlands. Als einer seiner Dichter bin ich nicht gewillt, am Turmbau zu Babel mitzuwirken und eine neue Sprachverwirrung heraufzubeschwören.«

Das war ein Text voller Verantwortungsbewußtsein, auch Selbstbewußtsein, vor allem aber einer, der dem ›Ersten Gebot‹ Kellermanns entsprach: Ein Demokrat habe nur Ideen zu dienen. 1948 konnte Kasack in solchem Diskurs annehmen, daß es aus dem Gestaltungswillen des Bildungsbürgertums heraus noch Chancen für ihn gab, diesem in politicis, im öffentlichen Leben Geltung zu verschaffen; die Stunde für eine neue innere oder gar für eine ›äußere‹ Emigration schien noch nicht gekommen zu sein.

Sicherlich sind sich Hermann Kasack und andere aus dem Umfeld von Bürgertum und Adel bewußt gewesen, daß die Politik der sog. bürgerlichen Parteien in der SBZ gerade 1948/49, und dies zumal im Brandenburgischen, relevante Elemente der Eigenständigkeit zur Wirkung brachte. Nicht umsonst hatte Otto Grotewohl im Sommer 1948 gewettert, die ganze Reaktion von A bis Z sei aufmarschiert, von Ackermann, einem Leitartikler des liberalen ›Morgen‹, bis Zborowski, dem damaligen Landesgeschäftsführer der brandenburgischen CDU, der dann allerdings alsbald Potsdam verlassen mußte. Der CDU-Landesvorsitzende Wilhelm Wolf, der 1948 tödlich verunglückte, die Abgeordneten Frank Schleusener (wir haben schon von ihm gehört), der Verleger Peter Bloch und die Studienrätin Elisabeth Landmann, der Potsdamer Bürgermeister Erwin Köhler, die Stadtverordneten Dr. Erika Wolf, die Witwe des CDU-Vorsitzenden und spätere Bundestagsabgeordnete, Erich Ebert, ein Buchhändler, und Musikdirektor Ludwig Baues standen für solche Eigenständigkeit ein. Sie und andere Intellektuelle aus dem Umfeld von CDU und LDP (etwa auch der Publizist Hans-Werner Gyßling) verdeutlichten zugleich, wie die Intellektualität des Bildungsbürgertums in das politische Leben hinein zu verlängern und zu vertiefen war.

Ohne daß mir dies damals so bewußt gewesen wäre, könnte meine anderthalbjährige Tätigkeit für den Kulturteil der zweimal wöchentlich herausgekommenen CDU-Zeitung ›Märkische Union‹ insofern hier eingeordnet werden, als ich durch Hinweise auf Greene und Bernanos, auf den renouveau catholique, durch Aufsätze von und über Günter Rutenborn (dieser märkische, spätere Potsdamer Pfarrer hatte 1947/48 am Berliner Kurfürstendamm Furore mit seinem Schauspiel *Das Zeichen des Jona* gemacht), durch die Musikkritiken Walther Posths, eines evangelischen Pfarrers, durch die Unterstützung von Kirchenmusik und des Verlags Stichnote solche Akzente zu setzen versuchte ...

Doch kehren wir zurück zu Kasack, vor allem zu dem Literaten, dem Ur-Potsdamer Literaten, oder richtiger: zu Kasack, dem Dichter, und zu seinem opus magnum, zur *Stadt hinter dem Strom*, in Potsdam entstanden zwischen 1942 und 1946, abgeschlossen im ›Exil‹ der Hans-Sachs-Straße (sein Haus war beschlagnahmt worden). Begonnen also unter dem ›Damoklesschwert‹ von NS-Regime und Krieg, beendet noch in der Periode der Hoffnung auf demokratische Erneuerung, darauf, daß das, was den Mächten der Barbarei in der geistigen Auseinandersetzung in den Refugien von Bürgertum und Adel abgerungen worden war, jetzt gesamtgesellschaftlich konstitutiv werden konnte.

Kasacks *Stadt hinter dem Strom* ist im existentiellen Schnittpunkt zweier Systeme geschrieben, deren Charakter der Schriftsteller in jener Tagebuchnotiz vom 12. März 1943 bestimmt hatte, als er dort (bei allem Abscheu gegenüber dem 22. Juni 1941, also dem Einmarsch deutscher Truppen in die Sowjetunion) die ›Totalisierung‹ der Gesellschaft in Deutschland und Sowjetrußland gleichermaßen entwickelt sah: »Die Herrschaft in Händen weniger, die die militärische oder wirtschaftliche Machtposition besitzen. Alle übrigen: Sklaven.« Mehr als in jedem anderen zu dieser Zeit (jedenfalls in Deutschland) geschriebenen literarischen Werk ist in der *Stadt hinter dem Strom* der Charakter dieser Systeme aufgedeckt, indem diese transzendiert werden: Es ist das grandiose Bild der »Waage der Weltenwächter«, in dem es dem Dichter gelingt, zu verdeutlichen, »daß Geist und Ungeist gleichermaßen vorhanden waren und daß es nur an den Menschen lag, welcher der beiden Mächte sie sich ergaben«.

In dem im Nachkrieg geschriebenen 16. Kapitel läßt Kasack die Gestalt des Meisters Magus gegenüber Robert, der Hauptgestalt des Romans, auf die neuen Konstellationen verweisen, die sich im geschichtlichen Prozeß ergeben und die Weltenwächter herausgefordert haben:

»Der Meister Magus wies darauf hin, daß die dreiunddreißig Eingeweihten seit längerem ihre Kräfte darauf konzentrierten, für den Gang der Wiedergeburten die lange abgeschirmte Region des asiatischen Feldes zu öffnen und zu erweitern, und daß sich ihre Anstrengungen zu verstärken schienen, damit sie für die Erstehung in Geist und Leib auch den Kreis des Abendlandes einbezögen. Dieser bisher nur allmählich und vereinzelt sich vollziehende Austausch zwischen asiatischem und europäischem Daseinsgut ist in einer Reihe von Erscheinungen wohl erkennbar. Der Magister Magus hatte keinerlei Namen erwähnt, doch meinte der Archivar später darin eine Anspielung zu hören auf Zeugen wie Schopenhauer, Karl Eugen Neumann, Hans Hasso von Veltheim, Richard Wilhelm, Hermann Hesse, aber auch Hölderlin, der in *Mutter Asia* unseren dionysischen Ursprung erschaute, Friedrich Schlegel und Hammer, den Westöstlichen Divan Goethes, aber auch Angelus Silesius, Meister Eckart, Suso und die lange Reihe der Mystiker und Gnomiker.

Dieser Austausch nun, dieser Prozeß der Inkubation, von dem der Uralte in der Felsenkammer des Archivs mit einer solchen Selbstverständlichkeit berichtete, wie wir von dem Anzeichen eines Hochs und Tiefs für die Wetterzone sprechen, sollte sich gegenwärtig nach dem Beschluß der dreiunddreißig Eingeweihten in einer breiteren Mischung und mit größerer Beschleunigung abspielen. Da war es auch nicht mehr überraschend, wenn selbst davor nicht zurückgeschreckt wurde, die Dämonen zu entfesseln und ihre List und Macht in den Dienst des gesamten Ablaufs zu stellen. [...]

Die Selbstvernichtung, das Harakiri, das Europa im zwanzigsten christlichen Jahrhundert beging, bedeutete, wenn er den Meister Magus recht verstand, nichts anderes als die Vorbereitung dafür, daß sich der Erdteil Asien den Zipfel wieder zurückholte, der sich für eine Weile zu einem selbständigen Kontinent gemacht hatte. Es konnte den geheimen Mächten nicht verborgen bleiben, daß die Ansprüche seiner Menschen sich statt nach innen immer mehr nach außen gerichtet hatten. Dem Sein wurde die Geltung vorgezogen, im kleinen wie im großen, im einzelnen wie in den Völkergruppen. Verachtet die Warnungen und Weisungen der Seher und Dichter, verödet die Welt der Gedanken und Bilder, übersättigt und leer die Herzen und Hirne. So war der Geist aus einem schöpferischen Medium zum Werkzeug des Verstandes und der Ratio abgesunken. Mehr und mehr hatte der Zweck den eigentlichen Sinn des Lebens überstiegen. Das falsche Selbstbewußtsein mußte einmal tödlich zu Fall kommen. Wie ein morsches, von innen wurmstichig gewordenes Gebälk würde die Mitte des zweifelhaften Erdteils zusammenbrechen.

Als Robert den Gedanken folgte, die der Meister Magus als nüchterne Feststellungen gegebener Tatsachen mitteilte, zweifelte er keinen Augenblick an der Wahrheit. Er fühlte das Folgerichtige, das Unabwendliche des Ereignisses, aber er sah im ganzen mehr ein Bild des richtenden Schicksals, das seinem Lande bevorstand, und war durch die Dauer seines Aufenthaltes im Totenreich nicht imstande zu erkennen, daß die Wirklichkeit am andern Ufer des Grenzstroms schon mit jedem Tage deutlicher alle Zeichen dieses Vollzuges aufwies. Freilich hätte er keiner konkreten Bestätigung bedurft wie jene Ungläubigen und Fühllosen, die zu wissen verlernt hatten, daß alle Materie, alle sogenannte Realität nur die Verkörperung einer dem Leben eingeordneten Idee ist.«

Das war um 1945/46 in Potsdam geschrieben worden, nicht mehr in dem Haus, in dem Kasack bis 1945 (in der heutigen Hegelallee 13) gewohnt hatte und das nun von sowjetischen Offizieren bevölkert war. Ja, man kann vielleicht sogar sagen: Das hat so nur in Potsdam, nämlich im Schatten zweier Diktaturen, einer militärisch geschlagenen und einer sich politisch und ideologisch neu formierenden, geschrieben werden können – nicht etwa als ›Lizenz‹-Literatur, wie Carl Schmitt den zweiten Teil des Romans bezeichnet hat, sondern als weltanschaulich-ästhetischer Reflex auf das Vordringen der ›eurasischen Welt‹. Es war allerdings ein anderes Eurasien als das der militärischen Gewalt und der ideologischen Normierung, das der Dichter meinte. Was zeitgeschichtlich passiert war, mit dem Dichter als passivem Zeugen (und nicht nur als solchem: unmittelbar nach der Besetzung Potsdams wäre er beinahe erschossen worden), war eben die Tatsache, daß nicht davor zurückgeschreckt worden war, »die Dämonen zu entfesseln«. Die Dämonen übrigens nicht nur einer Seite. Dahinter tat sich das auf, was für Kasack als ›Morgenlandfahrer‹ im Sinne Hesses und Hans Hasso von Veltheims das Eurasische war und was er schon während des Krieges in dem Aufsatz über *Das Chinesische in der Kunst* geortet hatte.

Vielleicht war es zur gleichen Zeit, da Kasack an seinem Roman arbeitete und über Abendland und Eurasien meditierte, daß in Potsdam, in der Behlertstraße, ein nonkonformistischer Denker, der sich mit Arbeiten über Platon, Hölderlin, auch über indisches Denken einen Namen gemacht und u. a. im katholischen ›Hochland‹ und in Rudolf Pechels ›Deutscher Rundschau‹ publiziert hatte, am Werke war und das, was er in Potsdamer Vorträgen versuchsweise formuliert hatte, in einer bemerkenswerten Studie zusammenfaßte, die dann allerdings erst nach seinem Tod (1958) aus dem Nachlaß herausgegeben wurde: Es war Otfried (eigentlich Jakob Maria Remigius) Eberz, der in Potsdam in der *Aeneis*, in der *Göttlichen Komödie* und im *Faust* »Die drei Dichtungen vom Schicksal des Abendlandes« sah. Gunnar Porikys, der viele Verdienste um die Wiederentdeckung vergessener Potsdamer hat, ist der Hinweis zu verdanken, daß diese Vorträge von Eberz seit 1946 in einer Wohnung in der Behlertstraße, bei Maria Dobroschke, stattgefunden haben. Unter den Zuhörern und Disputanten waren Hermann Kasack, der stadtbekannte Fotograf Max Baur, der bildkünstlerische Porträtist der Stadt, der Arzt Dr. Hollmann, den wir noch näher kennenlernen, und Ulrich Hausmann, der spätere Tübinger Archäologieprofessor. Also gab es – neben dem von Stichnote – auch in der zweiten Hälfte der vierziger Jahre noch weitere Potsdamer ›Salons‹ ...

Allerdings war es nach 1945 durchaus so, daß das Potsdamer kulturelle Leben Aspekte aufwies, die für eine Persönlichkeit wie Kasack, dem das Musische so viel galt, erfreulich sein mußten. Noch in der Rückschau von 1965/66, im letzten autobiographischen Text, kommt vor allem das Potsdamer Konzertleben (Wilhelm Kempff!) in Sicht. Zunächst maßgeblich von Hans Chemin-Petit beeinflußt, war dieses allerdings eindrucksvoll genug. Ähnliches galt für das Ausstellungswesen: Die erste Nachkriegsausstellung repräsentativer Art war Ende 1945 Käthe Kollwitz gewidmet – noch eröffnet von Professor August Grisebach, der (solange er in Potsdam verblieben war) im Kulturbund mitgewirkt hatte – als dessen Präsident in der Mark. Im Herbst 1946 stellten Potsdamer Künstler aus – zu ihnen wurde nach wie vor Siegward Sprotte gerechnet.

Ebenso kam es im verlegerischen Bereich zu bemerkenswerten Ereignissen: Rütten & Loening, bis 1951 in Potsdam, pflegte nicht nur das weltliterarische Erbe von Stendhal und Tolstoi bis Rolland und Undset, sondern brachte auch Gustav Landauer und den im Zuchthaus geschriebenen Roman *PLN* von Werner Krauss. Bei Stichnote kamen zwei beachtliche Reihen heraus: *Kunst der Gegenwart*, u. a. über den Grafen Luckner, der viele Beziehungen zu Potsdam gehabt hatte, und mit Autoren wie Carl Linfert, dem Kulturredakteur des französisch lizenzierten ›Kurier‹, und Edwin Redslob, und *Potsdamer Vorträge*, mit Texten der klassischen Philologen Johannes Stroux, Wolfgang Schadewaldt und Bernhard Schweitzer. Auch Ernst Grumach, Königsberger Jugendfreund Hannah Arendts und mit Leo Baeck letzter Dozent der Berliner Lehranstalt für die Wissenschaft des Judentums bis 1942, publizierte bei Stichnote sein Standardwerk über Goethes Verhältnis zur Antike. Schon sehr früh, 1946, war bei Stichnote ein Büchlein erschienen: *Vom Schicksal der Seele. Sammlung von Worten über die Unvergänglichkeit*, mit Texten von Bergengruen und Buber, Goethe und Hölderlin sowie Karl Foerster, zusammengestellt von Oskar Beyer. Wir erinnern uns, daß er vor dem Kriege nach Rehbrücke gezogen war, und 1949 lebte er noch dort. Künstlerisch gestaltet war das Heft von Walter Bullert, dem bekannten Potsdamer Maler und Grafiker, der Kasack schon in den zwanziger Jahren porträtiert hatte. In einer der ersten Ausgaben der ›Märkischen Union‹ 1948 schrieb Christa Meyer-Heidkamp, Karl Heidkamps Tochter, über ihre Begegnungen mit den Geschwistern Scholl.

Durch seine Tätigkeit im Kulturbund und als eine Persönlichkeit des öffentlichen Lebens war Kasack zweifellos mit diesen Erscheinungen vertraut. Gleichzeitig nahm er sehr genau zur Kenntnis, daß die ›dämonischen‹ Konturen Eurasiens in Deutschland bedrohlicher wurden. Am 8. November 1948 notiert er in sein Tagebuch: »Bin nervös, zerfahren; auch das Herz quält wieder ... Dankbar aber: daß das Zimmer warm ist und hell – während die Westberliner im kalten und dunkeln sitzen. Die Polaritäten innerhalb Berlins und Deutschlands nehmen ständig zu. Wie soll man in dieser Situation das arbeiten, was für eine Zukunft sinnvoll ist – wie sich selbst vorurteilsfrei aussagen?«

Andererseits ist Kasack in diesem Spätherbst 1948 auf einer Reise zur P. E. N.-Tagung in Göttingen deutlich geworden, daß der Pluralismus parlamentarischer Demokratie in den Westzonen von der Restauration überlagert sei. Nach seinem Tagebuch zu urteilen, hat ihn dieser Zustand sehr beschäftigt, und er habe manchen seiner Gesprächspartner gegenüber betont: »[...] ich käme mir wie im luftleeren Raum, außerhalb der Realität vor. Eine abstrakte spitzfindige Dialektik [...], die nichts mit dem krisenbedrohten Leben der Zukunft zu tun hätte.«

Auf dieser Reise kam es übrigens zu einer Begegnung Kasacks mit Thornton Wilder, in dessen *Wir sind noch einmal davongekommen* in Berlin eine Schauspielerin Triumphe gefeiert hatte, die, ganz jung, von 1941 bis 1943 in Potsdam engagiert gewesen war und schon damals faszinierend gewirkt hatte: Joana Maria Gorvin, die 1993 verstorbene grande dame des deutschen Theaters.

Es war nun gerade dieser Zeitraum der ersten großen Zäsur im Nachkriegsdeutschland, Ende 1948, Anfang 1949, daß Hermann Kasack in der Potsdamer Öffentlichkeit (noch einmal) ganz groß ›herauskam‹. Über den Göttinger P.E.N.-Kongreß, zu dem er übrigens im Auto Johannes R. Bechers angereist war, schrieb er den Leitartikel der ›Tagespost‹ vom 7. Dezember 1948. Am Abend desselben Tages diskutierte er im überfüllten Kulturbund-Haus in der Potsdamer Mangerstraße mit dem sowjetischen ›Kulturoffizier‹ Alexander Dymschitz. Wenn ich auch in Erinnerung an diese Debatte, deren Zeuge ich war, von einer Auseinandersetzung zwischen Kasack und Dymschitz sprechen würde, so war es merkwürdigerweise so, daß in den Presseveröffentlichungen über diesen Abend – bis hin zur ›Täglichen Rundschau‹ – Kasack zustimmend zitiert wurde (während etwa Geheimrat Justi schlechte Noten bekam). Kasack selber bewertete diesen Vorgang als ›Sensation‹. Er habe improvisiert auftreten »und frei zu Hunderten reden« können. Offenbar war ›sensationell‹ für Kasack, daß er im Disput mit dem Repräsentanten der Besatzungsmacht über das reden konnte, was sich in den langen Jahren der inneren Emigration und in den ersten Nachkriegsjahren als sein Eigenes, als Kernstücke der Lebenshaltung und Weltanschauung deutschen Bildungsbürgertums, herausgeformt hatte. In der Potsdamer Diskussion transzendierte er die schon starr gewordenen Fronten etwa zwischen ›Realismus‹ und ›Formalismus‹ in dem knappen, preußisch knappen Satz: »Der Realismus ist kein Stil, sondern eine Haltung.«

Solche Souveränität Hermann Kasacks, die Souveränität eines Einzelgängers, lebte von der Seriosität seiner geistigen Haltung, aber auch von der Singularität der gesellschaftlichen Position eines Mannes, der zwar führend im Kulturbund war, aber genügend Brücken in andere geistige Welten hatte.

Kasack übersah die alltäglichen Probleme indes ebensowenig wie die der ›großen Politik‹. Eine bestürzende Tagebuchnotiz von Ende 1948 macht dies deutlich: »[...] viel unwilliges Nachdenken über die kindlichen Affektationen der Zonenzeit Deutschlands. Meine Vermutungen bleiben bestehen, daß Berlin, sobald es abstrakter Begriff für die Allgemeinheit geworden ist, als leeres Strandgut der Russ. Bs. Macht [Russischen Besatzungsmacht] überlassen werden wird.« Es ist die Zeit der Blockade...

Souveränität des Einzelgängers in Potsdam. Mit ihr war es Anfang 1949 vorbei. Wir wissen heute, daß einflußreiche sowjetische Kreise Hermann Kasack zu Spitzeldiensten herabwürdigen wollten. Hierauf konnte er nur eine Antwort geben. Wie schwer sie ihm als *Potsdamer* fiel, wie schwer ihm fiel, diese Stadt, seine Heimatstadt, die Stadt vor oder hinter(?) dem Strom, zu verlassen, geht daraus hervor, daß er noch im April 1949 einen Brief an Otto Nagel schrieb und ihn formell ersuchte, seine Ämter im Kulturbund (und vor allem auch im Goethe-Ausschuß des Gedenkjahres!) ruhen zu lassen; er erwäge, in Potsdam einen zweiten Wohnsitz zu halten – »wie Wilhelm Furtwängler«.

Ohnehin war Kasack, nachdem er die Stadt schon verlassen hatte, literarisch noch mit Potsdam verbunden, mit einem literarisch-kulturpolitischen Unternehmen, das seinerseits das leistete, was wir schon als Kennzeichen des opus magnum und des öffentlichen Wirkens von Kasack in seiner Heimatstadt herausgestellt hatten: Es transzendierte die Fronten und fand seinen Ort jenseits von ihnen. Wenn dieses Unternehmen noch dazu unter dem Patronat Johannes R. Bechers (und allerdings Paul Wieglers kurz vor dessen Tod) begonnen hatte, war diese Leistung um so höher zu bewerten.

1948 war es nämlich, nicht zuletzt in Potsdam, zur Planung und Vorbereitung der Herausgabe einer Zeitschrift gekommen, der Zeitschrift, die bis Anfang der sechziger Jahre im Rahmen der DDR-Publizistik einen singulären Ort bezeichnete und auch später noch eigene Zeichen zu setzen in der Lage war: ›Sinn und Form‹. Peter Huchel, als der zum Chefredakteur ausersehene, Ulrich Riemerschmidt und Werner Wilk vom Verlag Rütten & Loening, dem Verlag der Zeitschrift, Werner E. Stichnote als Berater für die graphische Gestaltung und Hermann Kasack waren es, die dieses Werk in Gang setzten. Kasack war als Autor in den beiden ersten Heften mit dem *Webstuhl* (für Hermann Broch die *Wiedergeburt der Allegorie*) und mit der Publikation von Arbeiten aus dem Nachlaß Oskar Loerkes und Gertrud Kolmars vertreten, so daß man annehmen mußte, Huchel als verantwortlicher Redakteur habe von vornherein und auf lange Sicht Kasacks literarische Sensibilität, Beziehungen und Produktivität für die Zeitschrift nutzen wollen.

Die Zusammenarbeit von Huchel, Kasack, Stichnote und den Lektoren von Rütten & Loening, diese Konstellation führte letztlich zur Aufgipfelung dessen, was in den Refugien der inneren Emigration und in deren Begegnung mit der äußeren Emigration gedacht und modelliert worden war. Freilich blieb sie eine Episode, ja, sie wurde zur Ouvertüre neuen Rückzugs – aus Potsdam in den Westen (Kasack 1949, als das erste Heft erschien, Stichnote und Wilk etwas später) oder in die Einsamkeit von Wilhelmshorst, um von dort, fern der Korridore der Macht, noch so lange wie möglich literarischen Anspruch zur Geltung zu bringen.

Werner Wilk, einer der Beteiligten, hat noch zu Lebzeiten Huchels in Wilhelmshorst seine Version der Gründungsgeschichte so vorgelegt:

»Ich war Lektor der Potsdamer Verlagsgesellschaft, die aus beschlagnahmten Beständen Dr. Hachfelds (Rütten & Loening, Athenaion) gebildet worden war. Der Leiter und Lizenzträger des Verlages, Ulrich Riemerschmidt, und Huchel besprachen [...] die ersten, noch vagen Vorstellungen, die sie von den technischen, finanziellen und organisatorischen Möglichkeiten einer Literaturzeitschrift hatten. In wessen Kopf die Idee dazu auftauchte, ist nicht mehr feststellbar. Ich weiß nur noch, daß der Chef der Buchhaltung die Stirn runzelte, so oft er von den Plänen hörte, während wir – die am literarischen Inhalt, nicht an den Herstellungs- und Vertriebskosten Interessierten – das Projekt mit Teilnahme und Begeisterung förderten. Es gab viele lange Besprechungen über alle Einzelheiten. Aber einige Grundzüge wurden kaum erörtert, sie waren allen Beteiligten durchaus klar und galten als selbstverständlich: Es sollte die große, repräsentative deutsche Zeitschrift sein, die mit Gedicht, Novelle, Romanausschnitt und Essay die

Strömungen der deutschen und internationalen Literatur aufzuspüren und zu dokumentieren hatte. Sie sollte keine Polemik, keine Manifestation (außer der künstlerischer Werte) und keine Kritiken enthalten. Sie sollte – das ergaben die kalkulatorischen Überlegungen – zweimonatlich etwa zehn Bogen stark erscheinen. Sie sollte ›gesamtdeutsch‹ – wie man später sagte – sein, sich aus tagespolitischen Forderungen und Erörterungen heraushalten und Beiträge von Schriftstellern aus allen deutschen Besatzungszonen bringen, soweit sie den künstlerischen Anforderungen entsprachen und keine dubiose Vergangenheit hatten. Daß Huchel die Redaktion leiten werde, war ein Axiom, andere Möglichkeiten wurden überhaupt nicht erwogen. Er war von Anfang an identisch mit der Zeitschrift. [...]

Am meisten gesprochen wurde über Format, Aufmachung, Umfang, Schriftart, Titel. Die Sorgfalt, mit der jede Kleinigkeit genau erwogen wurde, ging so weit, daß der aus Versalien einer Antiqua gesetzte Titel wegen geringfügiger Differenzen im Abstand der Buchstaben von einem Graphiker nachgezeichnet und dann klischiert wurde. So ergab sich der Eindruck eines vollendeten typographischen Bildes auf einem Umweg. Huchel wollte seine Zeitschrift ›Maß und Wert‹ nennen. Aber dieser Titel gehörte Thomas Mann, und da er ›ihn möglicherweise selber noch einmal verwenden‹ wollte, stellte er ihn nicht zur Verfügung. Aber mit ihm lag ein rhythmisches Muster vor. Und aus langen Überlegungen und Kombinationen entstand schließlich ›Sinn und Form‹, eine Lösung, die uns – mir jedenfalls – um so besser gefiel, als in seinem zweiten Begriff auf künstlerische Elemente des Sprachkunstwerks verwiesen wurde, die im ganzen sowjetischen Bereich der Literatur von den Kulturfunktionären mißachtet und bekämpft wurden. Es ist ebenso pikant wie traurig, daß Jahre später, nachdem der ›gesamtdeutsche‹ Charakter – und damit das Niveau –– der Zeitschrift allen Anstrengungen Huchels zum Trotz praktisch aufgegeben waren, auch in ihren Spalten gegen den ›Formalismus‹ geschrieben wurde. [...]

Im Januar 1949 erschien in englischer Broschur unbeschnitten und in geradezu karger, ganz auf den Inhalt zurückgenommener Aufmachung – womit Riemerschmidts Vorstellungen realisiert waren – das erste Heft. Es enthielt Beiträge von Rolland, Loerke, Majakowski, Ramuz, Nezval, Vittorini, von Hans Reisiger, Gerhart Hauptmann, Ernst Niekisch und Hermann Kasack, zum größten Teil Erstveröffentlichungen. Die Aufnahme war sehr ermutigend. Aus allen, besonders ferneren Gegenden erhielten wir warme, ja begeisterte Zustimmung. So etwas wie ein Traum schien hier Wirklichkeit geworden, etwas kaum für möglich Gehaltenes. Bei der näheren Kritik und der Partei war man etwas zurückhaltender. Man war verblüfft und wußte nicht recht, was man sagen sollte. Der Unwille artikulierte sich erst später.«

Jedenfalls wird man sagen können, daß aus der Sternstunde der Begegnung von Persönlichkeiten so ganz unterschiedlicher Herkunft und Struktur, aus diesem Potsdamer Kairos eine Zeitschrift erwuchs, die (um ein Wort von Walter Jens anzuführen) das geheime Journal der Deutschen werden sollte, auf seine Weise aber auch (aus der Perspektive unserer Beobachtungen heraus) als das ›Zentralorgan‹ der in der SBZ/DDR wirksam gebliebenen oder jedenfalls dort verbliebenen Kräfte des Bildungsbürgertums unterschiedlicher Observanz anzusehen war. Mit ›Sinn und Form‹ hatten diese im realsozialistischen Umfeld noch ein Stück Öffentlichkeit.

Interludium

Potsdamer Protestanten der 50er Jahre

Angesichts der Versuche der ›führenden gesellschaftlichen Kräfte‹ der DDR, das soziale und geistige Milieu Potsdams, wie es sich traditionell herausgeformt und wie es bis in die fünfziger Jahre hinein eine relative Stabilität bewahrt hatte, grundlegend zu verändern (und die städtebaulichen Veränderungen galten gewissermaßen den Petrefakten dieses Milieus), mußte gerade in diesen fünfziger Jahren auffallen: Es gab einen (allerdings ebenfalls ›traditionellen‹) Bereich, der sich der Anpassung entzog und nicht einmal oder jedenfalls kaum Ansätze zeigte, mit der neuen Gesellschaft auch nur in einen Dialog einzutreten: Potsdams Protestantismus.

Sicher wurde unter den Bedingungen der Havelstadt als Hauptstadt der Mark Brandenburg der ›Dibelianismus‹ nicht pur praktiziert, aber die relative Offenheit kirchlicher Kreise gegenüber der Öffentlichkeit in der SBZ/DDR – Kulturbund, VVN, Volkssolidarität – war jetzt abgelöst; analog zog sich auf katholischer Seite Pfarrer Dr. Allendorff, von dem ich 1949 noch Beiträge für die ›Märkische Union‹ erhielt, völlig zurück, etwas später Prof. Rauer, der nach Berlin in die Deutsche Akademie der Wissenschaften ging und sich auf sein Fachgebiet, die spätantike Religionsgeschichte, konzentrierte.

Was in diesen fünfziger Jahren – bis in die sechziger hinein – als charakteristisch für den Potsdamer Protestantismus angenommen werden kann (ohne damit individuelle Positionen einzuebnen), ließe sich auf die Formel eines Konservativismus bringen, der moderne Züge trägt. In besonders konturierter Gestalt – weniger in schriftlichen Äußerungen als in Predigten, Vorträgen und Debatten – trat dieser in der Haltung, im *Stil* des kurmärkischen Generalsuperintendenten Walter Braun in Erscheinung. Was ihn innerkirchlich in besonderer Weise auszeichnete, nämlich die gründliche Wahrnehmung seines Visitatorenamtes, das der Erbauung der Gemeinde (im Doppelsinn des Worts) diente, dies trat nach außen im Stil seines Konservativismus.

Solcher Konservativismus war gleichsam in toto dem sich forciert entwickelnden gesellschaftlichen Leben in der DDR fremd; es gab von ihm aus substantiell keine Gemeinschaft mit ihm, und selbst wenn sich D. Braun in einem seinerzeit stark beachteten Osteraufsatz 1956 in der Ostberliner CDU-Zeitung ›Neue Zeit‹ für eine gewisse Loyalität aussprach, so geschah dies allein unter dem Oberaspekt der ›Versöhnung‹:

»Der Glaube an die tägliche Versöhnungsbereitschaft Gottes schließt unsere Bereitschaft zur täglichen Versöhnung mit jedem Menschen ein, der uns unrecht tut. Sonst fordert jeder Mensch Genugtuung für begangenes Unrecht, ehe er sich versöhnt. Gott hat es anders gehalten. Ehe wir uns mit Ihm versöhnen wollen, hat Er die Versöhnung vollbracht. Unsere Bereitschaft ist daher bedingungslos. Das Zustandekommen erfordert unter Menschen Einsicht und Vertrauen der Beteiligten.

Das ist von entscheidender Bedeutung für unsere Stellungnahme im öffentlichen Leben. Die Kirche hat keine Legitimation, die Anerkennung eines Staates vom Glauben oder Unglauben, von dieser oder jener weltanschaulichen oder politischen Auffassung oder von der Art des Zustandekommens einer Staatsgewalt, etwa durch ein besonderes Wahlsystem, abhängig zu machen. Im ersten, drohenden Zusammenstoß zwischen Staat und Kirche in Rom hat der Apostel Paulus in seinem im Jahre 58 in Korinth verfaßten Sendschreiben an die erste christliche Gemeinde in Rom eine grundsätzliche Entscheidung getroffen: ›Jedermann sei den übergeordneten Gewalten untertan. Denn es gibt keine Obrigkeit außer von Gott. Die aber vorhanden ist, ist von Gott verordnet.‹

Der Christ sieht in der Staatsgewalt also eine Ordnung Gottes und macht seinen Gehorsam und seine Mitarbeit nicht von politischen Gesichtspunkten abhängig. Das praktische Zusammenleben der Kirche in Volk und Staat wird jeweils davon abhängen, in welcher konkreten Lage sie sich befindet. Aber sie wird auch bei entstandenen Schwierigkeiten zum Gespräch und zur Versöhnung jederzeit bereit sein.

Das gilt auch heute. Einer besonderen Anerkennung unseres Staates durch die Evangelische Kirche bedarf es nicht. Sie ist uns vom Wort Gottes her geboten. Das bedeutet keineswegs Passivität, sondern wirkt sich aktiv aus. Es wird sich auch darum handeln, entstandene Schwierigkeiten auszuräumen und klare Ordnungen zu schaffen.«

Das heißt: Es klang bei D. Braun – allerdings christozentrisch profiliert – das ethisch-politische Leitmotiv des noch zu porträtierenden Potsdamer Pazifisten Wilhelm Foerster durch, und von hier aus konnte der Generalsuperintendent gewiß für eine Ordnung der Beziehungen zur vorfindlichen Regierung eintreten, ohne daß dies ausdrücklich dokumentiert würde (wie fünfzehn Jahre später von der ›Kirche im Sozialismus‹). Vor allem aber fällt bei Braun und bei dem Abdruck dieses Textes in der Zeitung des Stellvertretenden Ministerpräsidenten Otto Nuschke zusätzlich das klare, selbstverständliche Bekenntnis zur Einheit des deutschen Volkes auf. Selbst in der von Braun oft formulierten Absage an die Apartheid und im frühen Brückenschlag zum osteuropäischen Protestantismus (J.L. Hromádka, Prag, und ungarische Kirchenmänner als Gäste in Potsdam) blieb Braun jenseits politischer Opportunitäten, war er ein ›Herr‹ wie Suhrkamp.

Was für den kurmärkischen Generalsuperintendenten gilt, gilt abgestuft für andere Kirchenleute, für den Potsdamer Superintendenten Konrad Stolte, dessen Name – der einer alten Potsdamer Familie – durch die glockenreine Stimme seiner Tochter Adele als viel gesuchter und gefeierter Oratoriensängerin noch lange präsent blieb. Es gilt zugleich für Laiensynodale wie Bäckermeister Kaldewey, der aus deutschnationalen Traditionen kam, für Eberhard Grauer, eine kulturell engagierte Persönlichkeit, und für Lutz Borgmann, der mit der kirchlichen Jugendarbeit in Potsdam zu tun hatte und später in Büchern wie (nach 1978) in kirchlichen Fernsehsendungen zum Chronisten christlichen Lebens in der DDR wurde. In der ›Potsdamer Kirche‹, die erst von Günter Heidtmann redigiert wurde, dann jahrzehntelang von Brigitte Grell, einer wiederum aus alter Potsdamer Familie stammenden Germanistin, die über Bergengruen promoviert hatte, kreuzte sich solcher Konservativismus mit einer großen Weltoffenheit – Welt säkular und ökumenisch gefaßt ...

Potsdam und Hiroshima

In Erinnerung an eine Japanreise hat Wilhelm Kempff in seinem Reisebuch *Was ich hörte, was ich sah* eine Begegnung in Hiroshima beschrieben. Zuvor hatte er eindrücklich geschildert, welche Gaben, die er auf seinen Konzertreisen erhielt, ihm besonders viel bedeuteten:

»Und da ich das Wort ›ausgelöscht‹ niedergeschrieben habe, hebe ich das Tuch von der vierten Erinnerungsgabe, der kostbarsten. Sie stammt aus der Stadt, deren Name wie der von Ninive in das Buch der Menschheitsgeschichte eingeschrieben wurde, aus Hiroshima.

1954 wurde ich gebeten, auf der Orgel der Weltfriedenskirche zum Gedenken der Opfer des luziferischen Blitzes zu spielen. Die Glocken hatten geläutet. Die Orgel hatte sich zum Sprachrohr des großen Evangelisten der Musik, Johann Sebastian Bach, gemacht: ›Ich ruf' zu Dir, Herr Jesu Christ‹, da trat ein halbwüchsiges Mädchen hervor, von einer unbeschreiblichen Zartheit, die sich mit einer abgrundtiefen Schwermut paarte, dem Gesichtchen ein deutbares Signum aufdrückend, wie wenn sie an jenem Schreckenstage empfangen worden wäre ...

Sie legte behutsam das Geschenk der Stadt Hiroshima in meine Hände: einen großen, in Holz geschnittenen Reislöffel.

Da stand das Mädchen, das mir in diesem Augenblick wie der unzerstörbare Geist Japans dünkte, das kindliche Haupt geneigt.

Ich begriff sofort den Sinn dieser Gabe: ›Unser täglich Brot gib uns heute.‹

Und noch ein anderes begriff ich: ›Nicht verzweifeln. Von vorn beginnen. Reis säen, Reis ernten, damit nach dem Auslöschen durch das böse, höllische Feuer, von Menschen entfacht, Gottes Sonne leuchte.‹«

Ob sich der alte Potsdamer, der sich immer zu Potsdam bekannt hat, der Tatsache bewußt war, daß seine Heimatstadt etwas mit Hiroshima und Nagasaki zu tun hatte? 1966 erschien in München in deutscher Übersetzung ein Buch von Gar Alperovitz über die atomare Diplomatie, in dessen Titel programmatisch aufgenommen war: ›Hiroshima und Potsdam‹. Der Autor zitiert dort den amerikanischen Historiker Herbert Feis mit der Bemerkung: »Die Tage von Potsdam hatten eine Zeit der Begeisterung sein sollen. Der Feind lag am Boden [...] Als sie [die Großen Drei] die Szene überschauten, froren ihre Gedanken unter dem Reif gegenseitigen Mißtrauens und gegenseitiger Abneigung zwischen Westalliierten und Sowjetunion.«

Wenn man den Memoiren eines Beteiligten folgt, betraf dieses Mißtrauen in Potsdam allerdings nicht oder jedenfalls noch nicht dem, was Harry S. Truman kurz nach seinem Eintreffen in Potsdam in das ›Little White House‹, das Haus des Verlegers Müller-Grote, mitgeteilt erhalten hatte und die weltpolitische Szene für mindestens 45 Jahre bestimmen sollte: Die Versuche mit der Atombombe in Alamagordo seien erfolgreich verlaufen, und es war wohl auch schon von Anfang an die Rede von dem Flugzeug ›Enola Gay‹, aus dem dann die Bombe tatsächlich abgeworfen wurde. Freilich: Von Bomben, von Atombomben war in den Depeschen an Truman nicht die Rede, auch nicht von Versuchen, erfolgreichen Versuchen. Das wurde ›menschenfreundlicher‹ so beschrieben: »Babies satisfactorily born.« Bei Winston S. Churchill lesen wir:

»Am 17. Juli traf eine welterschütternde Nachricht ein. Stimson suchte mich am Nachmittag in meinem Quartier auf und legte einen Bogen Papier mit den Worten ›Babies satisfactorily born‹ (Geburt der Kinder glücklich verlaufen) vor mich hin. Seinem Benehmen entnahm ich, daß sich etwas Außergewöhnliches ereignet haben mußte. ›Wissen Sie, was das bedeutet?‹ fragte er und fuhr fort: ›Das große Experiment in der Wüste ist gelungen, die Atombombe ist da.‹ Wenn wir auch jedes uns überlassene Bröckchen Information über diese aufwühlende Forschungsarbeit heißhungrig verschlungen hatten, war uns – zumindest aber mir – das Datum des entscheidenden Versuches doch unbekannt geblieben. Kein ernster Wissenschaftler hatte eine Voraussage gewagt, was sich bei den ersten wirklichen Atombombenversuch abspielen werde. Würden diese Bomben nutzlos oder würden sie vernichtend sein? Jetzt wußten wir es. Die ›Geburt der Kinder‹ war ›glücklich verlaufen‹. Damals konnte niemand die unmittelbaren militärischen Folgen dieser Entdeckung ermessen, aber auch seither hat niemand dieses Phänomen exakt zu messen vermocht.

Am nächsten Morgen überbrachte ein Flugzeug den ausführlichen Bericht über dieses für die Geschichte der Menschheit so gewaltige Ereignis. Stimson händigte mir ein Exemplar aus. [...]

Nach Beendigung unserer Sitzung [...] sah ich den Präsidenten auf Stalin zugehen und nur im Beisein der Dolmetscher mit ihm sprechen. Worüber er mit ihm sprach, das wußte ich. Ich stand ungefähr fünf Meter entfernt und beobachtete Stalin mit gespannter Aufmerksamkeit. Es war ungemein wichtig, die Wirkung abzuschätzen, die diese umwälzende Neuigkeit auf ihn ausübte. Ich sehe alles vor mir, als wäre es gestern gewesen. Stalin schien hocherfreut. Eine neue Bombe! Von unerhörter Sprengkraft! Vermutlich kriegsentscheidend gegen Japan! Welcher Glücksfall! Das war mein im Moment gewonnener Eindruck, und so war ich überzeugt, daß ihm die Bedeutung dessen, was ihm gesagt wurde, völlig entging. Die Atombombe hatte im Rahmen seiner ungeheuren Nöte und Mühen offenbar keine Rolle gespielt. Hätte er die kleinste Ahnung gehabt, welche Revolutionierung der Weltangelegenheiten im Gange war, hätte man das seiner Reaktion bestimmt entnehmen können. Es wäre nichts leichter für ihn gewesen als zu sagen: ›Vielen Dank für diese Mitteilung über Ihre neue Bombe. Ich bin natürlich kein Techniker. Darf ich morgen früh meine Sachverständigen für Kernphysik zu den Ihren schicken?‹ Aber Stalins Züge blieben heiter und unbeschwert, und die Unterhaltung der beiden großen Staatschefs ging gleich darauf zu Ende. Während wir auf unsere Autos warteten, fand ich mich neben Truman. ›Wie ist es abgegangen?‹ fragte ich. ›Er stellte keine einzige Frage‹, antwortete er.«

Vielleicht brauchte Stalin auch keine Überraschung deshalb zu zeigen und zu heucheln, weil er schon von seinem Geheimdienst informiert worden war.

Klar ist indes, daß Truman noch an diesem 24. Juli 1945 vom ›Little White House‹ aus die Weisung erteilte, die Räder zum Abwurf der ersten atomaren Waffe in Bewegung zu setzen. Truman später: »Die letzte Entscheidung, wo und wann die Atombombe einzusetzen war, lag bei mir [...]« Japan wurde vor die Alternative des unconditional surrender gestellt. Nach der Ablehnung dieses Ultimatums wurde die Potsdamer Weisung zum Befehl. Potsdam, 24. Juli 1945, Hiroshima, 6. August 1945 ...

In gewisser Weise hat also das atomare Zeitalter in Potsdam begonnen, ist hier mindestens ein neues Kapitel, das des ›real existierenden‹ Atomzeitalters aufgeschlagen worden. Dies geschah allerdings in einer Stadt, die seit den siebziger Jahren des vorigen Jahrhunderts ein naturwissenschaftliches Zentrum erster Ordnung geworden war, ein Umstand, der angesichts des Parks von Sanssouci, von Nikolaikirche und von Kasernen oft genug übersehen worden war und noch wird, obwohl der Telegraphenberg auch die Blicke des flüchtigen Besuchers der Stadt geradezu anzieht. Dort ist mit dem Einstein-Turm nicht zuletzt die Potsdamer Präsenz jenes Wissenschaftlers unmittelbar greifbar, ohne den die Entwicklung der Naturwissenschaften, eben auch des atomaren Zeitalters, so nicht denkbar gewesen wäre und der dann ja auch zu einem unermüdlichen Vorkämpfer der philosophischen und politischen Bewältigung der atomaren Verfahren geworden war: Einstein. Daß es beim Einstein-Turm überdies zu einer so grandiosen architektonischen Gestaltung kam, war Erich Mendelsohn zu verdanken (und daß wir viel über Mendelsohns Denken und Nachdenken, über seine frühen, klaren politischen Entscheidungen wissen, danken wir einem ehemaligen Rehbrücker, Oskar Beyer, der Mendelsohns Briefe herausgegeben hat).

Auf dem Telegraphenberg befinde sich ein nahezu einzigartiges Ensemble von Observatorien, ist in einem Beitrag zum Festbuch der Potsdamer Tausendjahrfeier zu lesen. In der Tat trägt dieses Ensemble – man kann es nicht oft genug wiederholen – in erheblicher Weise zum Flair dieser Stadt bei, zu diesem ebenso merk- wie denkwürdigen Dreiecksverhältnis von Parks, der Babelsberger Traumfabrik (in unterschiedlichen Gestalten) und dem Telegraphenberg.

Daß Potsdam, daß der Telegraphenberg ein solches Zentrum der naturwissenschaftlichen, zumal der astronomischen, astrophysikalischen und meteorologischen Forschung geworden ist, war der Initiative vieler Persönlichkeiten zu danken; Hermann von Helmholtz, Absolvent des Potsdamer Viktoriagymnasiums, und Wilhelm Foerster, der Direktor der Berliner Sternwarte, seien besonders genannt, und wenn nach der Wende 1989 die URANIA in Potsdam den Namen Wilhelm Foersters angenommen hat, war dies das Abtragen einer Dankesschuld an ihn.

Als Potsdam des 100. Geburtstags von Wilhelm Foerster (er war 1921 im Bornimer Haus seines Sohnes verstorben) gedachte, konnte Karl Foerster am 20. Dezember 1932 in der ›Potsdamer Tageszeitung‹ schreiben: »Der Weltfortschritt war ihm wesentlich ein Problem des redlich aufbauenden Ausgleichs von Interessengegensätzen im Geiste der Versöhnlichkeit. ›Versöhnung ist der beste Geist des Lebens! Etwas vom Anderen ertragen lernen, sonst wird's nicht besser auf Erden.‹ – Dies seine Worte.«

Karl Foerster fügte hinzu, sein Vater habe sich im Umfeld von Kaiser Friedrich, der viel für die Potsdamer Forschung getan hatte, für den Aufbau der Institute auf dem Telegraphenberg eingesetzt – und dann folgt eine die Sache wie Karl Foerster treffende Beobachtung der Institute auf dem Telegraphenberg, »deren wunderliche Kuppeln und Türme dort im Hügelwald wie eine Wilhelm Meistersche Vision liegen. So wirkte er – der Telegraphenberg – auch in das Potsdamer *Landschaftsbild* hinein, während die Arbeitsergebnisse [jener Institute] Einfluß auf unser *Weltbild* nahmen«.

Mit H. C. Vogel und Reinhard Süring, dem 1950 in Potsdam verstorbenen Geheimrat, mit Karl Schwarzschild, dem jüdischen Wissenschaftler und Patrioten des Ersten Weltkriegs, und Fritz Albrecht, nicht zuletzt (in den vierziger Jahren) mit Walter Grotrian und Hans Kienle waren in Potsdam Wissenschaftler am Werk, die auf ihre Weise das verwirklichten, was Karl Foerster über seinen Vater und dessen Intentionen geschrieben hatte: Erweiterung und Veränderung des Weltbildes.

In dem Vortrag, den Kienle 1946 als repräsentativen Festvortrag bei der Wiederaufnahme der Arbeiten der Akademie der Wissenschaften über *Die Maßstäbe des Kosmos* gehalten hatte, gab er im allgemeineren, gleichsam kulturpolitischen Teil seiner Ausführungen der Hoffnung Ausdruck, die deutsche Wissenschaft könne jetzt, nach dem Zusammenbruch des NS-Regimes, wieder Weltgeltung erreichen und »zu neuer Tat [...] schreiten, um eine bessere Welt aufbauen zu helfen, in der der Geist über die Materie herrschen und die Voraussetzungen schaffen soll für die Pflege alles dessen, was wir unter Kultur schlechthin verstehen [...]«.

Das war noch Ausdruck jener Hoffnungen, jener Pluralität, wie wir sie auch bei Hermann Kasack geortet hatten. Kienle hatte zu seinem Thema eine Bemerkung mehr philosophischer Natur gemacht, die nicht nur zur Herrschaft des Geistes über die Materie paßte, die vor allem seine weltanschauliche Eigenständigkeit klarstellte:

»Das stolze Wort von Laplace, daß er die Hypothese ›Gott‹ nicht nötig habe, wird heute nicht mehr mit solcher Unbedingtheit ausgesprochen wie zu jener Zeit, die berauscht war von den großen Erfolgen der Mathematisierung der Naturwissenschaft, die von Leibniz und Newton ihren Ausgang genommen und in der Mechanik des Himmels ihre großen Triumphe erlebt hat.

Mit dem Vorbehalt, daß dem Philosophen und dem Theologen überlassen bleibe, was deren Sache ist, möchte ich den Versuch machen, Ihnen darzulegen, wie es dem Astronomen gelingt, den gesamten Kosmos in den Bereich menschlicher Maße und Vorstellungen einzubeziehen; aufzuzeigen, mit welchen Maßstäben die Welt zu messen ist und wie diese Maßstäbe in die richtige Beziehung gesetzt werden können zu den Elementarerlebnissen von Raum und Zeit, deren wir als Menschen fähig sind.«

Erweiterung und Veränderung des Weltbildes – und Fixierung von Grenzen ...

Wir haben (vor dem Hintergrund jener schicksalhaften Entscheidungen vom Sommer 1945) den Bogen zum Telegraphenberg geschlagen. Wir können ihn von dort in die Babelsberger Merkurstraße 10 (nomen est omen) zurückschlagen, und wir sind bei Bruno H. Bürgel, in seinem Observatorium, bei der Vermittlung des neuen Weltbildes an den Mann, an die Frau im Volke, und Volksschriftsteller war dieser Mitarbeiter an Foersters ›Kosmos‹, war dieser Arbeiterastronom in der Tat. Es war dann freilich gerade auch der akademische Forscher Hans Kienle gewesen, der 1948 auf dem Friedhof und später auf einer Gedenkfeier in Babelsberg das Werk Bruno H. Bürgels warmherzig würdigte.

Schlägt man vom Telegraphenberg wieder einen anderen Bogen, einen nach Rehbrücke, zum Haus, zum ›Laboratorium‹ Kurt Breysigs, dann wird man mit der viel zu wenig bekannten Intention dieses Universalhistorikers vertraut gemacht. Breysig hat zeitlebens versucht, bei der Aufdeckung der Zusammenhänge von geschichtlichen Prozessen und denen in der Natur die modernsten Erkenntnisse der Naturwissenschaften, eben gerade auch der Atomphysik, aufzunehmen und zu verarbeiten. So korrespondierte er schon lange vor 1940 (seinem Todesjahr!) nicht nur mit Naturphilosophen (wie Hans Driesch, seinem Freund), sondern vor allem mit Max Planck, und auch Briefe an Niels Bohr hatten zuvor das Haus Breysigs, ›Die Ucht‹, verlassen:

»Rehbrücke bei Berlin, den 27. Dezember 1925
Hoch verehrter Herr Bohr,
[...] Als das Centrum des heutigen physikalischen Weltbildes gilt mir Ihre Lehre vom Atombau. In Ihren Schriften, von denen

ich namentlich die *Drei Aufsätze*, so weit als ich es bei meinen sehr mangelhaften Vorkenntnissen vermochte, für meine Zwecke auszunützen getrachtet habe, finde ich nun immer wieder Stellen, die von dem Aufbau des Atoms, von dem Einfangen neuer Elektronen sprechen. Ich fügte diese Redewendungen, die doch unzweifelhaft eine genetische Bedeutung haben, in die erste große Sicht ein, die Mendelejeff und Lothar Meyer über die Ordnung der Elemente eröffnet haben. Das periodische System ist von den beiden Forschern ja unzweifelhaft im genetisch-historischen Sinn aufgefaßt worden, und der Ausdruck periodisch doch wohl auch im Zeitsinne gewählt: als ein Stammbaum der Elemente. Ihre Lehre, von dorther gesehen, nimmt sich dann vollends wie eine höchste Bestätigung solcher genetischen Auffassung aus. Vom Wasserstoff aufsteigend als dem einfachsten zusammengesetzten Element müßte dann ein stoßweise vorschreitendes Entstehen und Sich-Erweitern der Elemente-Reihe und damit des Urgeschehens der Welt angenommen werden.«

Wiederum können wir zuletzt sogar einen Bogen zu Hermann Kasack schlagen – weniger wegen seines noch im letzten autobiographischen Text bekundeten Interesses am Halleyschen Kometen, am Zeppelin, der in Potsdam ohnehin populär war wie alles, was mit Fliegerei zu tun hatte – gehörten zur Stadtgeschichte doch auch Flugzeugpioniere, Otto Lilienthal und Werner Alfred Pietschker, der ›fliegende Sohn des Pfarrers‹ von Bornstedt. Der Bogen zu Kasack ist neuerlich ein Bogen zur *Stadt hinter dem Strom*, zu dem berühmten Kapitel über deren Produktionsstätten, von denen in der einen das zerstört wird, was die andere produziert. Einen für die ›Produktionsverhältnisse‹ Verantwortlichen läßt Kasack sagen: »Es bleibt der Hohen Präfektur vorbehalten, daß sich Aufbau und Zerstörung immer die Waage halten. Freilich wird ihr Ausgleich immer schwerer fallen. Es steht zu erwarten, daß mit dem neuen Zeitalter der Atomzertrümmerung, das meine Alchimisten vorbereitet haben, unsere Gruppe einen Vorsprung in der Vernichtung gewinnt, der so leicht nicht wettgemacht werden kann.«

Diese Sätze stehen im 12. Kapitel des Romans, und dieses ist noch vor 1945 geschrieben. Freilich wäre eine solche Bemerkung, fugenlos eingeführt in Fabel und Struktur des Romans, gleichsam prophetisch auch dann, wenn sie bei der Wiederaufnahme an der Niederschrift um die Jahreswende 1945/46 eingepaßt worden wäre. Hermann Kasack jedenfalls hat früh die möglichen Folgen des Atomzeitalters zur Kenntnis genommen, am Schreibtisch in der Stadt, in der zeitweilig das ›Little White House‹ stand, und später, von Stuttgart aus, in einem schönen Brief an Albert Schweitzer.

Wir finden in Potsdam also ein Geflecht, ein heimliches, ja unheimliches von Strömungen und Unterströmungen universalen Denkens, die, gemessen an den Maßstäben der jeweiligen Systeme, unzeitgemäß sind, in Wahrheit aber zeitgenössisches Weltbild, humane Gesittung und weltanschauliche Haltung zur Deckung bringen. Sie erweisen damit ein Ethos des Bildungsbürgertums, das gültig ist, unabhängig davon, welche Zeichen die jeweils Mächtigen für die Zeit setzten (›gültig‹ übrigens ein Schlüsselbegriff Kasacks).

So hatte, wir erinnern uns, Karl Foerster 1942 seinen Brief über die Zivilcourage (›Zivilkurage‹) geschrieben, und 1949, ausgerechnet am 21. März, schrieb er für Franz Steiners ›Tagespost‹ ein kurzes Statement zur Gründung der Weltfriedensbewegung, das an die pazifistische Haltung seines Bruders Friedrich Wilhelm Foerster (den diese Zeitung ihrerseits zitierte) anklang:

»Es gibt nur einen Weg zum Frieden, den Weg über das Gute. Natürlich gibt es auch politische Weisheit jenseits des Bereichs der Ethik; aber niemals im Gegensatz zu ihr. Doch haben Weltkriege nicht nur die großen Pfahlwurzeln der politischen Zuspitzung, sondern Milliarden Faserwurzeln im Unguten des privaten Menschenlebens. Wir friedlichen Kriegsbringer, Mann und Weib, sind mit all unseren Charakterfehlern noch immer dem Kriegsgott dienstbar; denn nichts existiert weniger als irgendeine Grenze zwischen dem privaten Leben und der Weltpolitik. Nur die Herrschaft des Ethos im Kleinen und Großen führt auf den Weg zum Weltfrieden. Es gibt keinen anderen Weg.«

Karl Foerster, Bornim – unser Geflecht hat gerade auch das ›Worpswede der Gartengestalter‹ als einen fixen, geographisch genau zu bestimmenden Ort für diesen Topos einer geistigen Haltung, die auf den von Vater Foerster gebrauchten Begriff der Versöhnung im großen wie im kleinen zu beziehen war und die je aktuellen propagandistischen Schemata durchstieß.

In Bornim als geographischem Ort und geistigem Topos liefen jene Strömungen und Unterströmungen zusammen und gingen von dort, vom Senkgarten und vom Schreibtisch Karl Foersters, in die Welt. 1950 erschien ein Buch von ihm in der alten Bundesrepublik, nicht in der DDR, das solchen Ortsbestimmungen entsprach: *Vom großen Welt- und Gartenspiel*.

Ein paar Jahre später kam, wiederum in der alten Bundesrepublik, nicht in der DDR, ein Buch von Karl Foersters frühem Freund, dem Leipziger praktischen Theologen Alfred Dedo Müller, heraus, in dem dieser im Anschluß an Friedrich Wilhelm Foerster der Dämonie der Atomgefahren entgegenschrieb ...

»Der Gärtner Karl Foerster wurde zum Menschengärtner«, bemerkte der Maler Siegward Sprotte in den siebziger Jahren in Bornstedt: »Wer sein Lebtag in der Kunst sich übt, wachsen und werden zu sehen, der lernt auch werden zu lassen, was er sieht, er bildet die Kunst aus, dem werdenden Menschen einen gärtnerischen Beistand nicht zu versagen. Gartenkunst: bildende Kunst: Bewußtseinsbildung [...]«

Peter Suhrkamp hat einen solchen Gedanken ganz alltäglich, aber fast augustinisch so auf den Punkt gebracht: Ein junger Mann, in Schwierigkeiten, fragt ihn um Rat. »Gehen Sie doch mal nach Bornim zu Karl Foerster«, sagt der Verleger. »Wer ist denn das?« lautet die Gegenfrage. »Und was soll ich bei ihm?« – »Hingehen«, war die Antwort. Hingehen!

Interludium

Potsdams pazifistische Tradition

Am 7. September 1947 wurde in der Potsdamer ›Tagespost‹ an den 100. Geburtstag Moritz von Egidys erinnert, an einen ehemaligen Offizier, der auf vielerlei Umwegen zu einem Verfechter der Ideen des Friedens und der Versöhnung geworden war.

Ebenfalls 1947 kam es in Potsdam zu einer Auseinandersetzung darüber, ob es notwendig und richtig sei, die Deutsche Friedensgesellschaft Bertha von Suttners wieder zu begründen. Ausgelöst wurde sie von einem Aktivisten der alten DFG, der nach der Rückkehr aus der Emigration zeitweilig an der Ausbildung von Neulehrern in Potsdam beteiligt gewesen war: Heinrich Kraschutzki, der übrigens auch Offizier (U-Boot-Offizier) gewesen war. Kraschutzki ist später in Westberlin und in der Bundesrepublik aktiv in der Friedensbewegung hervorgetreten.

Wenn die ›Tagespost‹ an Moritz von Egidy erinnerte, so hatte das nicht zuletzt damit zu tun, daß Egidy nach Potsdam gezogen war und sich in der Großen Weinmeisterstraße ein Haus gemietet hatte; da der Bahnhof ziemlich weit entfernt war, hatte Egidy mit fünfzig Jahren noch das Radfahren gelernt.

Von Potsdam aus griff Moritz von Egidy in die politischen und religiösen Auseinandersetzungen seiner Zeit (bis zu seinem frühen Tod 1898) ein, sowohl durch die von ihm beeinflußte Zeitschrift ›Versöhnung‹ wie denn auch im brieflichen Austausch und als Redner. In einem regen Gedankenaustausch stand von Egidy mit Bertha von Suttner, von der viele Briefe die Potsdamer Weinmeisterstraße erreichten. Aus ihnen ging hervor, daß die führende Pazifistin von Egidys Aufsätze der ›Versöhnung‹ sehr genau und auch kritisch las: »Etwas gar *kühn* ist Ihre Sprache gegen den Staat. Wer das so liest, ohne Vorbereitung, ohne Ihren vorhergehenden Gedankengang zu kennen, wird etwas kopfscheu werden [...]« (8. August 1897)

Moritz von Egidys Vorstellungen zum Frieden und zur Friedensbewegung sind ziemlich deutlich in einem Aufsatz von 1897 zusammengefaßt:

»In strenger Wahrung unseres eigenen Rechts auf Selbstbestimmung, in ebenso gewissenhafter Achtung des gleichen Rechts unserer ebenbürtigen Volksgenossen gelangen wir zur Toleranz. Toleranz keineswegs beschränkt auf das konfessionelle Gebiet; dort ganz selbstverständlich Toleranz ohne jede Beschränkung; ebenso selbstverständlich aber, und mit ebenso wenig Beschränkung, auch tolerant auf allen anderen Gebieten.

Die krieglose Zeit erfordert Menschen, die es ertragen lernten, wenn die Menschen links und rechts neben ihnen und um sie her sich anders gebärden, anders ausdrücken, anders nähren, ja sogar anders kleiden, als sie es tun. Diese Toleranz, übertragen auf unser Rechtsleben, lehrt uns, mild sein; lehrt uns verstehen, wenn andere fehlten oder gar fielen; lehrt uns, das (vermeintliche) Unrecht anderer aus deren Persönlichkeit heraus verstehen. Eine vollkommnere Gerechtigkeit lehrt uns gleichzeitig, dies Unrecht aus den Zuständen heraus erklären, in denen der Übeltäter lebt, und an deren Mangelhaftigkeit wir alle Schuld tragen.

[...] Welche Aufgabe fällt dabei den Friedensgesellschaften zu? Daß die Friedensgesellschaften den Frieden nicht ›machen‹, wissen wir alle; aber sie wirken darauf hin, die Menschen auf die krieglose Zeit vorzubereiten, sie daraufhin zu erziehen.«

Versöhnung – wir haben es schon gesehen – war auch der Leitgedanke Wilhelm Foersters und seines (anderen) Sohnes Friedrich Wilhelm Foerster, und mit beiden hat von Egidy, wie sein Biograph Heinz Herz zu berichten weiß, eng zusammengearbeitet.

Bei Wilhelm Foerster – zuerst in Berlin, dann bei Karl Foerster in Bornim wohnend – liefen so gut wie alle Aktionen der frühen pazifistischen Bewegung zusammen, und so war es »Professor Wilhelm Foerster. Bornim bei Potsdam«, womit im September 1919 ein Antwortschreiben auf Romain Rollands Aufruf »Für die Unabhängigkeit des Geistes!« gezeichnet war, mit unterzeichnet u. a. von Albert Einstein und Hermann Hesse. In gewisser Weise haben wir es hier mit einem Anklang an die Potsdamer Aktion Martin Bubers von 1914 zu tun – in sie sollte Rolland ja auch einbezogen werden.

Wie Moritz von Egidy und Wilhelm Foerster eng verbunden waren, so waren es der berühmte Astronom und die weitverzweigte Familie Lepsius, aus der wir den Missionar und Vorkämpfer für die Armenier Johannes Lepsius schon in der Topographie des anderen Geistes von Potsdam ausgemacht hatten.

Lepsius hatte in Potsdam einen Verlag, den Tempelverlag, gegründet, in dem er 1916 unter dem scheinbar nichtssagenden Titel einen *Bericht über die Lage des armenischen Volkes in der Türkei* herausgegeben, ihn dann aber nicht über den Buchhandel verbreitet, sondern zur Information verschickt hatte. Er wußte, warum er es so tat, denn es war dieser Bericht nicht mehr und nicht weniger als der über die Greuel gegen die Armenier. Tatsächlich wurde die Zensur auf ihn aufmerksam und verbot weitere Verbreitung, aber 20 000 Exemplare waren bereits von Potsdam aus versandt worden.

1919 konnte Lepsius ohne Zensur publizieren, und so ließ er zum Bericht die von ihm im Dezember 1918 (mit Unterstützung des Staatssekretärs Dr. Wilhelm Solf) durchgesehenen diplomatischen Akten in die Öffentlichkeit gehen: *Deutschland und Armenien 1914-1918. Sammlung diplomatischer Aktenstücke*.

Lepsius hätte all dies (und vieles andere) nicht leisten können, hätte er nicht Unterstützung gehabt in seiner Familie und von solchen Mitarbeitern, die wie Richard Schäfer die Sache der Armenier zu ihrer eigenen gemacht hatten. Richard Schäfer waren die vielfältigen organisatorischen Bemühungen bei der Versendung des Berichts zu danken, er hat wesentlichen Anteil an der Arbeit des Verlags und am Aufbau einer Teppichfabrik für armenische Flüchtlinge – in Potsdam ist er erst relativ spät wieder entdeckt worden, nicht zuletzt durch Pfarrer Kunzendorf, der immer von neuem auf Schäfers Wirken und auf seine Grabstelle auf dem Bornstedter Friedhof verweist.

Das Wirken von Johannes Lepsius hat viele Spuren hinterlassen – literarische in Werfels *Vierzig Tage des Musa Dagh*, persönliche, vor allem in Armenien selbst, wie sich in den achtziger Jahren die damals noch in Potsdam lebende Tochter Veronika überzeugen konnte, und politisch-geistige, auf die Lepsius' Biograph, der Hallenser Theologe Hermann Goltz (er begleitete übrigens Frau Lepsius nach Armenien) hingewiesen hat:

»Als im Juni 1921 in Berlin der sogenannte Talaat-Prozeß gegen den armenischen Attentäter Soghomon Tehlirian stattfand, der den jungtürkischen Massenmörder im Zentrum von Berlin ermordet hatte, bezeugte Johannes Lepsius als Gutachter die große Mitschuld des Ex-Innenministers und Ex-Groß-Vezirs Talaat an dem Völkermord im Osmanischen Reich. Als es zur entsprechenden Entscheidung des Gerichts kam und der Attentäter freigesprochen wurde, empfanden das nicht nur die Armenier in aller Welt als eine Genugtuung angesichts ihres nicht zu vergessenden Meeres von Blut und Tränen. Unter den deutschen Zuhörern saß auch ein junger jüdischer Jura-Student, auf den dieser Prozeß, das Gutachten von Lepsius und der Spruch des Gerichts einen unauslöschlichen Eindruck machten. Dieser Student war Robert M.W. Kempner, der nach dem 2. Weltkrieg aus dem amerikanischen Exil als stellvertretender Hauptankläger auf dem Nürnberger Tribunal nach Deutschland zurückkehrte, später unter anderem auch beim Eichmann-Prozeß in Jerusalem mitwirkte und der vor kurzem noch den erfolgreichen Ausgang seines Kampfes um die Ungültigmachung aller Urteile des sogenannten Volksgerichtshofes der Nazis erleben durfte. Ende der 70er Jahre bezeugte dieser konsequente Mann ausdrücklich in erinnerungsartigen Aufzeichnungen in der Frankfurter Zeitschrift ›EMUNA

– Horizonte zur Diskussion über Israel und das Judentum‹, daß der Prozeß gegen den ermordeten Massenmörder Talaat ihm der wesentliche Impuls gewesen ist, sich für die Schaffung einer Rechtsprechung über Verbrechen gegen die Menschlichkeit einzusetzen. Für den radikalen Demokraten Kempner war die Konsequenz aus dem Prozeß gegen den Massenmörder Talaat, in welchem Lepsius den Blick auf die großen Zusammenhänge öffnete, das Tribunal gegen die faschistischen Gewaltverbrechen an der Menschheit.«

Foerster-Lepsius-Egidy – ein bemerkenswerter Dreiklang Potsdamer Geistes der Versöhnung, der Toleranz, der Gerechtigkeit. Karl Foerster hat auf ihn gehört, und stets ist er für Versöhnung und gegen »Versöhnungs-Hemmungen« eingetreten (so in einem Text von 1937): »Versöhnlichkeit ist eng verbunden mit dem Abtun aller Arten und Abarten des Hochmutes. Zu ihnen gehört auch der kleine moralische Stolz, daß wir wieder einmal mit der Versöhnung angefangen haben und nicht auf den Beginn beim anderen warten [...]«

In diesem Zusammenhang mag auch diese merkwürdige Tatsache Erwähnung finden: Friedrich Siegmund-Schultze, Potsdamer Vikar vor 1914, war einer der Protagonisten der ökumenischen Bewegung. Vor allem mit der großen ›Life-and-Work‹-Konferenz 1925 in Stockholm und damit mit dem legendären Erzbischof Söderblom war er verbunden. Söderblom aber war es schon kurz nach dem Ersten Weltkrieg gewesen, der dem jungen Künstler Wilhelm Kempff den Weg in Schweden bahnte, und es war Paul Le Seur, der auf der Stockholmer Konferenz das Grußschreiben des damaligen deutschen Reichskanzlers Hans Luther verlas. Mit einem anderen großen Ökumeniker, mit Adolf Keller, stand Furtwängler von Potsdam aus in Verbindung. Und noch während des Zweiten Weltkriegs flog Hielscher nach Schweden und traf sich mit den Nachfolgern Söderbloms zu Friedensgesprächen. Wir wissen heute um die hohe Bedeutung dieser internationalen ›Freundschaftsarbeit der Kirchen‹ ...

Der andere Potsdamer Geist ist also auch sehr präzis einer des Friedens!

Von Potsdam nach Moskau

Von Potsdam nach Doorn – so hieß das Buch des deutschvölkischen Publizisten und Abgeordneten Ernst Graf zu Reventlow (Potsdam, Große Weinmeisterstraße), in dem er das Ende des Zweiten Reiches beschrieb. *Von Potsdam nach London* hätte die Autobiographie heißen können oder sogar sollen, die Lily Pincus geschrieben, aber im Untertitel *Von Berlin nach London* genannt hat; es ist dies, übers Autobiographische hinaus, die Geschichte vom Anfang des Endes des ›Dritten Reichs‹. *Von Potsdam nach Moskau* ist tatsächlich der Titel einer anderen, 1958 erschienenen Autobiographie, nämlich der von Margarete Buber-Neumann, in der auf dem Höhepunkt der Sowjetmacht (Chruschtschow rechnet im Sputnik-Rausch gerade aus, wann die UdSSR die USA überholt haben wird, und daraufhin wird Walter Ulbricht einfallen, die DDR werde die BRD überholen, ohne sie einzuholen) signalisiert wird, warum es mit dem realen Sozialismus sowjetischer Prägung nicht gut ausgehen wird.

Margarete Buber-Neumann, geb. Thüring, war die Tochter eines Potsdamer Brauereibesitzers, der in der Nähe des Brauhausbergs lebte.

»Mein Vater war der Sohn eines oberfränkischen Bauern. Nur unermüdlicher Fleiß hatte ihn dorthin gebracht, wo er stand. Er war Leiter eines mittleren Industrieunternehmens. Wen sollte es wundern, daß er aus Arbeit und Disziplin eine Art Religion machte? Er, der Bayer, fühlte sich in der preußischen Umgebung nicht nur wohl, er hatte den straffen Geist Potsdams beinahe fanatisch in sich aufgenommen. Widerspruch duldete er nicht, weder von uns Kindern noch von seinen Untergebenen. Einmal hörte ich, wie er auf dem Hofe der Brauerei einen Arbeiter anschrie: ›Nehmen Sie die Hände aus den Hosentaschen, wenn ich mit Ihnen rede!‹ Mein Vater verlangte ›Haltung‹. In ihm verband sich der preußische Feldwebel mit dem bäuerlichen Patriarchen. Seiner Härte entsprach allerdings ein starkes Verantwortungsgefühl. Er trat für seine Arbeiter ein, vorausgesetzt daß sie sich unterwarfen und nicht etwa Ansprüche stellten, die seiner Meinung nach unberechtigt waren. Selbstverständlich mußte für diesen Mann der Sozialismus das rote Tuch sein. Er, der länger als zwölf Stunden täglich arbeitete, und zwar aus freien Stücken, der außer dem ›Intelligenzblatt‹ und der ›Brauerei-Zeitung‹ nie etwas las, und den die Lesewut meiner Mutter aufbrachte, weil er sie für Zeitverschwendung hielt, sah zum Beispiel in der Forderung nach dem Achtstundentag nur eine empörende Anmaßung. Ich konnte, als ich älter und reifer wurde, immer besser verstehen, wie bitter es ihn treffen mußte, daß ausgerechnet seine drei Töchter sich zu überzeugten Sozialistinnen entwickelten. Er muß schwer darunter gelitten haben, aber dies Leiden führte ihn nicht zur Selbsterkenntnis. Er gab meiner Mutter die Schuld, schob die ›Entartung‹ der Töchter auf ihre liberale Erziehung. [...]

Meine entscheidenden Schuljahre fielen in die Zeit des ersten Weltkrieges. Hatte der Nationalismus preußischer Färbung in Potsdam, und nicht zuletzt in den Schulen dieser traditionsreichen Garnisonstadt, immer eine wesentliche Rolle gespielt, so überschlug er sich in jenen Jahren.

Vielleicht spürten die uniformierten Repräsentanten des preußischen Geistes damals schon unbewußt, daß der Glanz bald ein Ende haben werde. Andererseits aber überließen sie sich nur zu gerne dem Rauschgefühl dieses Krieges, von dessen siegreichem Ausgang sie völlig überzeugt zu sein schienen. Doch unter den Potsdamer Offizieren gab es nicht nur steifnackige Eisenfresser. Manche von ihnen versuchten, mit der neuen Zeit Schritt zu halten, wie die Eltern meiner Schulfreundin Svea von Krieger, obwohl ihr Vater hoher Generalstabsoffizier war. Eines Tages spielten wir während der Pause auf dem Schulhof, als ich zufällig Herrn von Krieger in seiner Uniform mit den roten Streifen des Generalstäblers auf einen unserer Lehrer zugehen sah. Er wollte sich nach den Leistungen seiner Tochter erkundigen. Gleichzeitig aber sah ich auch die Veränderung, die plötzlich mit dem Lehrer vor sich ging. Ich sah ihn zusammenknicken, als habe sein Rückgrat keinen Halt mehr, und ich sah sein unterwürfiges Lächeln. Dieser Lehrer machte es dem Offizier völlig unmöglich, mit ihm zu verkehren wie ein Bürger mit dem anderen. Der Untertanengeist saß ihm allzu tief in den Knochen.«

In der Jugendbewegung begegnete Margarete Thüring Rafael Buber, dem Sohn Martin Bubers. Berlin, Heidelberg, Jena und Heppenheim sind die Stationen einer letztlich mißglückten Ehe: »Im Jahre 1925 löste ich mich endgültig von ihm und fuhr mit meinen beiden Kindern wiederum nach Potsdam. Meine Ehe wurde 1929 geschieden.«

In Berlin im Umfeld der KPD arbeitend, blieb die junge Frau in Potsdam wohnen. Für einige Zeit hat sie dort ein bulgarisches Ehepaar, illegal in Deutschland lebend, untergebracht. Später stellt sich heraus: Es war Dimitroff mit seiner Frau. Margarete Buber lernt Heinz Neumann kennen, den Linksaußen der KPD und angeblichen ›Liebling Stalins‹. Erst als Kundschafterin und dann, nach 1933, als Emigrantin ist sie mit Neumann, den sie inzwischen geheiratet hat, in der Hand der Sowjets, ihr Mann fällt der Schistka, den Säuberungen, zum Opfer – sie wird nach Deutschland ausgeliefert und kommt ins KZ:

»Das vorliegende Buch schließt nicht willkürlich mit der Verhaftung Heinz Neumanns, denn die Nacht vom 26. auf den 27. April 1937 bedeutet das unwiderrufliche Ende eines Lebensabschnitts. Von 1929 an bis zu dieser Nacht war es nicht so sehr mein eigenes Schicksal gewesen, das im Vordergrund gestanden hatte, sondern das Schicksal des Gefährten, mit dem ich Jahre meines Lebens geteilt hatte. Jetzt ging es ans Bezahlen. Eine Rechnung mußte beglichen werden. Und dieser unumgänglichen Notwendigkeit gegenüber fand ich mich allein. Mein eigenes Schicksal hatte begonnen. Von den Exerzierplätzen Potsdams hatte mein Irrweg mich in das totalitäre Inferno Moskaus geführt, ein Weg, der typisch war für eine ganze Generation. Ich sollte zurückkehren, aber auf eine Weise, die ich mir nicht hätte träumen lassen. Ausgeliefert durch die Sowjetregierung an das nazistische Deutschland, vegetierte ich fünf Jahre lang in einem Konzentrationslager, das nicht viel mehr als hundert Kilometer von Potsdam entfernt lag, gemartert von einem Regime, an dessen Beschaffenheit der Geist von Potsdam, dem ich zu entrinnen versucht hatte, nicht den geringsten Teil Schuld trug.«

Über das Autobiographische im Schicksal Margarete Buber-Neumanns hinaus ist diese konfessorische Bemerkung von einer gewissen Gültigkeit auch für andere, für die Potsdam, als erste oder ›zweite‹ Heimat, zur Lebensform geworden war und die in ihrer Hinwendung zur möglichen realsozialistischen Perspektive getäuscht oder enttäuscht worden sind.

Peter Huchel hatte 1933, um der Vereinnahmung seines Werks durch die ›Blut-und-Boden‹-Ideologen zu entgehen, auf die Veröffentlichung eines Bandes seiner frühen Gedichte verzichtet. Mit dem Gedichtzyklus *Das Gesetz* hatte er demgegenüber mit gutem Willen den Versuch unternommen, in den Kosmos seiner Metaphern den Prozeß der Veränderungen auf dem Lande im Gefolge der Bodenreform in der SBZ einzubringen, mußte dann aber – wiederum in der Sorge vor Vereinnahmung – sein Scheitern im Fragment gebliebenen Werk eingestehen. Treu blieb sich Huchel in seiner Lyrik dort, wo es um das Märkische ging, den ›Märkischen Komplex‹.

In seiner redaktionellen Arbeit für ›Sinn und Form‹ und in seinen eigenen Arbeiten, den wenigen, die er dort drucken ließ, wich Huchel nicht von dem Weg, den sein früher Mentor Willy Haas mit dem Blick auf ›Sinn und Form‹ so markiert hatte: »Ihre Zeitschrift ist und bleibt – hoffentlich für lange – eine der sehr wenigen repräsentativen Zeitschriften Gesamtdeutschlands. Diese Feststellung ist so evident, daß sie kaum einer besonderen Begründung bedarf.«

Repräsentative Zeitschrift Gesamtdeutschlands, das hieß denn ja auch nach dem Zusammenbruch des NS-Regimes, nach Widerstandsbewegung und angesichts restaurativer Bewegungen, daß die geistigen Positionen des Bürgertums, des Bildungsbürgertums, durch neue Elemente auch der Infragestellung des ›realen Kapitalismus‹ bereichert worden waren. Es war allerdings charakteristisch, daß gegen diese Positionen von den führenden Ideologen der DDR polemisiert wurde (und die Vertreter der damaligen geistigen Restauration in der alten Bundesrepublik hielten von ihnen auch nichts). Huchel: »... schon nach der zweiten Nummer gab es die ersten Angriffe. Nach Meinung der Partei hatte ich zuviel Literatur aus dem Westen gebracht. Essays von Benjamin, Adorno, Bloch, Hans Mayer und Ernst Fischer erregten Mißtrauen. Ich brachte Bert Brechts Barlach-Aufsatz, dessen Abdruck das SED-Zentralorgan ›Neues Deutschland‹ abgelehnt hatte [...]«

Um dies hier nur anzudeuten: Gerade auf diese Weise erwies sich ›Sinn und Form‹ auch insofern als gesamtdeutsche Zeitschrift, als sie mit solchen und ähnlichen Publikationen die Voraussetzungen für jenen Innovationsschub markierte, der 1968 in der alten Bundesrepublik möglich wurde, während der von Prag inspirierte in der realsozialistischen Welt scheiterte. Doch da war Huchel schon sechs Jahre Einsiedler in Wilhelmshorst; erst 1971 konnte er mit seiner Frau ausreisen.

Die Ouvertüre zu 1968 war in der DDR und für Deutschland der 13. August 1961. Noch zu Beginn dieses Jahres hatte Peter Huchel, offenbar in der Furcht vor irreversiblen Entwicklungen, in der Sorge um deren Folgen, eine politische Aktion maßgeblich zu unterstützen versucht. Ende Januar 1961 fand nämlich im Weimarer Nationaltheater ein ›Nationales Forum‹ statt, zu dem 35 Persönlichkeiten, unter ihnen Manfred von Ardenne, Walter Felsenstein, Josef Hegenbarth, der Dresdner Maler und Katholik, Kreuzkantor Rudolf Mauersberger und Arnold Zweig, eingeladen hatten. In deren Namen eröffnete Huchel den Kongreß; in einem Zeitungsbericht (›Neue Zeit‹ vom 28./29. Januar 1961) hieß es hierüber: »In aufrüttelnden Worten verwies er auf den ganzen Ernst der Stunde. Die Nadel des Todes vibriert. Sie kann jeden Augenblick auf das Feld des Massenmordes und der Vernichtung zeigen. Wir müssen das Unsrige tun, ehe es zu spät ist.«

Huchel hatte wohl auch Kolleginnen und Kollegen aus der Bundesrepublik eingeladen. Sie waren der Einladung nicht gefolgt. So weit ich mich an die Veranstaltung erinnere, war es allein Peter Hamm, der gekommen war, der in die Debatte eingriff und einige kräftige Anmerkungen machte. Daran aber erinnere ich mich genau, daß Peter Huchel während dieses Kongresses im Foyer des Theaters wie verloren herumstand – es war dies nicht seine Welt. Die Bühne hatten inzwischen Albert Norden und andere Professionelle eingenommen.

Täuschung und Enttäuschung ...

In einer solchen Situation von Täuschungen und Enttäuschungen konnte es sogar zu Enttäuschungen unter Freunden und Gleichgesinnten, unter Schriftstellern kommen, die eigentlich zusammengehörten.

Nach seiner Entfernung aus ›Sinn und Form‹ hatte Huchel offenbar (Kasack hatte 25 Jahre zuvor in Potsdam manche seiner Freunde vermißt) eine Äußerung auch von Johannes Bobrowski erwartet – schließlich hatte er ihn als erster gedruckt und sah in ihm einen Gesinnungsfreund. Bobrowski stand damals indes selber in einer schwierigen Lage, die am 18. April 1963 in einem scharfen Angriff auf ihn im Rahmen einer Beratung der DDR-CDU zu Kulturfragen kulminierte.

Zu den jungen Autoren, die Peter Huchel in seiner Zeitschrift vorstellte, hatte auch einer gehört, dessen literarischer Weg in Potsdam begonnen hatte: Horst H. Bienek. 1981 – bei der Verleihung des Nelly-Sachs-Preises an ihn – erinnerte Martin Gregor-Dellin in seiner Laudatio an ein 1951 entstandenes »mehrteiliges Gedicht, das damals unter Freunden zirkulierte und Beachtung fand«, den »Gesang einer toten Landschaft«:

»Niemals darf sein in der Zeiten raschen Gefälle
je solch ein Sterben im Grund wie wir es gesehen
Blühn soll der Mohn rot und ewig die Immortelle
Laßt die Versucher laßt sie in Wüsten verwehn...«

Der Schriftsteller selber hat in seinen Frankfurter Ästhetik-Vorlesungen mit dem Kleistschen Titel *Das allmähliche Ersticken von Schreien. Sprache und Exil* heute daran erinnert, daß er von Gleiwitz über Köthen nach Potsdam gekommen war. »Es verschlug ihn«, so sagt er über sich in der dritten Person, »nach Potsdam. Er war neugierig. Er schrieb die ersten Gedichte. Er las sehr viel. Seine Augen gewöhnten sich an das Dunkel.«

Für etwa ein Jahr waren (H)HB und GW Volontäre in Potsdam, er an Steiners und Nells ›Tagespost‹, ich an der ›Märkischen Union‹. Bienek wohnte zur Untermiete (wenn ich mich richtig erinnere) erst am Brandenburger Platz, später in der Russischen Kolonie, von wo er seit 1950, erst mit einer kulturpolitischen Tätigkeit (zusammen mit Gregor-Dellin) befaßt, dann als Meisterschüler an Brechts Berliner Ensemble, jeden Tag nach Berlin fuhr.

»Ich wollte weg aus der Bürokratie. Ich wollte zu Brecht. Der machte gerade seine Meisterklasse auf. Ich bewarb mich. Ich reichte meine Gedichte ein, die niemand hatte drucken wollen oder können. Ich schrieb eine Arbeit über Julius Hay. Ich bekam einen Brief, ich sollte mich im ›berliner ensemble‹ einfinden.

Ich wurde Brecht gezeigt. Ich war so aufgeregt, daß ich gar nicht mehr weiß, was ich sagte, was er sagte, was die andern sagten. Ich trug meinen linken Arm in einer Schlinge, ich hatte mir einen Tag vorher das Handgelenk verstaucht. Mir war das sehr unangenehm. Aber Brecht schien sich überhaupt nur für mein verstauchtes Handgelenk zu interessieren.

Ich wurde genommen. Das war eine große Auszeichnung damals, ein besonderes Privileg. Am Ende waren wir sechs Meisterschüler. Wir kriegten das doppelte Stipendium wie ein normaler Student, das hatte Brecht durchgesetzt. Aber vor allem: wir mußten nicht in die Partei eintreten. Wer damals irgendwie vorwärts kommen wollte, mußte Mitglied der Partei sein, oder wenigstens Kandidat der Partei. Das Brecht-Ensemble aber war in jenen Zeiten so etwas wie das Gründgens-Ensemble im Dritten Reich. Hier war der Einfluß der Partei zu Ende. Brecht selbst schützte manchen mißliebigen Künstler, indem er ihn in sein Ensemble aufnahm.

Ich wohnte in Potsdam. Jeden Morgen fuhr ich eine Stunde lang mit der S-Bahn bis nach Ostberlin, Bahnhof Friedrichstraße. Und abends wieder eine Stunde lang zurück. Ich las in dieser Zeit Balzac, Dickens, Tolstoij und Dostojewskij. Ich habe niemals mehr in meinem Leben so viel gelesen. Wir fuhren durch die Westsektoren. Die Leute stiegen zu, entfalteten ihre Morgenblätter, und ich guckte ihnen über die Schulter. Auf diese Weise las ich jeden Tag die westlichen Zeitungen, die im Osten verboten waren. Im ›berliner ensemble‹ lag das ›Neue Deutschland‹ aus, die ›Berliner Zeitung‹, ›Der Morgen‹ und der ›Sonntag‹. Das ›Neue Deutschland‹ lasen wir, weil wir wissen wollten, in welche Richtung gerade die Kulturpolitik ging. Shdanow hatte die Prinzipien der Kulturproduktion festgelegt, und danach richteten sich alle Ostblockstaaten. Es hatte gerade eine antisemitische Kampagne gegeben: ›Wider den wurzellosen Kosmopolitismus‹. Damit waren die Juden gemeint, die angeblich wurzellos waren, ohne Heimat.«

Er habe, so sagt Bienek, an anderer Stelle, im Berliner Ensemble »seine Maske nicht abgelegt«; Karl Foerster hatte in anderen Zeiten von der ›Tarnkappe‹ geschrieben. Als ich dies nach der Wende las, wurde mir manches klar: Es war wohl auch diese Maske gewesen, in der HHB oder HB konformistische Berichte für die ›Tagespost‹ schrieb (1949 übrigens noch einen sachlichen über die Berufung Kasacks zum Vorsitzenden des Goethe-Ausschusses), während GW in der ›Märkischen Union‹ bis Ende 1949 in seine Artikel ironische Schnörkel einflocht, um dann, nach 1949/50, im Gegensatz zu seinem Kollegen, auf den Weg der Affirmation der DDR zu gelangen.

Bienek mußte buchstäblich den Weg ›von Potsdam nach Moskau‹, nein, weiter: nach Workuta gehen.

»Es war ein Viertel vor acht. Er war dabei, sich eine Tasse Tee aufzubrühen und sich ein Wurstbrot zurechtzumachen. Er hatte in einem Theaterstück gelesen, über das damals viel geredet wurde, *Trauer muß Elektra tragen* des Amerikaners Eugene O'Neill, das Buch lag aufgeschlagen auf dem Tisch. Da klingelte es. Er hörte durch die Tür, wie jemand zu seiner Wirtin sagte: ›Ein Eilbrief für Herrn Bienek. Wohnt bei Ihnen Horst Bienek?‹

Er drehte am Radio den RIAS weg – das war so etwas wie eine Reflexhandlung – und ging in den Flur. Da standen zwei Briefträger, in Zivil. Er sagte zu ihnen, zögernd und leicht befremdet: ›Ja, das bin ich.‹ In diesem Augenblick rissen sie ihm auch schon die

Hände nach hinten und legten ihm blitzschnell die Handschellen an. Sie sind verhaftet, sagte der eine. [...]

Die Zelle, das Lager, die Katorga, der Archipel GULag. Weiter nach Workuta am Eismeer, und noch weiter weg, aus dem Gedächtnis der Lebenden. Der andern. Huchel hatte ein Gedicht von ihm in seiner Zeitschrift ›Sinn und Form‹ gedruckt. Und Kantorowicz in der Zeitschrift ›Ost und West‹ eine Erzählung: *Warum?*

Auch das war vergessen, als er nach vier Jahren zurückkehrte in die Gemeinschaft der Lebenden. Im GULag hatte er gelernt, die russische Sprache zu lieben, die russischen Dichter zu lesen, Dostojewskij vor allem, Tschechow und Puschkin. Später Jessenin, den Dandy der Revolution, der sich in einer Neujahrsnacht am Fensterkreuz eines Petrograder Hotels aufgehängt hatte. Und die Verfolgten: Isaak Babel, Anna Achmatowa, Michail Bulgakow, Boris Pilnjak. Und Ossip Mandelstam, der elend in einem stalinistischen Arbeitslager umgekommen war.

Er schwor sich, das nicht zu vergessen.«

1950 hatten auch andere Potsdamer diesen Weg zu gehen, mindestens nach ›Moskau‹ in dessen Potsdamer Gulag-Gestalt, in die Lindenstraße. Frank Schleusener, der CDU-Landtagsabgeordnete, der in seinen Reden immer von neuem Rechtsstaatlichkeit und Einhaltung der Verfassung gefordert hatte, der Potsdamer Bürgermeister Köhler, ein volksnaher Kommunalpolitiker, Else Dau, Sozialpolitikerin, der Kirchenbaumeister Friedrich Bolle und Musikdirektor Ludwig Baues, stadtbekannt, 1947 zu seinem 70. Geburtstag in der ›Tagespost‹ beredt gewürdigt – und noch 1949 hatte er in dieser Zeitung eine Stellungnahme zugunsten der Weltfriedensbewegung veröffentlicht. Else Dau war Mitbegründerin der Volkssolidarität gewesen – eine Seele von Mensch ... Diese Namen stehen für die anderer sozialer, christlicher und liberaler Demokraten der Havelstadt.

Wolfgang Schollwer, der in der alten Bundesrepublik gut bekannte F.D.P.-Politiker, hat es aus seinen eigenen Erfahrungen als führender Mitarbeiter der Potsdamer, der brandenburgischen LDP nach 1945 in seinem *Potsdamer Tagebuch* auf den Punkt gebracht:

31. Mai 1950: »Seit Beginn des Jahres hat die SED ein wahres Kesseltreiben gegen bürgerliche Politiker in der Ostzone veranstaltet. Die Liquidierung des ›Klassenfeindes‹ erfolgte stets nach

dem gleichen Schema. Es beginnt mit einer Attacke in der SED-Presse [...] Dann kommen die ›spontanen‹ Resolutionen der Betriebs- und Einwohnerversammlungen. Schließlich, falls der LDP- oder CDU-Funktionär dann noch immer nicht seine Funktion niedergelegt hat, wieder ›spontan‹ Protestkundgebungen auf Straße und Plätzen [...]«

Dabei war Schollwer durchaus kritisch auch gegenüber der Politik der Bundesrepublik, die er in dieser Tagebuchnotiz »im Schlepptau der Anglo-Amerikaner« sah.

Schollwer steht zwar im Sommer 1950 als ›hauptamtlicher LDP-Funktionär‹ wegen wiederholter kritischer Äußerungen schon zur Disposition. Er darf bzw. muß aber immer noch (Bewährungsprobe?) zu Versammlungen gehen und dort auftreten.

11. Juli 1950: »Heute mein erster Auftritt als Redner in der Berichterstattungskampagne. Ich sprach vor der Belegschaft der Fa. Stichnote in deren Druckerei. Mein Referat wieder die übliche Mischung von ›fortschrittlichen‹ Sentenzen und kaum verhüllten Anklagen gegen das Regime [...] Dann einige Fakten über die kommunale Arbeit in Potsdam [...] Danach eine längere, lebhafte Diskussion, die vor allem aus Klagen besteht [...] Kritik wird an den sog. ›Intelligenzbauten‹ für hohe Parteifunktionäre, Wissenschaftler, Künstler etc. geübt und die Frage gestellt: ›Wo bleiben die Wohnungen für Arbeiter?‹. Kritik auch an der Ausschmückung der Stadt anläßlich des Besuchs des Moissejew-Ensembles in Potsdam [wer finanziert das eigentlich?] [...] Ich kann lediglich versprechen, mich um das alles zu kümmern. Doch weiß ich nur zu gut, wieweit hier mein Einfluß reicht [...]«

Im September 1950 stellt sich Schollwer als Kandidat der Einheitsliste für die Wahlen zur Stadtverordnetenversammlung vor – er tut es noch, gewissermaßen mit einer ›Maske‹. Freilich läßt er bei dieser ›Vorstellung‹ (es ist dies nur einem mit dem gesellschaftlichen Leben in der DDR Vertrauten ein vorstellbarer Begriff) eigene Positionen sichtbar werden, etwa zum Korea-Krieg, dem damaligen Reizthema, oder zur eigenständigen Rolle seiner Partei im ›Block der antifaschistisch-demokratischen Parteien‹. Hierfür wird er zwar kritisiert, aber nicht abgelehnt; er ist dann sogar noch für einige Tage Stadtverordneter. Ende Oktober verläßt der Dreißigjährige die Havelstadt.

Kurz vor seinem Weggang hatte es genügend Irritationen gegeben. Seine hauptamtliche Funktion mußte er aufgeben. Andere

Möglichkeiten für eine Arbeit, etwa im sozialen Bereich, schienen sich zu eröffnen, dann aber gab es neuerlich Probleme. Vorwürfe, die man ihm macht, sollen ihm vorenthalten werden, damit diese keinen ›Vorwand‹ für ihn bieten, wegzugehen. Ein Volkspolizist taucht bei ihm auf – es ist letztlich unklar, warum …

Die Sorge, verhaftet zu werden, ist zwischen den Zeilen deutlich zu lesen. Schollwer geht indes rechtzeitig, ›von Potsdam nach Berlin‹ – ein paar S-Bahn-Minuten sind dies; im Falle dieses LPD-, späteren F.D.P.-Politikers wie in unzähligen anderen umschreiben sie in der damaligen Zeit einen Weg ohne Rückkehr.

Bereits im Februar 1950 war Walter Hammer diesen Weg gegangen. Der aus der Jugendbewegung bekannte Verleger (»Fakkelreiter«) war im KZ Sachsenhausen und im Zuchthaus Brandenburg/Havel eingekerkert gewesen, und nach der Befreiung versuchte er, literarisch und wissenschaftlich für die objektive Aufarbeitung des Widerstands Sorge tragen zu helfen. Er tat dies in der Unterstützung des kurzzeitig existierenden VVN-Verlags Potsdam und Berlin, in dem auch die Dachau-Predigten von Heinrich Grüber (»Ich will rühmen Gottes Wort«) 1948 herausgekommen waren – vom Berliner Propst, der nach 1945 häufig in Potsdam gesprochen und gepredigt hatte. Vor allem aber war es Hammer um den Aufbau eines »Forschungsinstituts (Zuchthaus-) Brandenburg« im Landesarchiv Potsdam gegangen. Zunächst konnte Hammer dieses nach seinen Vorstellungen gestalten. Anfang 1950 wurde ihm indes ein Kuratorium vor die Nase gesetzt, das seine Konzeption und seine Vorgehensweise verwarf. Es war ein militanter, im Kampf bewährter Antifaschist, der verjagt wurde.

Interludium

Potsdamer Kirchenmann und Bonner Diplomat: Die Brüder Lahr

»Zweimal war ich in Berlin, um Mutter auf dem Wege nach Potsdam bis zum Zonenübergang in der Heinestraße zu bringen und sie eine Woche später dort wieder abzuholen. Mich selbst lassen die von drüben, wie nun schon seit sieben Jahren, nicht hinüber. Beide Male sah ich unseren Stift von ferne, auf dem Hinweg, wie er mit großen Schritten, gefolgt von seinen beiden ›Großen‹, auf sein Mutterchen zueilte, und auf dem Rückweg, als ich, mit Fernglas auf einem Holzgerüst stehend, ihn ein ganzes Weilchen am jenseitigen Schlagbaum in etwa 300 Meter Entfernung stehen sah. Betrübt merkte ich, daß er mich nicht entdeckte. Familienleben im geteilten Deutschland! Unsere Mutter erwies sich wieder als Persönlichkeit: Als der Polizist des Ostsektors sie bei der Einreise aufforderte, den Wagen des Bekannten, der sie hinüberfuhr, zu verlassen, erklärte sie, sie dächte gar nicht daran. Darüber war jener so verdutzt, daß er nicht nur die Personen-, sondern auch die gefürchtete Gepäckkontrolle vergaß und Mutter mit dem ganzen Schatz der Mitbringsel, dem ich sorgenvoll nachgesehen hatte, unbehelligt drüben ankam. Ich dachte an Adenauer, ihren Jahrgangsgenossen: Alter recht genutzt ist eine Stärke ...«

Dies schreibt am 20. August 1963 in Bad Godesberg Rolf Lahr an seine Schwester Ruth: Lahr ist Staatssekretär im Außenministerium der Bundesrepublik, und der ›Stift‹, von dem im Brief die Rede ist, ist sein im familiären Umfeld so genannter Bruder, der gerade Generalsuperintendent der Kurmark geworden war, Horst Lahr.

Wenige Wochen zuvor hatte der Staatssekretär seinem Bruder zur Berufung nach Potsdam gratuliert und geschrieben: »Lieber Generalsuperintendent, auf dem Flug von Mexico-City nach New York dachte ich nur an eines: Deine Einführung in das große Amt, die etwa um die gleiche Stunde stattfand, und versuchte, mir Dein neues Leben vorzustellen. Dieses wird schwer, aber – trotzdem und deshalb – schön sein, ähnlich dem meinigen. Bischof Dibelius, den ich kürzlich traf, erzählte mir mit großer Genugtuung, Du seiest seine Erfindung [...]«

In der Tat wurde Horst Lahr mit dieser Berufung (zuvor war er, im Kriege schwer verwundet, u. a. in Naumburg, am Katechetischen Oberseminar, im kirchlichen Dienst) einer der Nachfolger von Otto Dibelius als kurmärkischer Generalsuperintendent – und noch mehr: Auch mit dem ›Tag von Potsdam‹ hatten beide Brüder zu tun gehabt:

»Der 21. März 1933, der ›Tag von Potsdam‹ beeindruckte mich tief. Vor dem Staatsakt in der Garnisonkirche fand für die protestantischen Teilnehmer, vornan für Hindenburg, ein Gottesdienst in der Nicolaikirche[!] statt, an der unser Onkel Fritz Lahr seit zwanzig Jahren Pfarrer war. Er nahm die beiden Neffen mit, als er vor seiner Kirche den alten Reichspräsidenten ehrerbietig begrüßte und ihm den Arm bot, um mit ihm die hohe Treppe zum Kircheneingang hinaufzusteigen und ihn zu seinem Ehrenplatz zu geleiten. Wir sahen nach dem Gottesdienst von der Höhe der Kirchenterrasse, wie eine uns unübersehbar erscheinende Volksmenge sich vor Jubel kaum zu fassen wußte. Wir sahen Hitler, in Cut und Zylinder, wie nach unserer Meinung ein Reichskanzler bei solchem Anlaß auszusehen hatte, unweit von uns vorbeifahren. Im festlichen Gewühle drangen wir zur Garnisonkirche vor, hingerissen von der ungeheuren Begeisterung, die dem Festakt voranging und folgte. Die versprochene Volksgemeinschaft schien Wirklichkeit geworden zu sein, und wir waren glücklich darüber.

Ich muß nicht sagen, daß ich dem großen Aufbruch gedankenlos folgte. Ich bemühte mich jetzt um Wissen über den Nationalsozialismus. Das war nicht einfach. Angefangen mit den 25 Punkten des Parteiprogramms waren alle nationalsozialistischen Pronunciamenti verschwommen, teils sicherlich gewollt, teils wohl auch ungewollt – über vieles bestand offenbar auch in der Partei noch keine klare Vorstellung.«

Das hat Rolf Lahr 1946 im Rahmen seines Entnazifizierungsverfahrens niedergeschrieben (nicht ohne die Bemerkung, daß der Begriff des »positiven Christentums« im Parteiprogramm der NSDAP »der Familie Lahr eine Beruhigung« bedeutet habe, jedenfalls zeitweilig).

Als Horst Lahr in der besonders komplizierten Zeit nach dem 13. August 1961 in ein so wichtiges kirchliches Amt kam, hatte er eine doppelte Schwierigkeit zu bewältigen: Er mußte seine eigenständige, theologisch begründete kirchliche Position immer zusätzlich vor dem Verdacht schützen, daß er womöglich ›im Auftrag‹ seines Bruders in dessen staatspolitischer Funktion handle. In der Tat wurde der Potsdamer Generalsuperintendent in den sechziger Jahren in den einschlägigen (kirchen)politischen Kreisen der DDR als der ›Bruder des Bonner Botschafters‹ bezeichnet, und dies vor allem mit dem Bezug auf die Zeit, als Rolf Lahr 1957/58 als Botschafter zur besonderen Verfügung in Moskau die Verhandlungen (erfolgreich) geführt hatte, die sich aus dem Adenauer-Besuch von 1955 ergeben hatten; er hatte sich hierbei als ein allein die bundesdeutschen Interessen nachdrücklich vertretender Diplomat ausgezeichnet. Horst Lahr ist der Bewältigung seiner schwierigen Aufgabe in einer Weise nachgegangen, die selbst bei seinen Verhandlungspartnern (wenn man diesen Ausdruck verwenden darf) Respekt hervorrief. Es war sein ›preußischer Stil‹, es war seine Haltung.

Wenn sich Horst Lahr in seinem Auftreten als kurmärkischer Generalsuperintendent über jegliche Provinzialität erheben und einen weiten Horizont politischer Information im Blickfeld haben konnte, dann hatte dies auch mit den vielen Briefen zu tun, die er von seinem Bruder erhielt und in denen er mit dessen Auffassungen zur politischen Lage, nicht zuletzt zur Ost-West-Auseinandersetzung, aber auch zum europäischen Einigungsprozeß vertraut gemacht wurde.

Wie die Lebensläufe und Lebenslinien immer von neuem zu merk- und denkwürdigen Verbindungen und Konstellationen führen – Rolf Lahr gibt in einem römischen Brief vom August 1973 ein mehr als anekdotisches Beispiel:

»Dann war ich in Positano, um Wilhelm Kempff, der dort 78jährig einen Teil des Jahres wohnt, zu besuchen. Es war ein dreifacher Erfolg, einmal die Bekanntschaft mit einem ungewöhnlichen Menschen, dann ein Klavierspiel von dreiviertel Stunden, das dieser mir rührenderweise widmete (Bach, Schubert, Liszt) und das Versprechen, in der Villa Almone zu spielen. Das letztere – für ihn einmalige – Entgegenkommen hatte ich einem besonderen Umstand zu verdanken: Wir stellten fest, daß der Vater Kempff als Kantor und Onkel Fritz als Pfarrer gemeinsam an St. Nicolai in Potsdam gewirkt hatten. ›Was die Väter begannen, sollen die Söhne fortsetzen‹, meinte Kempff.«

Es ist dies der Brief, in dem er überdies daran erinnern kann, daß er jetzt endlich einmal, wieder einmal, hat in Potsdam gewesen sein können:

»Aber vor allem denke ich an die Reise zu Euch, die erste nach achtzehn Jahren, die wir meinem sowjetischen Kollegen verdanken. Es hat mich alles tief bewegt, das Zusammensein mit Dir, Mechthild, und den Jungens in Eurem Heim, auch das mit Potsdam (nach achtundzwanzig Jahren) und dem Teil unseres alten Berlin, der heute Hauptstadt der DDR heißt. Nach achtzehn Jahren des Wartens! Es ist kaum zu fassen! Nach der Rückkehr meinte der Sowjetbotschafter, ich solle mich, wenn ich mal wieder Schwierigkeiten haben sollte, nur immer an ihn wenden. ›Il suffit un coup de téléphone!‹«

Dieter Lattmann – auch er in Potsdam geboren (*Jonas vor Potsdam*) – hat eine Art Roman *Die Brüder* geschrieben, über Brüder, die in gegensätzlichen Lagern lebten. Die Geschichte der Brüder Lahr ist eine andere: Sie lebten zwar in gegensätzlichen Lagern, aber es gab für sie nur die eine Nation, das eine Europa ...

Wie die Preußen kamen

Ein Nachspiel

Wir hatten die Ästhetik der Alternative als charakteristisch für jene in Potsdam angesehen, die sich – zumal aus dem Geist des Bildungsbürgertums heraus – gegen die je über die Havelstadt Herrschenden gewandt hatten, und wir hatten gesehen, daß sich diese in der Nachkriegszeit bis 1950 vor allem auf die beiden bürgerlichen Parteien, auf CDU und LDP, stützen konnten. »Als am 27. März 1950 Bürgermeister Erwin Köhler und seine Frau in Potsdam verhaftet wurden, ahnte noch kein Mensch, daß dies der Auftakt zu einer Verhaftungswelle sein würde, der fast alle alten Mitglieder des CDU-Kreisvorstandes zum Opfer fallen sollten, soweit sie nicht den Weg nach Westberlin nahmen«, berichtet Buchhändler Erich Ebert, ehemaliger CDU-Stadtverordneter, von 1950 bis 1957 in Haft, zumeist in Bautzen. Eberts Buchhandlung unweit des Brandenburger Platzes war ein Zentrum geistigen Lebens in Potsdam gewesen.

In den fast vierzig Jahren danach, von 1950 bis 1989, konnten unter solchen Aspekten der Alternative nur je einzelne Adressen angeführt werden. Einzelne Adressen – die vornehmste war natürlich bis zum 27. April 1971, bis zum ›Tage meines Fortgehns‹, Wilhelmshorst, Hubertusweg 43-45, also die von Peter Huchel. Sie war es daher auch, bei der sich immer von neuem nonkonformistische Intellektuelle aus der ganzen DDR meldeten; aus Potsdam und seiner Umgebung waren es zumal der Schriftsteller Fritz Erpel, der von 1957 bis 1962 Redakteur bei Huchel gewesen war, dann Huchels frühere Sekretärin Charlotte Narr und der (1994 verstorbene) Kinderarzt Herwig Hesse in Caputh. Das Haus Hesses konnte wiederum eine Adresse für Peter Huchel sein, wenn dieser aus guten Gründen aus dem Hubertusweg eskapieren mußte. Hesse berichtete:

»Als vor seinem Grundstück eine große schwarze SIS-Limousine anhielt, ahnte er schon, daß es sich um den Staatssekretär im DDR-Kulturministerium, Erich Wendt, handelte. Wendt hatte ihn kurz vorher von Potsdam aus angerufen und zu einem ›klärenden Gespräch‹ in den Rat des Bezirkes eingeladen. Als Huchel den Wagen vor dem Haus parken sah, verließ er seine Wohnung in

Richtung Garten und lief fluchtartig quer durch den Forst bis nach Caputh, zu unserem fernab der Straße gelegenen Haus. Er war sehr aufgeregt, seine Nerven waren überspannt. Wir boten ihm an, er könne bei uns wohnen, bis sich die Gemüter [...] allmählich beruhigt hätten. Das Schicksal bot mit einem weiteren Überraschungsbesucher eine bessere Therapie: Nach seiner Haftentlassung besuchte uns unser alter Freund, Dr. Pots, um uns von seinen Erfahrungen als Häftling im ›Lindenhotel‹, dem Potsdamer Stasi-Gefängnis, zu berichten, wo er wegen versuchter Republikflucht einsitzen mußte. Er machte das so überlegen, ja fast humorvoll, daß wir alle wie gebannt zuhörten. Ich merkte, wie sich Huchel immer mehr entspannte und gelassener auch der Möglichkeit einer Haft entgegensah.«

Wieder eine andere Adresse war: Burgstraße 33, Christian Wendland, »zuletzt Student an der TU WB« (ein Stasi-Zitat!). Mit dieser Adresse – sowie mit der des schon erwähnten Eberhard Grauer und der von Ulrich Krieger – war ein Prozeß um Angehörige der Evangelischen Studentengemeinde verbunden, der im Dezember 1961 stattfand. Es war dies, nach dem 13. August, ein Zeitraum, in dem die Mühlen der DDR-Justiz besonders gründlich mahlten.

Christian Wendland kommt aus einer angesehenen Potsdamer Familie – sein Vater war Architekt und seit 1949 im Kirchlichen Bauamt tätig. Er selber hielt betont Distanz zur FDJ – die Konsequenz: Er kommt nicht auf die Erweiterte Oberschule, hat aber die Möglichkeit, ein Gymnasium in Westberlin zu besuchen und mit dem Studium an der Technischen Universität (›TU WB‹) zu beginnen. Der Ausgangspunkt des Prozesses ist nicht zufällig das Schicksal der Garnisonkirche noch vor ihrer Zerstörung. Im November 1994 zitiert Hendrik Röder im damaligen Stadtmagazin ›Potz‹ aus dem Festnahmebericht:

»Christian Wendland betrieb ›fortgesetzt handelnd staatsgefährdende Propaganda und Hetze, indem er auf Zusammenkünften mit Mainzer und Aachener Studenten in Westberlin Maßnahmen der Regierung der DDR diskriminierte und seine feindliche Einstellung zu den Maßnahmen der DDR vom 13. 08. 1961 zum Ausdruck brachte. Außerdem verfasste (C. Wendland – d. A.) Ende 1960 einen Brief an die Redaktion der westdeutschen Rundfunkzeitung ›Funkuhr‹, worin er im Zusammenhang mit dem Abriß des Stadtschlosses in Potsdam verantwortliche Funktionäre beschimpfte‹.«

Und Röder, der darauf verweist, daß der Brief gar nicht abgegangen sei, fügt hinzu:

»Liest man ihn genau, wird man auch heute über den drangvollen Mut erstaunt sein. Schreibanlaß war eigentlich die ›Ente‹ eines Beitrags in der ›Funkuhr‹, wonach die Garnisonkirche in Ost-Berlin stünde. Der junge Architekturstudent und Liebhaber seiner barocken Heimatstadt empört sich über so viel westdeutsche Unkenntnis und erinnert nicht nur eindringlich an deren wahren Standort, sondern vor allem daran, daß besagte Kirche nebst Stadtschloß zum gesamtdeutschen Kulturerbe gehören, das man vor der Zerstörung durch die SED-Genossen retten müßte: ›Wird nicht dem Münchner wie dem Hamburger oder Potsdamer dieser Besitz gestohlen von deutschen (!) Banditen, die die russische Staatsbürgerschaft besitzen?‹ Denn auch den ›westdeutschen Randsiedler‹ hatte es ›wenig gekümmert, daß das Potsdamer Stadtschloß und mit ihm nach dem Kriege bald 1,5 km Barockfassaden mit herrlichen Stukkaturen + Sandsteinplastiken gesprengt, abgerissen und vernichtet werden‹ (Brief C.W. aus dem Jahre 1960). Die stattliche Abrißlänge hatte der Architekturstudent selbst errechnet. Bis zur Wende erhöhte sie sich dann auf über 5 Kilometer.«

Es sind also zunächst – wie bei Huchel – literarisch-ästhetische oder – wie bei Christian Wendland – historisch-traditionelle Alternativen, die (wiederum buchstäblich) artikuliert werden und allerdings eine geistige Position erkennen lassen, die außerhalb der Koordinaten des Systems liegt.

Von Potsdam nach Moskau – wir hatten schicksalhafte Wege verfolgt, und wir hatten gesehen, was zehn Minuten von Potsdam nach Berlin (West) bedeuten konnten. Doch freilich gab es, trotz allem, auch die entgegengesetzten Wegbestimmungen, also von... *nach Potsdam*. Es war dies der Weg derjenigen, die die Hoffnung nicht aufgegeben hatten, auch unter ganz anderen gesellschaftlichen Bedingungen menschendienlich wirken und ihr bildungsbürgerliches Erbe zur Geltung bringen zu können.

Bildungsbürgerliches Erbe schloß, nicht zuletzt aufgrund der Erfahrungen zwischen 1933 und 1945, die jeden veränderten, christliche Verantwortung, Vision von sozialer Gerechtigkeit, Bewahrung und Bewährung der Menschenwürde und der Menschenrechte, womöglich die utopische Vorstellung von Gleichheit, jedenfalls von Brüderlichkeit ein. 1955 erschien in Kassel der autobiographische Bericht *Aus meines Lebens Bilderbuch* von Paul Le Seur, den wir als Freund August Winnigs kennengelernt hatten. 1949 wohnte Le Seur noch in Potsdam – in der ›Tagespost‹ wurde die Todesanzeige seiner Frau, einer Malerin und Schwester der Schriftstellerin Elisabeth van Randenborgh, abgedruckt. Es sind zweifellos die Erfahrungen mit dem NS-Regime und die mit dem Leben in der SBZ, die Le Seur zu diesen analytischen und konfessorischen Bemerkungen veranlassen:

»Heute ringen zwei gewaltige Mächte im ›Kalten Krieg‹ miteinander: USA und UdSSR; und immer stolzer, ihrer Kraft bewußter, recken sich die volkreichsten aller Staaten: China und Indien! Durch die Kriege haben die ›Farbigen‹ die Achtung vor dem ›weißen Mann‹ verloren. Auch in Afrika wird ein Neues. Über dem alten ›Abendland‹ brauen sich Wetterwolken drohend zusammen. Zwei gewaltige Strömungen prallen gegen einander. Gewiß steht der *Marxismus* im tiefen Gegensatz zum Evangelium, aber vom *Mammonismus* gilt dasselbe! Daß sich der sozialistische Marxismus einst so eng mit dem Atheismus verband, war nicht zuletzt Schuld eines vom Mammonismus durchseuchten Bürgertums, das sich ›christlich‹ nannte.«

1949 war in der ›Tagespost‹, mit einer Porträtskizze versehen, die Meldung zu lesen, daß Dr. Werner Hollmann, von Brandenburg an der Havel kommend, die Leitung der Inneren Abteilung der Städtischen Krankenanstalten in Potsdam übernommen habe. Mit Hollmann (Jahrgang 1900) war ein Arzt nach Potsdam gekommen, der einen weiten philosophischen Horizont mit fester weltanschaulicher Haltung, strenge Wissenschaftlichkeit mit sensibler Diagnostik und Zuwendung zu den ›anderen‹ verband. Hollmann hatte in Bonn promoviert – 1935 erfolgte seine Habilitation in Heidelberg, er war ein Schüler des Psychosomatikers Viktor von Weizsäcker, der zeitweilig mit Joseph Wittig und Martin Buber Herausgeber einer Zeitschrift mit dem bezeichnenden Titel ›Die Kreatur‹ gewesen war. Hollmann, 1937 Chefarzt in Brandenburg an der Havel geworden, entwickelte, von Weizsäcker unterstützt, eine rege schriftstellerische Tätigkeit. Eine Schrift mit dem Titel *Krankheit, Lebenskrise und soziales Schicksal* (1940) oder eine andere über *Leistungsminderung durch Störung der Umweltbeziehungen* (1955) machen den Ansatz deutlich, dem Hollmann in seinem ärztlichen Wirken gerecht werden wollte.

Sich auf Weizsäcker, seinen Lehrer Krehl und Carus berufend, hat Hollmann geschrieben:

»Nicht in einer Bereicherung der Heilmethoden durch Naturheilkunde und Homöopathie, nicht in einer Neuerweckung romantischer Weltbetrachtung und Weltanschauung, ebensowenig wie in einer Förderung exakt naturwissenschaftlicher rationeller Methodik liegt die Zukunft der Heilkunde. Die Zukunft bringt keine neuen Lösungen, sondern neue Ziele und neue Aufgaben. ›Nicht das Wissen, nein, die Krankheit selbst muß gestaltet werden. Der Kranke gestaltet sie, denn er ist eine Einheit, ja, eine Welt für sich, mit Willen begabt, dem Glauben überliefert, er ist Persönlichkeit im Guten wie im Bösen. Und der Arzt gestaltet die Krankheit mit ihm, denn er ist desselben Stoffes.‹ Diesen Weg gezeichnet und gegangen zu haben, darin liegt die Größe KREHLs, der, wie kein anderer, ›alle Schwierigkeiten und Notwendigkeiten der modernen Medizin und Wissenschaft durchgearbeitet hatte, der alle Verpflichtungen des Forschens, des Wissens, der Technik übernommen hatte, der keinen Zweifel ließ, daß er sie auch künftig verteidigen würde‹.

Von vielen seiner Zeitgenossen wurde KREHL wegen dieser Haltung ein Romantiker genannt. Wird diese Bezeichnung des tadelnden Sinnes entkleidet, den sie im Munde des rein naturwissenschaftlich-positivistischen Klinikers hat, und auf ihre wirkliche Berechtigung zurückgeführt, so taucht hinter der Grundhaltung KREHLs und der Grundhaltung der Schüler seiner Romantik die Grundhaltung der großen romantischen Ärzte auf. Für sie war der Mensch nicht nur Träger biologischer Eigenschaften, sondern auch Träger ästhetischer, religiöser und kultureller Werte und als solcher, als leib-seelische Einheit, als Persönlichkeit Objekt der ärztlichen Erkenntnis und der ärztlichen Beeinflussung. So sah ihn CARUS, so sah ihn KREHL, und so wird ihn der Arzt der Zukunft wieder sehen und zu heilen versuchen. Heilen bedeutet dann nicht nur Beseitigung einer Störung, Entfernung eines Defektes – das auch! –, Heilen bedeutet darüber hinaus aber auch Zurückführen zu sich selbst, Erleben des Persönlichkeitskerns, – und Krankheit nicht ein Fremdes, das beseitigt werden kann, sondern eine Krise, eine Wandlung, die löst, erlöst und durch diese Erlösung zu einer neuen geistigen Haltung und damit zu neuer Gesundheit führt.«

In seinem Haus auf dem Küssel liefen viele Fäden von Begegnungen, Gesprächen, Diskussionen, auch von Gesellligkeit (1947 hatte Hollmann einen Essay über das Lachen geschrieben) zusammen, Fäden von und zu Peter Huchel und Karl Foerster (dem festen Bornimer Ort), zu Veltheim von Ostrau, dem wir bei Kasack begegneten und über den Harald von Koenigswald geschrieben hat, sowie Albert Einstein, übrigens auch zu Wolfgang Frommel, dem Freund des noch vor Kriegsende ermordeten Percy Gothein, damit zum ›Centrum Peregrini‹. Es war der Küssel Nr. 41 eine Art Salon des Bildungsbürgertums im realsozialistischen Potsdam, der eine Alternative bot zum unseligen ›Geist von Potsdam‹, aber auch zum Milieu der zeitgenössischen Gesellschaft. Dabei ging Hollmann nicht so weit, der DDR eine gewisse Loyalität zu verweigern, etwa in Gestalt der Mitarbeit im Kulturbund, von dessen bemerkenswerten Anfängen in Potsdam wir gehört hatten, und der Humboldt-Club im seinerzeitigen Kellermann-Haus blieb auch später eine akzeptable Adresse (ich bin Hollmann, dem damaligen Potsdamer Kirchenmusikdirektor Prof. Tietze, dem früheren Thomasorganisten in Leipzig, und dem Orgelbauer Schuke dort begegnet). In den späten achtziger Jahren waren es denn auch – noch vor der Formierung der Bürgerbewegung – Organisationsformen des Potsdamer Kulturbundes, die solchen jungen Menschen, die das gesellschaftliche Leben kritisch (mit »Argus«-Augen) beobachteten, die Möglichkeit boten, zumal in Fragen des Umweltschutzes Stellung zu beziehen; manche von ihnen tragen heute in der Stadt unmittelbare Verantwortung.

Zu den frühen Protagonisten des Kulturbundes in der Mark Brandenburg hatte Wilhelm Fraenger gehört. Er hatte zuerst in der Stadt Brandenburg an der Havel (Hollmann war dort sein Arzt) als Stadtrat für Kultur und im Kulturbund das auf neue Weise fortgesetzt, was Carl Zuckmayer – mit Fraenger aus dessen Heidelberger Zeit gut bekannt – auf mehreren Seiten seiner Autobiographie zu rühmen weiß: geistige Auseinandersetzung und Bemühung um das Künstlerische, Geselligkeit, Musik und Theater. Fraenger, so Zuckmayer, sei »mit allen intellektuellen Prämissen, mit allen musischen Emanationen vertraut und befaßt, die das Weltbild der Epoche bezeichneten. Das Absonderliche, Seltsame, Geheimnisvolle in den Künsten und vor allem in Volkskunde und Folklore war sein eigenster Bezirk, sein bevorzugtes Forschungsgebiet, in dem er mit abundanten Kenntnissen, mit genialem Einfühlungs- und Ausdrucksvermögen schaffte und wirkte. Aber er war ebenso, im sokratischen Sinn, ein Lehrer und Bildner seiner jüngeren Freunde [...]« So geht es mehr als zehn Seiten weiter. Wenn Zuckmayer erwähnt, daß er mit Fraenger einen in ihrer Zeit denkwürdigen ›Bellmann-Abend‹ veranstaltet hatte, so war für den Brandenburger Fraenger der 17. Oktober 1948 denkwürdig, als in der Krypta des Brandenburger Doms die Sing- und Spielschar des Kulturbundes unter Mitwirkung der Dom-Kurrende das Spiel *Der Kinderkreuzzug* von Marcel Schwob, dem französischen Schriftsteller, aufgeführt hatte.

Ein Brief des inzwischen an der Akademie der Wissenschaften tätigen Wilhelm Fraenger an Werner Hollmann von Ende 1953 zeigt, wie sich das bildungsbürgerliche Geflecht, wie sich die Konstellationen einer Intellektualität und humanen Geistigkeit unabhängig von den politischen Rahmenbedingungen erhalten haben, wie sich diese Strömungen und Unterströmungen jenseits der Zwänge des Tages herausformen und auch ihre Grenzüberschreitung vorführen.

»Lieber Herr Dr. Hollmann!
Das Institut hat mich, sobald ich Ihre schützende Klausur verlassen hatte, so in Anspruch genommen, daß ich Ihnen erst heute für all Ihre ärztliche Fürsorge von Herzen danken kann, die mich [...] wieder auf die Beine gestellt hat. Wollen Sie als kleines Dankeszeichen für Ihre so grosse Bemühung einen soeben erschienenen Bildband zur Lebens- und Werkgeschichte J. S. Bachs freundlich entgegennehmen [...] Ich hätte ihn gern persönlich nach Hermannswerder gebracht, aber das abscheulich feuchte Nebelwetter hält mich am Schreibtisch fest, den ich nur verlasse, wenn mich der Wagen zur Akademie entführt. Inzwischen habe ich den 1. Band unserer neugegründeten Halbjahreszeitschrift ›Deutsche Volkskunde‹ unter Dach und Fach gebracht, für den ich mir ein hübsches Thema: ›Indische Tiermärchen in deutschen Holzschnitten des 15. Jahrhunderts‹ reservierte. Dank Ihres ›Sanatoriums‹ vortrefflich ausgeruht, kann ich mich dabei con amore in den anmutigen Pantschatantragärten ergehen, was mir stimmungsmässig besser bekommt, als gleich wieder in die düstre Welt Jörg Ratgebs oder Boschs hineinzusteigen.

Hans Fehr, der mir einen Aufsatz für den 1. Band versprochen hat, bestellt Ihnen die besten Grüsse, und einem Brief eines mir unbekannten Amsterdamer Anthroposophen C. A. Wertheim

Aymés, der mich für 14 Tage zu sich eingeladen hat, entnehme ich folgenden, auf Sie bezüglichen Passus:
›Wo ich jetzt aus Ihrem Schreiben (aus dem Krankenhaus) die Verbindung von Ihnen mit Dr. Werner Hollmann begreifen kann, glaube ich, daß es nicht mehr nötig sei, ihm separat zu schreiben, und hoffe, daß sie [!] ihm meine Grüsse und Dank für seinen Aufsatz in ›Psyche‹ 1951, Heft 6, übermitteln wollen. Besser spät, wie nie.‹ [...]
Seien Sie, lieber Dr. Hollmann, nochmals für Ihr lebensretterisches Werk bedankt und mit Ihrer ganzen Familie zu Weihnachten aufs herzlichste begrüsst von
Ihrem Wilhelm Fraenger«
Fraengers subtile Untersuchungen des Werks von Bosch und von Jörg Ratgeb bestachen damals, als wir sie zuerst lasen, und sie bestechen noch heute durch etwas, was für die damalige ideologische Situation in der DDR alles andere denn selbstverständlich war. An dieser Stelle wird deutlich, daß das von uns hier immer beschworene Geflecht nicht nur ›subkutan‹ vorhanden war, sondern sich auch öffentlich darstellte und damit aus den Häusern (oder Hörsälen) hinauswirkte und in menschendienlicher Haltung (an welchem Platz auch immer) aufgenommen werden konnte. Für Wilhelm Fraengers Arbeiten war nämlich die Einheit des Ästhetischen, des Sozialen und des Religiösen charakteristisch, des Religiösen aber nicht als ›Verkleidung‹ des Sozialen, sondern als das Eigene in seiner Authentizität.

Solchen Ansätzen folgte im Umfeld der Germanistik ein Gelehrter, der Ende der vierziger Jahre von Heidelberg nach Potsdam gekommen war, ein Literaturwissenschaftler, der den schwäbischen Pietismus, den Geist der Jugendbewegung, zumal der Köngener, und einen weiten literarischen Horizont zu verbinden wußte, Joachim G. Boeckh.

Von seiner kleinen Wohnung in Babelsberg fuhr Boeckh zu seinen Vorlesungen an der Berliner Humboldt-Universität und der Brandenburgischen Landeshochschule am Rande des Parks von Sanssouci. Es waren zumal seine Vorlesungen über das 17. und frühe 18. Jahrhundert, in denen er anläßlich der ›drei großen A‹ (Johann Valentin Andreae, Johann Arnd, Gottfried Arnold) literaturwissenschaftlich das zur Wirkung brachte, was Fraenger in der Kunstwissenschaft gelang. Mitte der fünfziger Jahre konnte Boeckh seine Vorlesungen nicht fortsetzen: Er war verhaftet worden. Nach seiner Freilassung blieb ihm allein ein Arbeitstisch in der Akademie der Wissenschaften, und die Liste seiner eigenen Veröffentlichungen ist daher nicht so lang.

Potsdamer Landeshochschule?

Im Sommer 1948 war in der ›Tagespost‹ gemeldet worden, die ›Potsdamer Universität‹ sei auf dem Wege. Tatsächlich gab es damals im brandenburgischen Volksbildungsministerium Pläne, an die Tradition der Frankfurter Viadrina anzuschließen und in der Provinz bzw. dem Land Brandenburg eine eigene Universität aufzubauen. Eröffnet wurde dann aber im Oktober/November 1948 doch keine Universität, sondern eine Landeshochschule, die sich später zur Pädagogischen Hochschule mutieren mußte. Eine Universität hat Potsdam erst nach der Wende erhalten (und Frankfurt aus der Tradition der Viadrina heraus eine Europäische Universität!).

Unabhängig hiervon (es geht hier nicht um eine Hochschulgeschichte) ergab sich in der Havelstadt ein Zuzug von Wissenschaftlern, die auf je ihre Weise ihr Proprium einzubringen und eine gewisse Pluralität zur Wirkung bringen konnten, sei es der schon erwähnte Joachim G. Boeckh oder der aus der Schweiz gekommene Rechtsphilosoph Arthur Baumgarten (der erste Rektor), der Germanist Ernst Hadermann, der als einer der ersten Offiziere an der Ostfront zur Beendigung des Kriegs aufgerufen hatte, oder der aus der englischen Emigration zurückgekommene Mathematiker Wilhelm Hauser, Jude, Sozialdemokrat und Pazifist, der aus dem Baltikum stammende und seit 1920 in Potsdam als Studienrat tätig gewesene Historiker Werner Meyer, ein profunder Kenner des Vormärz, oder Werner Peek, ein hervorragender klassischer Philologe, oder Hans Schlemmer, früherer Synodaler der altpreußischen Union und führender Mitarbeiter der ›Christlichen Welt‹, des Selbstverständigungsorgans des deutschen Protestantismus. Hans Schlemmer, einer der ›Chefideologen‹ protestantischer Pädagogik in den Anfängen der später von Margot Honecker kontrollierten Potsdamer Pädagogischen Hochschule – eine nicht uninteressante Konstellation. Allerdings ist sehr bald festzuhalten, daß gerade auch eine solche neue Hochschule sich – zumal in den geisteswissenschaftlichen Fächern (in den gesellschaftswissenschaftlichen, wie man sie in der DDR bezeichnete) – um eine relative Eigenständigkeit mühen mußte, und im Schatten von ›Marxismus-Leninismus‹ gelang es denkwürdigerweise einzelnen durchaus. Überdies konnten sich in Potsdam christlich-demokratische Wissenschaftler als Chemiker (Gehlen) oder als Mathematiker (Thomas) profilieren.

Jedenfalls sehen wir in Potsdam der endvierziger, der fünfziger Jahre, wie bildungsbürgerliche Kreise, Intellektuelle unterschiedlicher Statur am Werke sind, in Forschung (nicht zuletzt auch auf dem Telegraphenberg) und Lehre, in der Seelsorge und im ärztlichen Engagement, im Versuch, das, was im Arkanum des Arbeitszimmers oder in der geselligen Runde Gleichgesinnter erarbeitet worden war, in geeigneter Weise in die Öffentlichkeit, und sei's in die halbe des Vorlesungssaales, des Kulturbund-Clubs oder (und dies in zunehmendem Maße) des Kirchgemeindesaales zu bringen. Auch das Umfeld der Potsdamer Archive wäre neuerlich ins Blickfeld zu nehmen – vor allem ein für Potsdam gleichsam autochthones: das Fontane-Archiv. Es hatte in Joachim Schobeß einen Leiter, der bildungsbürgerliches Erbe und Profil par excellence repräsentierte. Joachim Seyppel hat das Archiv gewürdigt, Schobeß porträtiert und die Frage nach dem Druck der Tagebücher aufgeworfen, die erst heute – wir haben darüber gesprochen – beantwortet werden kann.

Bildungsbürgertum im Realsozialismus – es hatte, wenn es sich entschieden hatte, hier zu bleiben, wenn klar war, daß etwa der Weg von Heidelberg nach Potsdam irreversibel war, Züge an sich, die für das Bildungsbürgertum immer prägend waren: eine Dominanz des Intellektuellen, des Geistigen, des Musischen, zumal des Musikalischen, eine Priorität des Wissenschaftlichen gegenüber dem Politischen, einen immer neuen Versuch, Bildungswerte in die Gesellschaft, in die Gemeinschaft zu vermitteln. Jetzt waren indes einige andere Züge hinzugekommen – solche, die mit den Erfahrungen des NS-Regimes zu tun hatten, wobei nicht zu verkennen war, daß die Kommunisten aus den konsequentesten Gegnern des Regimes gehört hatten, daß die ›hiesige‹ Besatzungs- oder Kontrollmacht als deren ›Heimat‹ erschien, daß also insgesamt auch aus dem ›klassischen‹ wissenschaftlichen Reservoir des Marxismus manches bildungsbürgerlich produktiv gemacht werden könnte. Um Reinhold Schneider zu variieren: Hatte man in Weimar Potsdam ignoriert, und zwar zum Schaden von Weimar, sollte man heute in Potsdam wissenschaftliche Analyse und soziale Vision der hier präsenten Siegermacht und ihrer deutschen Freunde nicht links liegen lassen. Freilich hatten diese bildungsbürgerlichen Kreise alsbald merken müssen, daß Diskurs, Dialog mit Marxismus nicht gefragt war; gefordert war Akzeptanz des M-L, und damit fiel sofort Schatten auf gutwillige Versuche der Neuorientierung. Vor solchen Alternativen (›Ästhetik der Alternative‹) sahen sich ältere Wissenschaftler wie junge Intellektuelle, die aus dem Bürgertum kamen. So wurde 1958 an der Akademie für Staat und Recht in Potsdam ein damals 22jähriger, der CDU angehörender Student relegiert – ›wegen mangelnder Verbindung zur Arbeiterklasse‹. Tatsächlich war es diesem Studenten darum gegangen, als CDU-Mitglied wirklich etwas verändern zu können. Es folgten ein Jahr ›Bewährung‹ in der ›Produktion‹, der enttäuschte Austritt aus der CDU und der dann doch mögliche Abschluß eines Anglistik-Studiums. 1985 wurde der in Potsdam wohnhaft gebliebene bekennende Katholik, der in den siebziger Jahren Mitglied der Pastoralsynode geworden war, sogar außerordentlicher Professor an der Humboldt-Universität im Umfeld der eher ›neutralen‹ Sprachwissenschaften. Wir haben knapp die biographischen Wege des Bildungsministers im Kabinett de Maizière und heutigen sächsischen Staatsministers Hans Joachim Meyer skizziert, und wir müßten wenigstens noch hinzufügen, daß Meyer, der 1989/90 den Aktionsausschuß katholischer Christen in der DDR initiiert hatte, 1997 Präsident des Zentralkomitees deutscher Katholiken geworden ist.

Worin es also für bildungsbürgerliche Kreise in der DDR relativ lange einen Konsens mit den herrschenden Kräften gegeben hatte, das war die Absage an das NS-Regime, die Anklage gegen alles, was mit Nazismus zu tun hatte. Da wäre dann doch die Frage zu stellen, ob es so einfach ist, diesen wiewohl letztlich fragwürdigen Konsens mit dem Begriff des ›verordneten Antifaschismus‹ abzuwerten (wobei hier vor allem an die Generation der heute über Fünfzigjährigen zu denken ist). Es war dies wohl mehr – und gerade Potsdam zeigt uns, daß das Bildungsbürgertum etwa auch in der Rezeption des Preußischen (und zwar unter den Schatten des 21. März 1933) eine überaus kritische Position bevorzugte. Als wir Mitte der sechziger Jahre Kleppers Tagebuch in der DDR herausbrachten, waren sich Lektor und Verfasser des Vorwortes, ein evangelischer Theologe, einig, daß die ›politische Einäugigkeit‹ des Dichters nicht unerwähnt bleiben dürfe.

Der zeitweilige, aber jedenfalls relativ lange gegebene Konsens in Sachen ›Antifaschismus‹ wird hier so nachdrücklich herausgestellt, weil es dann, spätestens in den achtziger Jahren, gerade die Differenzierung in der Analyse des gesamten Widerstandes ist, die die Einseitigkeit unterhöhlt, mit der gleichsam a limine die Priorität des kommunistischen Widerstands normiert worden war. Letztlich galt dieser als Maßstab für allen anderen Widerstand. Nolens volens läßt sich dies gespiegelt bei Seyppels Wanderungen durch Potsdam ablesen. Da sieht er sich im Neuen Garten und sieht ein junges Mädchen, redet mit ihm, und »sie zeigt auf die Villa am See, dort drüben wohnen die von Seydlitz (oder Beck, ich bringe die Namen durcheinander, jedenfalls gehören sie entweder zum 20. Juli oder zum Nationalkomitee) ...«

In Wirklichkeit ist es ein von Witzleben, Wilhelm Job(st) von Witzleben, der in der ehemaligen Kempff-Villa wohnt, und er gehört zum Nationalkomitee, ein wenig auch zum 20. Juli. Anonymität und Einseitigkeit sind am Werk, Differenzierung ist nicht gefragt.

1992 wird Pfarrer Gottfried Kunzendorf gezielt die Frage gestellt bekommen, ob in *der* Zeit, als er in der DDR das Gedenken an den konservativen, den adligen Widerstand begann, dies eigentlich unerwünscht gewesen sei. Seine Antwort: »Das kann man so nicht sagen. Als wir damals anfingen, war auch in der DDR schon der 20. Juli in neuer Sicht deutlich geworden. Es gab hier in Potsdam den Prof. Finker und den Oberst von Witzleben. Es gab in der DDR zwei Bücher Finkers, eins über Stauffenberg und eins über den Kreisauer Kreis.« Witzleben habe schon früh vorgeschlagen, »daß man an den verschiedenen Häusern Gedenktafeln anbringen sollte, um den vielen Touristen deutlich zu machen, daß Potsdam eben nicht nur die Stadt des Tages von Potsdam und des preußischen Militarismus ist, sondern eben auch im Widerstand gegen Hitler eine ganz besondere Rolle gespielt hat«.

Das in den späten sechziger Jahren erschienene Stauffenberg-Buch des Potsdamer Historikers, der bis dahin vor allem mit Arbeiten zur Arbeiterbewegung und zur Militärpolitik hervorgetreten war, hatte in der DDR einen geradezu sensationellen Erfolg und erreichte in wenigen Jahren eine Auflage von etwa 100 000 Exemplaren. Auch in der alten Bundesrepublik wurde es, zumal von Persönlichkeiten aus dem Umfeld des 20. Juli, mit einem gewissen Respekt aufgenommen. Dabei waren Finker und sein Lektor (der Verfasser dieser Arbeit) durchaus im ›Maßstäblichen‹ geblieben, hinsichtlich der ›Messung‹, der Wertung der Offiziersverschwörung unter den Aspekten der Priorität des kommunistischen Widerstands. Allein schon die monographische Behandlung und objektive Gestaltung dieser Reizthematik mußten dann aber doch zur Öffnung des bisher hermetisch abgeschlossenen Bildes vom deutschen Widerstand führen. So blieb Finkers Stauffenberg-Buch, dem ein weiteres über Kreisau folgte, à la longue nicht ohne Folgen für die geistige Auseinandersetzung in der DDR.

Angesichts der Tatsache, daß das Bildungsbürgertum – sieht man von der allerdings oft genug unterschätzten Atempause zwischen 1945 und 1948 ab – im Osten Deutschlands im Grunde 55 Jahre in Refugien, in innere Emigration, mindestens aber ins dritte und vierte Glied des gesellschaftlichen Lebens verbannt war, mußte es Umwege gehen, wollte es einen gewissen Einfluß ausüben, und sei es den einer Milderung, einer Dämpfung der Herrschaft, zumal im geistigen, im kulturellen Leben. Daher mußten diese bildungsbürgerlichen Kreise sich angelegen sein lassen, einerseits ihre Botschaft an ihre Klientel (auf welchen Wegen auch immer) zu übermitteln, um andererseits ihre Auffassungen und Intentionen in einem (allerdings verstümmelten) Diskurs mit den gleichsam ›offiziellen‹ Intellektuellen, also den Wissenschaftlern der führenden Partei, zu vermitteln, sei es ›subkutan‹, also in Gesprächen, internen Diskussionen, Briefen usw., sei es – wie in verlegerischen Unternehmungen – in relativer Öffentlichkeit. (Ein Sonderfall konnte darin bestehen, mit Publikationen im Ausland in geeigneter Weise in die DDR zurückzuwirken.)

Es gab aber auch noch hie und da ›Salons‹ im sozialistischen Potsdam, den Hollmannschen hatten wir schon kennengelernt, und dort, wo Huchel bis zum ›Tage seines Fortgehns‹ in Wilhelmshorst gelebt hatte, finden wir in den siebziger Jahren Erich Arendt. Er sammelt im Hubertusweg alte und neue Freunde um sich, Uwe Grüning, Jürgen Rennert und Helga Schütz, um nur sie zu nennen. Von Helga Schütz kennen wir diesen Bericht:

»Als ich das erste Mal nach Wilhelmshorst ins Haus am Hubertusweg fuhr, wußte ich nicht einmal, so will mir heute scheinen, daß Peter Huchel viele Jahre hier mit seiner Familie gewohnt hatte, bevor er in den Westen ausreisen durfte. Ich kam, um den anderen Dichter, um Erich Arendt zu besuchen, den von mir verehrten Lyriker und Übersetzer, den weisen älteren Herrn, den letzten Weltenbürger des Terrains. Er hielt im Anwesen am Hubertusweg ein gastliches Haus. Roter Wein gehörte dazu und Gespräche.

Manchmal las er uns vor, was er gestern oder vor zehn Jahren geschrieben hatte. Damit gewährte er uns Einblicke in seine poetische Werkstatt, und er ließ uns Anteil nehmen an seinen Reisen, denn er war ein großer Reisender. Die hiesige Kälte und ein angeborenes Fernweh, wie er selbst sagte, trieben ihn jedes Jahr in die Kultur und Vegetation des Südens. Er durfte zufrieden sein, daß er alt genug, mithin privilegiert war, zur Ausflucht nach Frankreich, nach Spanien.«

Fernweh und ›hiesige Kälte‹ spiegeln sich in den späten Gedichten der Wilhelmshorster Zeit. Mediterrane Atmosphäre wird in Katarakten von Bildern und Chiffren zur Wirkung gebracht, und in der Welt, in der er lebt, entdeckt er den ›Riß‹: Es ist dies das einzige, Signale aussendende Wort der ersten Zeile des Rennert gewidmeten Gedichts ›G.H.‹. In dem ›Riß‹, in diesem Falle in der ›dunklen Lunge des Sees‹, weiß er einen,

»[...] der hat, du
sahst ihn, gesungen,
wie singend er glitt
unter die Fläche
mit eisernem Schuh, sein
Schweigen sang weiter,
im Blindschrei
der Fische,
die Havelgründe entlang:
Grüß! zwischen märkische Stämme
dem die Kugel gerissen
die Enge der Welt
aus der Brust
ihn
grüßend
unpreußisch.«

Memento und Bild Erich Arendts, wie im Gedicht *Einstein*, dort wird die Welt zur ›Leerformel‹, der Mensch zur »Null« ...

Eigenwillige Dichtung, Dialog zwischen Geistes- und Naturwissenschaften, Differenzierung des antifaschistischen Widerstands, verstärkte Aufnahme des bildungsbürgerlichen Erbes, durch Luther-Ehrung und Preußen-Debatten herausgeforderte Erweiterung des Geschichtsbildes überhaupt, nachdrückliche Einmischung der ›Kirche im Sozialismus‹ in das gesellschaftliche Leben der DDR und freilich gleichzeitige Infragestellung des Sozialismus und der ›Kirche im Sozialismus‹ durch den konziliaren Prozeß, der den zeitweiligen und partiellen Konsens der ›offiziellen Kirche‹ mit dem Staat im Blick auf die Raketenpolitik der frühen achtziger Jahre durch pazifistische Tendenzen und bürgerrechtliche Losungen beiseiteschob – all dies veränderte die politisch-geistige Landschaft der DDR und in ihr das Lebensgefühl, die Lebensform zumal der nachwachsenden Generationen.

Das Preußische, der ›Geist von Potsdam‹, der andere, jenseits des 21. März 1933 und seiner Folgen, aber auch jenseits einer vordergründigen systemstabilisierenden Ausbeutung der sekundären preußischen Tugenden in der DDR – das waren gewissermaßen geschichtsnotorisch die politisch-geistigen Dimensionen, in denen sich jene Topoi der allgemeinen Auseinandersetzung in der DDR als spezifische in Potsdam darboten. 1989 nahmen sie dann auch hier erkennbar jenen Charakter an, wie er durch die Bürgerbewegung im Süden des Landes, vor allem in Leipzig, in der Öffentlichkeit der Medien geprägt worden war. Daß in Potsdam von jenen Kirchen aus die Bürgerbewegung gefördert wurde, die in der Zeit des Kirchenkampfes Zentren der Bekennenden Kirche gewesen waren – die Erlöserkirche und die Babelsberger Friedrichskirche –, wird nicht nur den Historiker interessieren (und Analoges gilt für die Erscheinungsformen von Aktionen: Abkündigungen, Einsatz musikalischer Mittel usw.).

Doch wir haben vorgegriffen, wir haben noch einmal an die Frage nach dem ›Geist von Potsdam‹ in dem Sinne anzuknüpfen, wie sie der damalige Potsdamer Generalsuperintendent Günter Bransch aufgegriffen hat, ob man nämlich der »totalen Verherrlichung eines mißglückten ›Preußentums‹« oder der »Verwerfung eben dieses Preußentums und seines ›Geistes‹ als eines Ungeistes« zu folgen oder ob man das Erbe »in Ja und Nein« aufzunehmen habe.

Solche Verherrlichung und zugleich Verwerfung – wir finden sie literarisch präsent in dem schon zitierten Buch Schlotterbecks, das auf diese Weise doch auch nolens volens den preußischen Alltag in Potsdam reflektiert (und dieser war irgendwie in Potsdam immer da – so auch, als ich Anfang der achtziger Jahre die von mir herausgegebene DDR-Ausgabe des *Vater* von Joachim Klepper im Eduard-Claudius-Club vorstellte und die nationaldemokratischen ›Brandenburger Neuesten Nachrichten‹ zu einem Vortrag des schon 40 Jahre toten Jochen Klepper einluden ...).

Schlotterbeck schildert seinen Besuch in der (wohl gerade noch existierenden) Garnisonkirche, der ihn ohnehin viel Überwindung gekostet hat. Er trifft dort einen Ortskundigen, einen Herrn P. (ist es eine ›satirische‹ Abbreviatur für ›den‹ P—otsdamer?).

»Ortskundig führte mich Herr P. [...] durch eine selbstgebastelte Türe in eine gut erhaltene Trümmerlandschaft aus dem Jahre Null.

Hoch über unseren Köpfen, an einem bedenklich rostzerfressenen Rohr hängt ein Heizkörper. ›Den konnte ich nicht bergen‹, sagt Herr P. entschuldigend. Hier und dort klebt ein Putzbrocken, der die morsche Nacktheit der Ziegelwände noch bedrängender macht, und nicht weniger unsolide hält sich eine einsame Säule aufrecht. Herr P. beschwört zwar mit weiten Armbewegungen Logen für Kaiser, Kaiserinnen und Prinzen in den leeren Raum, doch seine Mühe ist umsonst. Ich sehe nur eine alte Markttasche und die zerbeulte Radkappe eines DKW auf den Schutthügeln, strebe einem zwar zerbröckelten, doch sauber entrümpelten und gekehrten Marmorplätzchen zu, was ich nicht hätte tun sollen, denn sekundenschnell verwandelt sich Herr P. in die bekannte Gluckhenne, die Entchen ausgebrütet hat, und bittet mich, auf die Schutthügel zurückzutreten. ›Warum denn?‹ frage ich ahnungslos, da ich keinerlei Gefahr sehe. Doch Herr P. greift von seinem Schuttplatz nach meinem Arm. Er sagt: ›Sie müssen das verstehen! Es ist der ehemalige Altar!‹ – und ich wundere mich noch heute, wie ich streng und sachlich fragen konnte: ›Dann ist dies der Platz, auf dem Hindenburg und Hitler und Dibelius [!] damals ...?‹ Herr P., der noch bei meinem Fehltritt verweilt, beteuert: ›Es ist nicht wegen dem!‹ – ›Schon gut!‹ beschwichtige ich ihn, orte mit seiner Hilfe die damaligen Ereignisse, wobei die verrosteten Gitterstümpfe gute Anhaltspunkte geben. Dann schweigen wir eine Weile. [...]

Ehe das Schweigen peinlich wird, zähle ich laut: ›Ein Holunderbusch, eine Salweide, drei Birken ...‹, fühle, daß auch Herr P. die Unbefangenheit wiedergewinnen möchte, bitte ihn: ›Erzählen Sie etwas von der Kirche, wie sie verbrannte und was nun werden soll ...‹, suche den Platz zu bestimmen, wo einst Mars und Minerva standen, finde jedoch nur die bizarr verrenkten Stahlträger der nicht mehr vorhandenen Kanzel, schaue auf die zerfetzten Marmorsäulen, deren Fleischfarbe mich verwirrt: Fast jeden zweiten oder dritten Mann, wenn er über 35 Jahre alt ist, hat der Krieg ähnlich gezeichnet ... und höre nur von ferne, daß die Zerstörung der Kirche nicht beabsichtigt war – ›Ganz gewiß nicht!‹ –, weil Churchills Schwester in Potsdam lebte, höre, daß es genug Gönner und Spender in der Welt gäbe, die sofort das Geld gerade für den Wiederaufbau dieser Kirche geben würden, ›... aber das böse Odium des Tages von Potsdam!‹ Gedankenverloren starre ich auf meinen unschön nachgewachsenen Fingernagel, der mir bald nach diesem Tage mit kleinen Stöcken aus dem Nagelbett geprügelt worden war ...

Dann drückt Herr P. seinen Zigarettenrest in den Schutt, ich tue ein übriges, begrabe auch das achtlos weggeworfene Streichholz und bin wieder aufnahmebereit: Hinter der nicht mehr vorhandenen Kanzel befindet sich das ehemals Allerheiligste: die Gruft, eigentlich ein dürftiges, türloses Kämmerchen, dessen Wände salpetern. Und die Decke ist so niedrig, daß es mir nicht gelingt, ›wie in Erz gegossen‹ zu stehen. Hier also lag, bis der Deckel aufsprang, Preußens größter König ›wie im Leben‹. Ich bezweifle es nicht, zumal es ein Superintendent gesehen hat. Nur dessen Alter bereitet mir Schwierigkeiten. Herr P. sieht mich erstaunt an. ›1786 wurde der Alte Fritz das letzte Mal lebend gesehen‹, helfe ich ihm, ›folglich müßte der Herr Superintendent mindestens ...‹ ›Hören Sie auf!‹ lacht Herr P., und vielleicht ist dies das erste Lachen an diesem makabren Ort.«

Der Potsdamer Generalsuperintendent, ein glänzender Kenner der Geschichte und der Literatur, war selber engagiert beteiligt an der Klärung der von ihm gestellten Frage, und es bot sich die Bornstedter Gemeinde mit ihrem berühmten Friedhof an, der Analyse des Widerstands und dem Gedenken an die bisher vernachlässigten oder mißdeuteten Widerständler aus dem konservativen und militärischen Umfeld, zumal des 20. Juli, Mühe und Aufmerksamkeit zu schenken. Angehörige aus diesen Familien wurden früh in die Potsdam-Bornstedter ›Trauerarbeit‹ einbezogen, so Friedrich Wilhelm Freiherr von Sell und seine Schwester, Sibylle Niemoeller, Martin Niemöllers zweite Frau, aber auch ein Sohn von Plettenbergs und Uta von Aretin, die Tochter des Generals von Tresckow (und wie Uta von Tresckow aus dem preußisch-protestantischen Adel kommt, so kommt ihr Mann, Prof. Dr. von Aretin, aus dem bayerisch-katholischen und ebenfalls aktiv antinazistischen).

Der 40. Jahrestag des 20. Juli im Jahr 1984 ergab eine gute Gelegenheit, dem Geschichtsbild, wie es in der DDR herausgeformt worden war, eigene Züge zu geben. 1985 folgte in Potsdam die Dreihundertjahrfeier des Toleranz-Edikts, die zusätzliche aktuelle politische Aspekte in die Öffentlichkeit brachte, dies zumal in Aussagen des damaligen Konsistorialpräsidenten Manfred Stolpe, der als Potsdamer Bürger ohnehin an allen Bestrebungen auch zu einer geschichtlichen Neubesinnung beteiligt war. 1988 sprach Generalsuperintendent Bransch wiederum in Bornstedt zum 100. Todestag Kaiser Friedrichs – einem Gedenktag, der in der DDR ansonsten kaum beachtet worden war.

In Branschs Vortrag vom 20. Juli 1984 wurde das Ja und Nein zum geschichtlichen Erbe, immer bezogen auf das konkrete Potsdams, also »die Stadt, die zum abschreckenden Symbol für Preußen geworden war«, sehr genau herausgearbeitet. Er war in seinem Vortrag fern der ›Verherrlichung‹ Preußens, und im Zusammenhang mit dem Kontrollratsgesetz Nr. 46 vom 25. Februar 1947 über die Auflösung Preußens sagte er, die dort angedeuteten Anklagen (›Militarismus und reaktionäres Wesen‹) seien nicht zu bestreiten. »Was der alte Fontane sorgenvoll untergehen sah, das alte Preußen der Einfachheit, der Gradlinigkeit und Nüchternheit, war abgelöst worden durch Großmannssucht und Machtstreben, durch zügellosen Nationalismus und hemmungslose Selbstüberschätzung.« Dennoch dürfe man das NS-Regime nicht als »gradlinige Fortsetzung« des Preußentums sehen. Dessen Traditionen seien vielmehr von den Männern des 20. Juli zur Geltung gebracht worden – oder, Bransch formulierte damals noch genauer: »In ihnen kommt eine andere Linie preußischer und deutscher Geschichte zum Tragen.«

Eine *andere* Linie, ein anderer Geist: geprägt, so Bransch, vom Potsdamer Edikt von 1685, von der Modernisierungspolitik Friedrich Wilhelms I., von den preußischen Reformen. Vor allem aber machte der Potsdamer Generalsuperintendent klar, daß es die preußischen Traditionen und der ›Anruf des Gewissens‹ gewesen seien, die im Handeln der Männer, der Familien des 20. Juli erkennbar wurden. Ihre Antwort auf den Ruf des Gewissens, ihre Verantwortung habe sich auf einer dreifachen Ebene vollzogen, auf der »der Kundigen und Zuständigen«, also des militärischen Fachmanns, auf der ethischen und der »des einsamen Gewissens vor Gott«. Hieraus habe sich für sie vor allem ergeben: »Eine Gesellschaft, ein Staat kann nur frei sein in der Bindung an das Recht.«

Das waren neue Akzente im Geschichtsbild, in dem übrigens die

Kommunisten und ihr Widerstand gewürdigt wurden. Das aber waren vor allem Konsequenzen aus der Geschichte für die Situation im Alltag der achtziger Jahre, im Anruf des Gewissens an »die Kundigen und Zuständigen« der Gegenwart. In diesem geistig-politischen Prozeß um das Preußische, um den (anderen) Potsdamer Geist, um die preußischen Tugenden spielten Potsdamer Ausstellungen zur preußischen Geschichte, in ihrer Gestaltung unauflöslich mit Hans-Joachim Giersberg verbunden, eine entscheidende Rolle. Überdies kam einem eingangs erwähnten literarischen Ereignis – und es war mehr als ein literarisches! – keine geringe Bedeutung zu: *Die Preußen kommen*, Komödie von Claus Hammel (Buchausgabe Berlin 1982), und sie kamen, sie kamen auch nach Potsdam!

Hier ging und geht es schon nicht mehr in erster Linie um die Schlachten von gestern, für oder gegen den Potsdamer Geist, hier ging und geht es um die satirische Infragestellung der Ausbeutung des Preußischen, seiner Tugenden durch die herrschende Partei am Sitz der PRI im Festsaal eines Schlosses, und PRI steht für: ›Prüfungsanstalt für Reintegration historischer Persönlichkeiten‹. Luther erscheint schon als ›reintegriert‹, nun ist Friedrich der Große dran. Dieses Theaterstück ist aber mehr; wenn man es heute wieder liest, wird einem deutlich, wie es das satirische Medium für die Bloßstellung dieses ›reintegrierenden‹ Vorgehens aus machtpolitischen Gründen war und damit für die Darstellung der Bodenlosigkeit dieser Gesellschaft. Was Ernst Troeltsch im Blick auf die scheinbar stabile wilhelminisch-preußische Gesellschaft vor 1914 – alle Bereiche des gesellschaftlichen und geistigen Lebens erschienen im Zeichen von Thron und Altar geordnet, alle Macht hierarchisch verteilt, alle Ketzerei und Dissidenz unter Kontrolle – gesagt hatte, nämlich: ›Alles wackelt!‹, das brachte Hammel auf die Bühne; aber das Satyrspiel nahm die Tragödie – die es dann allerdings nicht wurde – vorweg.

Friedrich wird in das PRI-Büro gebracht und fragt, auf die Porträts von Marx und Engels zeigend, wer diese seien:

»SEKRETÄRIN	Unsere Klassiker. Das war nach Ihnen.
FRIEDRICH	Nach mir gab es keine Klassiker. Nur noch Romantiker.
SEKRETÄRIN	Da haben Sie auch wieder recht. Wir nennen sie bloß so.

Ein Nachspiel

FRIEDRICH   Überprüft?
SEKRETÄRIN   Gott, wir haben uns an sie gewöhnt.«

In der 19. Szene, der Schlüsselszene, zeigt Hammel – und er reflektiert damit die zeitgenössische Debatte um das Buch von Ingrid Mittenzwei und solche im Kulturbund –, wie es um die Entscheidung geht, ob Friedrich gleichsam exmittiert oder eben ›reintegriert‹ wird. Einleitend hierzu gibt es diesen auf den Potsdamer Geist bezogenen Dialog:

»SEKRETÄRIN   Wo ist der Zoll? Er muß verplombt werden, bevor wir ihn übergeben.
ARBEITER   Ich möchte den Professor sprechen.
SEKRETÄRIN   Ist bei der Spitze.
ARBEITER   Dann warte ich.
SEKRETÄRIN   Die Ausreisepapiere sind unterschrieben.
ARBEITER   Ich warte trotzdem.
SEKRETÄRIN   Die Übergabe erfolgt in der Invalidenstraße.
ARBEITER   Das ist geändert. Fahrbefehl bis Hohenzollern. Wir meinen, er sollte bei uns bleiben.
SEKRETÄRIN   Ich auch.
ARBEITER   Unsere Meinung wird nicht gehört.
SEKRETÄRIN   Sie sehn zu schwarz.
ARBEITER   Wir werden in der Zeitung lesen, daß wir ihn ablehnen.
SEKRETÄRIN   Wenigstens das Denkmal ist ein für allemal gesichert.
ARBEITER   Wir könnten ihn gegen Luther austauschen.
SEKRETÄRIN   Der Zoll würd's merken.
ARBEITER   Das ist zu fürchten. Leider. Diesen Friedrich kennen alle.
Sekretärin übergibt Papiere.
Da steht ja gar nicht Friedrich. Da steht ja Geist von Potsdam.
SEKRETÄRIN   Der Deckname des Unternehmens.
ARBEITER   Er ist gerettet! Geist von Potsdam – – das ist Cecilienhof! Potsdamer Konferenz. Unveräußerlich! Den möchte ich sehn, der hier daran zu rühren wagt!
PROFESSOR   *tritt auf:* Alles klar. Ihr Kunde faßt Marschverpflegung. Dann könnt ihr fahren.

ARBEITER	Den Geist von Potsdam exportier ich nicht.
PROFESSOR	Erledigen Sie den Auftrag. Der Empfänger weiß Bescheid. [...]
SEKRETÄRIN	So sagen Sie's doch schon. *Ab.*
PROFESSOR	Was sollen Sie mir sagen?
ARBEITER	Wir wollen ihn behalten.
PROFESSOR	Er reist auf eigenen Wunsch.
ARBEITER	Wie sollen wir ihn kontrollieren, wenn er drüben ist?
PROFESSOR	Einen Friedrich verliert man nie aus den Augen.
ARBEITER	Er reist als Geist von Potsdam. Das ist für meine Generation der Schlußstrich unter den letzten Krieg.
PROFESSOR	Es gibt zwei Geister von Potsdam, lieber Genosse. Sie meinen den jüngeren, den guten. Der andere, der ältere, ist Friedrichs böser Geist und so unerfreulich, daß wir gern auf ihn verzichten. Letzten Endes hat sich meine Anschauung über ihn behauptet. Man könnte es einen Erfolg nennen. [...]
ARBEITER	Aber Sie wissen nicht, ob Sie lachen oder weinen sollen. Ich finde, die beiden Geister gehören zusammen. Der jüngere hat keinen Wert ohne den älteren.
SEKRETÄRIN	Bravo!
ARBEITER	Wie soll man den einen ohne den andern begreifen? Wie kann unser Geist groß sein, der doch das Gegenteil von seinem Geist ist, wenn wir nicht zugeben, daß sein Geist groß war? Der Mann war doch 'ne Wucht!«

Die Komödie Hammels endete übrigens so, daß sich in der PRI ein neuer Gast meldet. Er wisse zwar nicht, ob er hier richtig sei. Er habe eine Empfehlung von Friedrich von Preußen. »Ich habe im Grauen Kloster mein Abitur gemacht, schräg gegenüber dem Sitz Ihres Ministerpräsidenten. [...] Ich heiße Otto von Bismarck.«

In der Tat wurde Bismarck – nicht zuletzt durch die große Biographie Ernst Engelbergs – reintegriert. Heute ließe sich zu Hammels Satire eine andere Pointe hinzufügen dergestalt, daß in dem Büro, das (zweifellos in Potsdam) die PRI abwickelt, ein Besucher erscheint, der sich mit der parlamentarischen Kontrolle der Abwicklungsstelle befassen möchte: Er sei 1921 in Potsdam geboren, sei der Urenkel Bismarcks, sei im Nationalkomitee ›Freies Deutschland‹ gewesen, habe aber früh die sowjetische Besatzungszone verlassen, sei in der alten Bundesrepublik Sozialdemokrat geworden und zuletzt Bundestagsabgeordneter jener Partei, die beinahe einmal die Oberbürgermeisterwahlen in Potsdam gewonnen hätte: Heinrich Graf von Einsiedel, Liste PDS ...

Eine andere Pointe zeitgenössischer Art zum Geist von Potsdam ist indes relevanter, wir kennen sie auch erst aus der Zeit nach der Wende: Als 1968 in der Stadtverordnetenversammlung über den Abriß der Ruine der Garnisonkirche abgestimmt wurde, gab es immerhin zwei Abgeordnete, die dagegen stimmten, einen Liberaldemokraten und ein SED-Mitglied. Sie handelten im Sinne eines Wortes von Karl Foerster, das in seinem 1959 in Ostberlin erschienenen Aphorismenband *Warnung und Ermutigung* steht: »Es dürfen die Grundbegriffe des Guten, nämlich Gerechtigkeit, *Redlichkeit*, Wahrhaftigkeit, *Treue* und Zuverlässigkeit, welche der gesunden Menschennatur eingeboren sind, keinen anderen Rücksichten untergeordnet werden, auch wenn diese Unterordnung noch so gut gemeint scheint [...]; auch hier besteht keine Grenze zwischen Privatleben und Gemeinschaftsleben.«

Treue und Redlichkeit sind von uns hervorgehoben ...

Potsdam – Europa als Lebensform

In einem *Von Yalta über Potsdam nach Maastricht* überschriebenen Aufsatz in der von ihm mitherausgegebenen Wochenzeitung ›Freitag‹ (Nr. 14/1994) hat Wolfgang Ullmann, von Haus aus charismatischer protestantischer Kirchenhistoriker, bemerkt:

»Das System von Yalta und Potsdam ist gemeinsam mit der Sowjetunion beendet worden. Die Spaltung des Kontinentes zu überwinden, das steht als Zielsetzung in der Präambel des 2+4-Vertrages, der zwischen den Mächten der Anti-Hitler-Koalition und den beiden Staaten Nachkriegsdeutschlands abgeschlossen worden ist.«

In anderen Worten hieß das, daß damit recht eigentlich der Sinn der Potsdamer Konferenz von 1945 erfüllt, die 1970 von Deuerlein gestellte Frage beantwortet worden ist: 45 Jahre danach erscheint das Potsdamer Abkommen zusammen mit dem 2+4-Vertrag als Friedensvertrag.

Wenn wir es richtig sehen, ist auch das, was Ullmann in seinem Aufsatz als Schlußfolgerung aus seiner zitierten Feststellung zieht, in Übereinstimmung mit dem eigentlich mit Potsdam 1945 ersehnten Geist der demokratischen Erneuerung: »Wir brauchen ›eine Koalition des aufgeklärten Pazifismus‹. Wir brauchen ›keine Anti- oder Anti-Anti-Ideologie‹, sondern einen ›Humanismus‹, der so vielsprachig ist wie die europäische Kultur und so friedensfähig, wie Europa es nach der ersten sanften Revolution seiner revolutionären Geschichte geworden ist [...]«

Konkret auf Maastricht bezogen, bedeutete dies für den langjährigen Europaabgeordneten, daß Deutschland eine wichtige europäische Funktion in Richtung Osteuropa habe. Damit hat er für Europa etwas statuiert, was schon 1990 für das sich einigende Deutschland der damalige, der letzte Ministerpräsident der DDR, Lothar de Maizière, gesagt hatte, daß nämlich das neue Gesamtdeutschland, die neue Bundesrepublik östlicher und nördlicher sein werde als die alte. Für den Hugenotten de Maizière hieß dies auch: protestantischer und preußischer (des anderen Preußischen, versteht sich), jedenfalls ›vielsprachiger‹. Mit dem Blick auf ein neues Gesamteuropa heißt dies unter anderem auch: östlicher und orthodoxer, und was dies alles impliziert, zeigt nicht zuletzt ein Blick in den Südosten unseres Kontinents.

Die Einheit Deutschlands (über Yalta und Potsdam hinaus) und die Einigung Europas (im Zeichen von Maastricht) sind nach 1989/90 in anderer Weise auszugestalten, als dies 1949 oder Mitte der fünfziger Jahre (Römische Verträge!) zu machen war. Ja, es war nicht einmal so vorauszusehen! Daher auch erscheint es – auf unser Thema bezogen – anachronistisch, wenn 1993 zur Potsdamer Jahrtausendfeier immer wieder, nicht zuletzt in großen Illustrierten, antipreußische Zitate Konrad Adenauers ausgebreitet worden sind.

Ohne dies hier vertiefen zu können, wären abschließend zu unseren Erwägungen zwei knappe Anmerkungen zu machen: Zuerst wäre es die, daß in Adenauers Haltung zum Preußischen, zu Potsdam, der über die Zeiten hinweg nachwirkende Reflex auf die Fremdbestimmung des Rheinlands durch die protestantisch-ostelbische Bürokratie, vor jetzt 180 Jahren beginnend, zu registrieren ist – eine Haltung, der die Zentrums-Abgeordneten im preußischen Landtag nach 1918/19 bei jeder sich bietenden Gelegenheit Ausdruck verliehen und die in den Erinnerungen Elfriede Nebgens dort ein Echo erhielt, wo sie berichtet: Jakob Kaiser habe seine westdeutschen Freunde immer gern nach Potsdam geführt, weil sie dort, sei's in Sanssouci, sei's im Hotel ›Einsiedler‹, Preußen von einer angenehmen Seite her kennenlernen könnten. Übrigens könnten die heutigen ostelbischen Klagen über Fremdbestimmung durch westdeutsche Bürokratie in Ämtern der neuen Bundesländer im Lichte dieser Adenauerschen Haltung historisiert und womöglich relativiert werden.

Und die andere Bemerkung: Zur Überraschung all jener, die Adenauers Anti-Preußen-Zitate vortragen, gehört ja auch der erste Bundeskanzler selber irgendwie zu Potsdam. In den Jahren 1934/35 hatte der von den Nazis abgesetzte Kölner Oberbürgermeister mit seiner Familie Zuflucht in Potsdam gesucht, in der heutigen Babelsberger Rosa-Luxemburg-Straße 40. Als im Oktober 1992 eine hieran erinnernde Gedenktafel an diesem Haus angebracht wurde, sagte Sohn Max Adenauer, es wäre dies eine angenehme Zuflucht gewesen, bis die Gestapo seinen Vater auch hier aufgespürt und festgesetzt hätte; danach sei die Familie ins heimatliche Rheinland zurückgekehrt. In einem Zeitungsbericht hieß es (›Neue Zeit‹ vom 5. Oktober 1992): »Konrad Adenauer wäre nach vollzogener Wiedervereinigung sicher dankbar für die Ehrung in Potsdam gewesen, doch würde er über den Straßennamen Rosa Luxemburg schmunzeln, deren Ideen nicht die seinen waren, meinte Max Adenauer.« In diesem sachlichen Satz haben wir im Grunde noch einmal die Wege und Umwege im Deutschland der letzten 65 Jahre, die sich am 21. März 1933 und im Sommer 1945 hier kreuzten ...

Potsdam als Lebensform – Reinhold Schneider hatte 1933/34 diese beiden Begriffe in dem Zusammenhang gebraucht, wie er die kulturbildende Rolle des Bürgertums herausarbeitete und auf je eigene Weise Adel und Arbeiterschaft hierauf bezog. In der Suche nach dem Geist des Ortes kann sich, muß sich das Bildungsbürgertum selber erst wieder entdecken, nachdem es in diesem Jahrhundert zweimal in seiner Rolle in Frage gestellt oder fast völlig aus dem gesellschaftlichen Leben gedrängt worden war. Es kann dies erst recht, wenn es auf dieser Suche nach dem Geist des Orts und seinen erhaltenen wie seinen zerstörten Petrefakten Versuchungen wehrt, den alten Geist gleichsam zu verjüngen und in die Front der politischen Auseinandersetzungen einzubringen, wenn es vielmehr den anderen Geist, die Ästhetik der Alternative findet und hieraus seine Lebensform neu gestaltet: Potsdam als Lebensform und – um den Titel einer späteren Schrift Reinhold Schneiders anzufügen – ›Europa als Lebensform‹.

Literaturverzeichnis und Rechte-Vermerk

Der Verlag hat sich bemüht, die Rechteinhaber der abgedruckten Textpassagen ausfindig zu machen. Dies ist nicht in allen Fällen gelungen. Der Verlag erklärt sich deshalb nach den üblichen Regularien zur Abgeltung solcher Rechte bereit, falls diese nachgewiesen werden.

I. Nachweis der im Text ausführlich und im Zusammenhang wiedergegebenen Zitate (in der Reihenfolge der Erwähnung)

Günther Gereke, Ich war königlich-preußischer Landrat, Berlin 1970, S. 238 ff.
© Buchverlag Union, Berlin München, 1970.
Joseph Goebbels, Die Tagebücher. Sämtliche Fragmente, Teil I. Band 2 (1931-1936), hrsg. von Elke Fröhlich, München, New York, London, Paris 1987, S. 394-397.
© by Cordula Schacht, Rechtsanwältin.
Otto Dibelius, Ein Christ ist immer im Dienst. Erlebnisse und Erfahrungen in einer Zeitenwende, Stuttgart 1961, S. 170-173.
Werner Koch, Sollen wir K. weiter beobachten? Ein Leben im Widerstand, Stuttgart 1982, S. 60 ff.
© Radius-Verlag, Stuttgart 1982.
Heinz Werner Hübner, Potsdamer Tage, Darmstadt 1990, S. 19-21.
© Wissenschaftliche Buchgesellschaft, Darmstadt 1990.
Wolfgang Paul, Das Potsdamer Infanterie-Regiment 9, 1918-1945. Preußische Tradition in Krieg und Frieden, Osnabrück 1984, S. 84-88.
© 1984 by Biblio-Verlag Osnabrück.
Winston S. Churchill, Der Zweite Weltkrieg, Berlin, Darmstadt, Wien 1960, S. 51 f.
© 1948, 1954 und 1985 beim Scherz Verlag, Bern, München, Wien, wo auch das vollständige Memoirenwerk Churchills erschienen ist.
Ernst Hanfstaengl, Zwischen Weißem und Braunem Haus. Memoiren eines politischen Außenseiters, München 1970, S. 298-300.
Abdruck mit freundlicher Genehmigung von Herrn Egon Hanfstaengl.
Reinhold Schneider, Die Hohenzollern. Tragik und Königtum, Leipzig 1933, S. 300-302.
Erika von Hornstein, Adieu Potsdam, Köln 1986, S. 200 f.
© 1969, 1991 by Verlag Kiepenheuer & Witsch Köln.
Wilhelm Kempff, Unter dem Zimbelstern, Stuttgart 1951, S. 259 f.

Oskar Söhngen, Laudatio aus Anlaß der Ernennung von Hans Chemin-Petit zum Ehrenmitglied des Philharmonischen Chors Berlin am 2. Juli 1967, Berlin 1967, S. 6 f.
© Verlag Merseburger, Kassel.

Alfred Neumeyer, Lichter und Schatten. Eine Jugend in Deutschland, München 1967, S. 186-190.
© by Prestel Verlag, München 1967.

Michael Grüning, Der Wachsmann-Report, Verlag der Nation, Berlin 1985, S. 397-405.

Gertrud Breysig, Kurt Breysig. Ein Bild des Menschen, Heidelberg 1967, S. 116-120.

Werner Finck, Alter Narr – was nun? Die Geschichte meiner Zeit, München 1972, S. 62-65.
© by F. A. Herbig Verlagsbuchhandlung GmbH, München.

August Winnig, Aus meinem Leben, Hamburg 1948, S. 53-67.

Bettina Hürlimann (Kiepenheuer), Sieben Häuser. Aufzeichnungen einer Bücherfrau, Zürich, München 1976, S. 46-50.

Lotte Brunner, Es gibt kein Ende. Die Tagebücher, hrsg. von Leo Sonntag und Heinz Stolte, Hamburg 1970, S. 314, 346 f. und S. 420.

Margarete Buber-Neumann, Von Potsdam nach Moskau. Stationen eines Irrweges, Stuttgart 1957, S. 111-114.

Lily Pincus, Verloren, gewonnen. Mein Weg von Berlin nach London, Stuttgart 1980, S. 49-60 (passim).
© der deutschen Ausgabe Deutsche Verlags-Anstalt, Stuttgart 1980.

Anni Gottberg (kommentiert von Albrecht Schönherr), in: Manfred Richter (Hrsg.), Bornstedt – Friedhof und Kirche. Spuren aus der preußischen und Potsdamer Geschichte, Berlin 1993, S. 106 ff.

Albrecht Schönherr, ... aber die Zeit war nicht verloren. Erinnerungen eines Altbischofs, Berlin 1993, S. 60-67.
© Aufbau-Verlag GmbH, Berlin 1993.

Lily Pincus, a. a. O., S. 66-74.

Karl Foerster, Du und das Gerücht, in: Ein Garten der Erinnerung. Sieben Kapitel von und über Karl Foerster, hrsg. von Eva Foerster und Gerhard Rostin, Berlin 1982, S. 271 ff.

Heinz Kühn, Blutzeugen des Bistums Berlin, Berlin 1950, S. 157-159.
© 1950 by Morus-Verlag, Berlin.

Jochen Klepper, Unter dem Schatten deiner Flügel. Aus den Tagebüchern der Jahre 1932-1942, hrsg. von Hildegard Klepper, bearbeitet von Günter Wirth und Ingo Zimmermann, Berlin 1970^2, S. 362 f.
© 1956 Deutsche Verlags-Anstalt Stuttgart.

Heide Schönemann, Leserbrief in der Frankfurter Allgemeinen Zeitung, 9. März 1993.

Ludwig Misch, in: Wilhelm Furtwängler, Briefe, hrsg. von Frank Thiess, Wiesbaden 1964, S. 301.

Abdruck mit freundlicher Genehmigung des Verlages SCHOTT MUSIK INTERNATIONAL, Mainz.

Brief Furtwängler, in: ebenda, S. 182.

Jochen Klepper, a.a.O., S. 469f.

Lily Pincus, a.a.O., S. 77-82.

Hans Prolingheuer, Köln (private Auskunft).

Gabriele Schnell, Maimi von Mirbach. Eine Gerechte unter den Völkern, in: Gabriele Schnell (Hrsg.), Potsdamer Frauen: Zehn Frauenschicksale vom Kaiserreich bis heute, Potsdam 1993, S. 61f.

Ebenda, S. 65-68.

Ursula Büttner, Die Not der Juden teilen. Christlich-jüdische Familien im Dritten Reich – Beispiel und Zeugnis des Schriftstellers Robert Brendel, Hamburg 1988, S. 179.

© 1988 by Christians/Druckerei & Verlag, Hamburg.

Hanna Grisebach, Potsdamer Tagebuch, Verlag Lambert Schneider, Heidelberg 1974, S. 48f.

Horst Lommer, Das dichterische Wort Peter Huchels, in: Materialien, hrsg. v. Axel Vieregg, Frankfurt am Main 1986, S. 275f.

Detlef Graf von Schwerin, »Dann sind's die besten Köpfe, die man henkt«. Die junge Generation im deutschen Widerstand, München 1991, S. 375.

© Piper Verlag GmbH, München 1991.

Henry Goverts (Brief an Hermann Hesse), in: Siegfried Unseld (unter Mitwirkung von Helene Ritzerfeld), Peter Suhrkamp. Zur Biographie eines Verlegers, Frankfurt am Main 1991, S. 107.

Sigrid von Rohr (über Otto Becker), in: 1000 Jahre Potsdam. Das Buch zum Stadtjubiläum, hrsg. von Knut Kiesant und Sigrid Grabner, Berlin 1992, S. 193.

© by Ullstein Verlag, Frankfurt am Main/Berlin 1992.

Friedrich Hielscher, Fünfzig Jahre unter Deutschen, Hamburg 1954, S. 331-336.

August Winnig, a.a.O., S. 149-151.

Hermann Priebe, IR 9 Ersatzbataillon. Ein Erlebnisbericht, in: Manfred Richter (Hrsg.), a.a.O., S. 150ff.

Elfriede Nebgen, Jakob Kaiser. Der Widerstandskämpfer, Stuttgart, Berlin, Köln, Mainz 1967, S. 211 (passim).

Carl Hofer, Erinnerungen eines Malers, Berlin 1953, S. 228 f.
© by F. A. Herbig Verlagsbuchhandlung GmbH, München.
Joachim Seyppel, Ein Yankee in der Mark. Wanderungen nach Fontane, Berlin 1975, S. 157 f.
Abdruck mit freundlicher Genehmigung des Autors.
Erich Kuby, Die Russen in Berlin 1945, München, Bern, Wien 1965, S. 373 ff.
Bernhard Kellermann zum Gedenken. Aufsätze, Briefe, Reden (Teilsammlung), hrsg. von der Deutschen Akademie der Künste, bearbeitet von Annemarie Auer, Berlin 1952, S. 11.
Bruno H. Bürgel, Der Weg der Menschheit, Halle/S. 1946, S. 47 f.
Werner Wilk (Bericht über Nachkriegszustände), in: Ein Jahr der Bewährung der Mark Brandenburg. Rückblick und Rechenschaft, hrsg. vom Präsidium der Provinzialverwaltung der Mark Brandenburg, bearbeitet von Werner Wilk, Potsdam 1946, S. 6 f.
Günter de Bruyn, Zwischenbilanz. Eine Jugend in Berlin, Frankfurt/M. 1992, S. 317-323.
© S. Fischer Verlag GmbH, Frankfurt am Main, 1992.
Eduard Claudius, Ruhelose Jahre. Erinnerungen, Halle/S. 1968, S. 308 f.
Gabriele Schnell, a. a. O., S. 68-70.
Hermann Kasack, Die Stadt hinter dem Strom, Frankfurt am Main, Bibliothek Suhrkamp, S. 314-316.
Werner Wilk, Peter Huchel, in: Neue Deutsche Hefte (Gütersloh), Heft 90 (November/Dezember 1962), S. 88-91.
D. Walter Braun, Osteraufsatz 1956 ›Neue Zeit‹, zitiert nach: Beziehungen zwischen Kirche und Staat in der DDR, hrsg. von der Parteileitung der CDU (der DDR), Berlin 1956, S. 23 f.
Wilhelm Kempff, Was ich hörte, was ich sah, München 1981, S. 15 ff.
Winston S. Churchill, a. a. O., S. 1089-1095.
Hans Kienle, Die Maßstäbe des Kosmos, Berlin 1948, S. 4.
Kurt Breysig, Aus meinen Tagen und Träumen. Memoiren, Aufzeichnungen, Briefe, Gespräche, hrsg. v. Gertrud Breysig und Michael Landmann, Berlin 1962, S. 154.
Abdruck mit freundlicher Genehmigung des Verlages Walter de Gruyter GmbH & Co. KG, Berlin/New York.
Karl Foerster, in: Tagespost, Potsdam, 20. 3. 1949.
Moritz von Egidy, Aufsatz, in: Heinz Herz, Alleingang wider die Mächtigen. Ein Bild vom Leben und Kämpfen Moritz von Egidys, Leipzig 1970, S. 228.
Hermann Goltz, Pfarrer D. Dr. Johannes Lepsius (1858-1926) – Helfer

und Anwalt des armenischen Volkes, in: Akten des Internationalen Johannes-Lepsius-Symposiums 1986 an der Martin-Luther-Universität Halle-Wittenberg, Halle/S. 1987, S. 44.

Margarete Buber-Neumann, a.a.O., S. 11 und S. 19f.

Ebenda, S. 463.

Horst Bienek, Das allmähliche Ersticken von Schreien. Edition Akzente, S. 216-218.

© 1987 Carl Hanser Verlag, München–Wien.

Ebenda, S. 29 u. S. 13.

Brigitte Kaff (Hrsg.), »Gefährliche Gegner«: Widerstand und Verfolgung in der sowjetischen Zone/DDR, Düsseldorf 1995, S. 221 ff.

Rolf Lahr, Zeuge von Fall und Aufstieg. Private Briefe 1935-1974, Hamburg 1981.

Herwig Hesse, Zuflucht in Caputh, in: Am Tage meines Fortgehns. Peter Huchel (1903-1981). Begleitband zur Ausstellung, hrsg. v. Peter Walther, Frankfurt/M. 1995, S. 39.

Hendrik Röder, »Die Knarre haben wir!«. 1961 – Ein Schauprozeß gegen die evangelische Studentengemeinde in Potsdam, in: Potsdamer Stadtmagazin Potz, Oktober 1994, S. 17. Vgl. jetzt: Ders., »Die Knarre haben wir!«. Ein Schauprozeß gegen die Evangelische Studentengemeinde, in: Widerstand in Potsdam 1945-1989, hrsg. v. Sigrid Grabner, Hendrik Röder, Thomas Wernicke, Berlin 1999, S. 51-58.

Paul Le Seur, Aus meines Lebens Bilderbuch, Kassel 1955, S. 168.

Werner Hollmann, Krankheit, Lebenskrise und soziales Schicksal. Sieben Vorlesungen, Leipzig 1940, S. 28f.

Abdruck mit freundlicher Genehmigung des Georg Thieme Verlages Stuttgart.

Wilhelm Fraenger, Brief an Werner Hollmann, in: Potsdam heute, 2/1991, S. 45.

Friedrich Schlotterbeck, Im Rosengarten von Sanssouci, Halle/S. 1968, S. 208-210.

Claus Hammel, Die Preußen kommen, Berlin 1982, S. 10.

© henschel SCHAUSPIEL Theaterverlag Berlin GmbH.

Ebenda, S. 95 ff.

II. Liste der einmal oder häufig erwähnten bzw. zitierten Bücher – mit Ausnahme derjenigen, die im Text ausreichend ausgewiesen sind

Axel von Ambesser, Nimm einen Namen mit A, Berlin 1985.
Erich Arendt, Zeitsaum, Leipzig 1978.

Oskar Beyer (Hrsg.), Erich Mendelsohn. Briefe eines Architekten, München 1961.

Werner Bethge, Evangelische Christen zwischen Anpassung und Opposition. Evangelische Christen in Potsdam und Nowawes im Spannungsfeld zwischen politischer Gleichschaltung und Selbstbehauptung 1933-1935 (Brandenburgische Landeszentrale für politische Bildung), Potsdam 1995 (= Brandenburgische Historische Hefte 1).

Johannes Bobrowski, Gesammelte Werke. Dritter Band: Die Romane, hrsg. von Eberhard Haufe, Berlin 1987.

Briefwechsel Johannes Bobrowski-Peter Huchel, hrsg. von Eberhard Haufe, Stuttgart 1993.

K. D. Bracher, W. Sauer, G. Schulz, Die nationalsozialistische Machtergreifung. Studien zur Errichtung des totalitären Herrschaftssystems in Deutschland 1933/34, Köln und Opladen 1962.

Alfred Braun, Achtung, Achtung! Hier ist Berlin! Aus der Geschichte des Deutschen Rundfunks 1923-1932, Berlin 1968 (Schriftenreihe des SFB Nr. 8).

Bertolt Brecht, Werke. Große kommentierte Berliner und Frankfurter Ausgabe, Band XI, bearbeitet von Jan und Gabriele Knopf, Berlin und Frankfurt/M. 1988.

Lothar-Günther Buchheim, Die Festung. Roman, Hamburg 1995.

Ernst Deuerlein, Deklaration oder Ersatzfrieden? Die Konferenz in Potsdam 1945, Stuttgart 1970.

Dietrich Eichholtz und Almuth Püschel (Hrsg.), Verfolgung, Alltag, Widerstand. Brandenburg in der NS-Zeit (Studien und Dokumente mit einem Geleitwort von Manfred Stolpe), Berlin 1993.

Paul Fechter, Menschen auf meinem Wege, Gütersloh 1955.

Karl Foerster, Warnung und Ermutigung. Meditationen, Bilder und Visionen, Berlin 1959.

André François-Poncet, Als Botschafter in Berlin 1931-1938, Mainz 1949².

Bella Fromm, Als Hitler mir die Hand küßte, Berlin 1993.

Ernst Frommhold (Hrsg.), Kunst im Widerstand. Malerei – Graphik – Plastik 1922-1945 (mit einem Vorwort von Ernst Niekisch), Dresden 1968.

August Grisebach, Potsdam. Große Baudenkmäler 100, Berlin 1947.

Michael Grüning (Hrsg.), Ein Haus für Albert Einstein. Erinnerungen, Briefe, Dokumente, Berlin 1990.

Karl Heidkamp, Friedrich Wilhelm I. Ein deutsches Vorbild, Potsdam 1935.

Hans von Herwarth, Zwischen Hitler und Stalin. Erlebte Zeitgeschichte 1931-1945, Frankfurt/M., Berlin, Wien 1982.

Theodor Heuss, Hans Poelzig. Das Lebensbild eines deutschen Baumeisters, Tübingen 1948 (Neuauflage).

Karla Höcker, Wilhelm Furtwängler. Begegnungen und Gespräche, Berlin 1961.

Hajo Holborn, Deutsche Geschichte in der Neuzeit. Bd. 3, München 1971 (Übersetzung: Annemarie Holborn).

Christine Holste, Der Forte-Kreis (1910-1915). Rekonstruktion eines utopischen Versuchs, Stuttgart 1992.

Martin Hürlimann, Paul Ortwin Rave (Hrsg.), Die Residenzstadt Potsdam. Berichte und Bilder, Berlin 1933.

Kurt Ihlenfeld (Hrsg.), Preußischer Choral. Deutscher Soldatenglaube aus drei Jahrhunderten, Berlin 1935.

Matthias Iven (Hrsg.), 3 x Foerster. Beiträge zu Leben und Werk von Wilhelm Foerster, Friedrich Wilhelm Foerster und Karl Foerster, Milow 1995.

Matthias Iven (Hrsg.), Hoffnung & Erinnerung. Literatur in Potsdam 1945-1950. Texte und Betrachtungen, Milow 1998.

Karl Jaspers, Philosophische Autobiographie, in: P. A. Schilpp (Hrsg.), Philosophen des 20. Jahrhunderts, Stuttgart 1957.

Helmut John, Lonny Neumann (Hrsg.), Hermann Kasack – Leben und Werk, Frankfurt/M. 1994.

Robert Kaelter, Geschichte der jüdischen Gemeinde zu Potsdam. Reprint, hrsg. von Julius H. Schoeps und Hermann Simon, Berlin 1993 (hier vor allem die Arbeit von Klaus Arlt).

Hans Kania, Geschichte des Victoriagymnasiums zu Potsdam, Potsdam 1939.

Alfred Kantorowicz, Deutsches Tagebuch, München 1964.

Hermann Kasack, Tagebücher 1930-1943, in: Heribert Besch, Dichtung zwischen Illusion und Wirklichkeit. Eine Analyse des Werks von Hermann Kasack, St. Ingbert 1992.

Ders., Dreizehn Wochen. Tage- und Nachtblätter (Aufzeichnungen aus den Jahren 1945 über das Kriegsende in Potsdam), hrsg. von Wolfgang Kasack (mit einem Geleitwort von Walter Kempowski und einem Nachwort sowie Erläuterungen von Günter Wirth), Berlin 1996 (dort weitere Potsdam-Literatur aufgeführt).

Andreas Kitschke, Kirchen in Potsdam. Aus der Geschichte der Kirchenhäuser und Gemeinden, Berlin 1983.

Georg C. Klarén, Potsdamer Novelle, Berlin 1947.

Hanna-Heide Kraze, Üb immer Treu und Redlichkeit, Roman, Berlin 1965.

Max Krell, Das alles gab es einmal, Reinbek 1965.

Christian Graf von Krockow, Warnung vor Preußen, Berlin 1981 (erweiterte Neuausgabe 1993).

Gustav Landauer. Sein Lebensgang in Briefen. Bd. 2, hrsg. von Martin Buber u. a., Frankfurt/M. 1929.

Horst Lange, Tagebücher aus dem Zweiten Weltkrieg, hrsg. von H.D. Schäfer, Mainz 1979.

Dieter Lattmann, Jonas vor Potsdam. Roman, Zürich 1995.

Johannes Lepsius (Hrsg.), Deutschland und Armenien 1914-1918. Sammlung diplomatischer Aktenstücke, Potsdam 1919.

Oskar Loerke, Tagebücher 1903-1939, hrsg. von Hermann Kasack, Frankfurt/M. 1986.

Thomas Mann, Gesammelte Werke. Band 10, Berlin 1955.

Dorothea von Meding (Hrsg.), Mit dem Mut des Herzens. Die Frauen des 20. Juli, Berlin 1992.

Charles L. Mee, Die Teilung der Beute. Die Potsdamer Konferenz 1945, Wien, München, Zürich, Innsbruck 1977.

Otto Meissner, Ebert-Hindenburg-Hitler. Erinnerungen eines Staatssekretärs, Esslingen, München 1991 (Neuausgabe).

Winfried Meyer, Unternehmen Sieben, Frankfurt am Main (betr. H. von Dohnanyi).

Ernst Niekisch, Deutsche Daseinsverfehlung, Berlin 1946.

Sibylle Niemoeller-von Sell, Zu neuen Ufern lockt ein neuer Tag. Erinnerungen, Berlin 1994.

Hans Erich Nossack, Dieser Andere. Ein Lesebuch mit Briefen, Gedichten, Prosa, hrsg. von Christof Schmid, Frankfurt/M. 1976.

Curt Riess, Üb immer Treu und Redlichkeit. Ein deutsches Schicksal zwischen Schwarz und Weiß, Hamburg 1957.

Carl Schmitt, Glossarium. Aufzeichnungen der Jahre 1947-1951, Berlin 1991.

Reinhold Schneider, Tagebuch 1930-1935, redigiert von Josef Rast, Frankfurt/M. 1983.

Hans-Joachim Schoeps (1909-1980) zum Gedenken, hrsg. vom Preußeninstitut, Schwarzenbach 1980.

Wolfgang Schollwer, Potsdamer Tagebuch 1948-1950. Liberale Politik unter sowjetischer Besatzung, hrsg. von Monika Faßbender, München 1988.

Hermann Josef Schuster (Hrsg.), Guardini weiterdenken (Schriftenreihe des Forum Guardini Bd. 1), Berlin 1993 (dort die Beiträge von Hans Mercker und Günter Wirth).

Siegward Sprotte, Arbeiten 1923-1993. Ausstellungen zum 80. Geburtstag. Katalog, Potsdam 1993.

Siegward Sprotte in der Reihe Künstler der Gegenwart (mit Beiträgen u. a. von A. Ehrentreich), München 1963.

Paul Tillich, Die religiöse Substanz der Kultur. Schriften zur Theologie der Kultur = Gesammelte Werke, Band IX, hrsg. von Renate Albrecht, Stuttgart 1967.

Ders., Ein Lebensbild in Dokumenten = Ergänzungs- und Nachlaßbände in den Gesammelten Werken, Band V, Stuttgart 1980.

Adam von Trott (Hrsg.), Heinrich von Kleist: Politische und journalistische Schriften, Potsdam 1935. Nach der Erstausgabe hrsg., mit Nachwort und Erläuterungen versehen von Günter Wirth, Berlin 1995.

Veit Valentin, Perspektiven und Profile. Aus seinen Schriften, hrsg. von W. Schaber, Frankfurt/M. 1965.

Karl Voß, Potsdam-Führer für Literaturfreunde, Berlin 1993.

Paul Wallich, Johannes Papritz, Hugo Rachel, Berliner Großkaufleute und Kapitalisten, Bd. 1, Berlin 1934 (die Bände 2 und 3 1938 bzw. 1939 als Manuskript gedruckt, Neudruck in drei Bänden Berlin 1967).

Peter Weiss, Die Ästhetik des Widerstands, Frankfurt am Main 1988.

Richard von Weizsäcker, Vier Zeiten. Erinnerungen, Berlin 1997.

Wendell L. Willkie, Unteilbare Welt (One World), Stockholm 1943.

Günter Wirth, Potsdam – auch ein Ort für »Innere Emigration«?, Potsdam 1991.

Eberhard Zeller, Geist der Freiheit. Der 20. Juli 1944, Berlin, Darmstadt, Wien 1963.

Carl Zuckmayer, Als wär's ein Stück von mir. Horen der Freundschaft, Frankfurt am Main 1969.

III. Spezielle Nachschlagewerke

Potsdamer Adreßbücher 1906-1918, 1932 und 1949.

SBZ-Handbuch, hrsg. von Martin Broszat und Hermann Weber, München 1990.

Die Ausbürgerung deutscher Staatsangehöriger 1933-45 nach den im Reichsanzeiger veröffentlichten Listen. 3 Bände, hrsg. von Michael Hepp und eingeleitet von H. G. Lehmann und M. Hepp, München, New York, London, Paris 1985.

Biographisches Handbuch der deutschsprachigen Emigration nach 1933.

Band I, Leitung und Bearbeitung Werner Röder und Herbert A. Strauss, München, New York, London, Paris 1980.

International Biographical Dictionary of Central European Emigrés 1933-1945. Vol. II, Part 1 (A-K) and Part 2 (L-Z), General Editors: Herbert A. Strauss, Werner Röder, München, New York, London, Paris 1983 (Band IV ist Registerband).

IV. Zitate aus Zeitungen

Zitate aus Zeitungen sind im Text im allgemeinen ausgewiesen. Hier sei nur nachgetragen:

Friedrich Bestehorn, Der Tag von Potsdam und seine Vorgeschichte, in: Mitteilungen des Vereins für die Geschichte Potsdams 4/1937 (Nr. 353).

Veit Valentin, Potsdam kämpft, in: Vossische Zeitung (sechste Beilage), Berlin, 4. März 1928.

V. Archive

Folgende Archive wurden genutzt:
– Kasack-Archiv im Deutschen Literaturarchiv Marbach
– Valentin-Nachlaß im Institut für Stadtgeschichte Frankfurt/M.
– briefliche Mitteilungen u. a. von Gerda von Normann, Hamburg

VI. Nachtrag

Im Geist bleibe ich bei Euch. Texte und Dokumente zum 100. Geburtstag von Hermann Maaß, hrsg. von Sigrid Grabner und Hendrik Röder, o. O. 1997.

Hans Graf von der Goltz, Unwegsames Gelände. Erinnerungen (u. a. an I. R. 9), Wien 1997.

Bodo Scheurig, Henning von Tresckow. Ein Preuße gegen Hitler, Frankfurt am Main/Berlin 1981.

Personenregister

In das Register wurden *nicht* alle in diesem Buch aufgeführten Namen aufgenommen, sondern – von einigen Ausnahmen abgesehen – nur die, die einen direkten Bezug auf Titel und Intention der vorliegenden Arbeit haben. Angaben in eckiger Klammer verweisen auf unterschiedliche Schreibweisen in der Literatur, in runder Klammer auf Ergänzungen.

Adenauer, Konrad 222, 247f.
Adenauer, Max 247f.
Adler, Bruno 105, 120
Allendorf[f], Johannes 195
v. Ambesser, Axel (= Axel Eugen v. Oesterreich) 162, 179
Arendt, Erich 236f.
v. Aretin (v. Tresckow), Uta 240
v. Arnim (Familie) 134

Back, Claus 177
Bäumer, Gertrud 150
Basedow d. Ä., Heinrich 69
v. Baudissin, Wolf Graf 41, 152
Baues, Ludwig 184, 218
Baumgarten, Arthur 232
Baur, Max 188
Becker, Elisabeth 136f.
Becker, Otto 69, 136f., 177
v. Bernstorff, Arthur Graf 180
Bestehorn, Friedrich 21, 22, 108
Beyer, Margarete 121f.
Beyer, Oskar 122, 189, 201
Bienek, Horst H. 215f., 216ff.
v. Bismarck-Schönhausen, Gottfried Graf 155
Bloch, Peter 184
v. Blumenthal, Hans-Jürgen 151
Bobrowski, Johannes 7, 215
Bock, Alfred 119
Boeckh, Joachim G. 231, 232

v. Boehmer, Hasso 155
Bolle, Friedrich 218
Bonneß[ss], August 131f., 133
Bonneß (Familie) 92
Borck (Prof.) 64
Borgmann, Lutz 197
Brandt, Günter 127f., 158, 177
Bransch, Günter 238, 240, 241
Braun, Walter 195ff.
Brecht, Bertolt 7, 59f., 114, 214, 216
v. Bredow, Hannah 148
Brendel(-Distler), Gisela 125, 126, 182
Breysig, Gertrud 74f.
Breysig, Kurt 74f., 203f.
v. Brockdorff-Ahlefeldt, Walter Graf 143
Brönner-Hoepfner, Elisabeth 178
Brücklmeier, Eduard 146
Brunner, Constantin 12, 83ff., 116
Brunner, Lotte 83ff.
Brunner, Rosalie 83ff.
de Bruyn, Günter 174ff.
Buber, Martin 61, 65, 118, 121, 141f., 189, 208, 212, 227
Buber-Neumann, Margarete 86ff., 211ff.
Bürgel, Bruno H. 62, 67, 169, 172, 177, 203

Bullert, Walter 69, 189
Bullert (Familie) 92
v. d. Bussche-Streithorst, Axel Freiherr 143, 154

Chemin-Petit, Hans 54, 56f., 123, 177, 188
Chemin-Petit (Familie) 56, 92
Claudius, Eduard 169, 178, 180f., 188, 238

Damaschke, Adolf 62
Dau, Else 218
Daumann, Rudolf H. 177
Dibelius, Otto 22, 24, 31, 34ff., 37f., 96, 128, 170, 182f., 221, 239
Dieckmann, Wilhelm 152
Diesel, Eugen 17, 18, 31, 66, 69, 73
v. Dietze, Constantin 96, 97f.
Dobroschke, Maria 188
Doehring, Bruno 62, 151, 152
Doehring, Johannes 152
v. Dönhoff, Marion Gräfin 92
Döring, Heinrich 103
v. Dohnanyi, Hans 150
Dreyer, Johannes 102
Droste, Gertrud 159ff.

Ebert, Erich 184, 224
Eberz, Otfried (Jakob Maria Remigius) 188
Eckstorff, Erich 93f.
v. Egidy, Moritz 61, 207f., 210
v. Einsiedel, Heinrich Graf 245
v. Einsiedel, Wolfgang 110
Einstein, Albert 70ff., 85f., 201, 208, 229, (237)
Einstein, Elsa 71f.
Elter, Heinrich 93

Eltester, Walther 170
Engel, Eduard 73, 123
Enterlein (Schönherr), Hilde 99, 101
Erpel, Fritz 93, 224
v. Estorff, Albrecht 180
v. Etzdorf, Hasso 158

v. Falkenhausen, Friedrich Freiherr 96, 110f.
Feldkeller, Paul 174
Fellenberg, Otto 93
Finck, Werner 75ff.
Finker, Kurt 148, 235f.
Foerster, Friedrich Wilhelm 205, 206, 208, 210
Foerster, Karl 66, 67, 73, 106f., 113, 128f., 170, 177, 179, 189, 196, 201f., 205f., 208, 210, 217, 229, 245
Foerster, Wilhelm 67, 116, 196, 201f., 203, 205, 208, 210
Fontane, Theodor 8, 9, 13, 122, 127, 175, 233, 241
Fraenger, Wilhelm 67, 170, 229ff., 231
Fritzsche, Hans 132, 148, 155
Funke, Gotthold 98f.
Furtwängler, Wilhelm 66, 80f., 112ff., 168, 177, 191, 210

Gebhardt, Martin 93
Gereke, Günther 26f.
Giersberg, Hans-Joachim 13, 242
Glogau, Emil August 178
Goerdeler, Carl 142, 145, 148, 153, 154, 158f.
Görnandt (Frau) 96
Görnandt, Werner 24, 31, 35, 96, 102

Personenregister

Goetz, Wolfgang 163, 164
Gorvin, Joana Maria 190
Gothein, Percy 66, 229
v. Gottberg, Anni 96, 97f., 101, 147, 182
v. Gottberg, Helmut[h] 147, 154, 155, 157
Grauer, Eberhard 197, 225
Grell, Brigitte 197
Grisebach, August 126f., 128, 169, 188
Grisebach, Hanna 127, 128
Grotrian, Walter 202
Grünbaum, Kurt 94
Grünbaum, Werner 94
Guardini, Romano 63
Gutkind, Erich 61
Guttmann, Erich 118
Gyßling, Hans[-]Werner 185

Haas, Willy 73, 214
Habermann, Max 144f., 158f.
Hadermann, Ernst 232
Haeckel, Ernst 46
Haeckel, Julius 46, 108
v. Haeften, Hans 30
v. Haeften, Hans-Bernd 151, 156, 157
v. Haeften, Werner 148, 151, 154, 156, 157
Haendler, Wilhelm 56
Hagemeister, Karl 66f.
Hammel, Claus 12, 242ff.
Hammer, Walter 220
v. Hammerstein, Ludwig Freiherr 154, 155
v. Hardenberg (v. Oven), Margaret[h]e Gräfin 138, 151
v. Hardenberg, Carl-Hans Graf 147

Hartke, Wilhelm 62
Hartmann, Nicolai 74
Hartung, Hugo 170, 179
Hartung, Otto 93
v. Hase, Paul 155
v. Hassell, Ulrich 153
Hassenstein, Friedrich 94, 145
Hauser, Wilhelm 232
Heidkamp, Gertrud 89
Heidkamp, Karl 17, 18, 31, 63, 88f., 189
Heidtmann, Günter 177, 197
Heinrich, Karl 93
Held, Eva 148, 154
Hentze, Reinhard 92ff.
v. Heppe, Hans 146
Herriot, Edouard 161f.
Herwarth v. Bittenfeld, Hans-Heinrich 157f.
Herzfeld, Gustav 123
Hesse, Hermann 66, 134, 186, 187f., 208
Hesse, Herwig 224f.
Hielscher, Friedrich 141ff., 145, 148, 150, 151, 210
Hirschfeld, Fritz 123ff.
Hirschfeld, Grete 124
v. Hirschfeld, Hans 40f.
Hofer, K(C)arl 161f.
Hoffbauer, Clara 100
Hoffbauer, Hermann 100
Hollmann, Werner 188, 227ff., 229, 230f., 236
Hollmann (Familie) 230f.
v. Hornstein, Erika 52f.
Huchel, Peter (Helmut) 56f., 73, 92, 93, 102, 129f., 177, 191ff., 213f., 214f., 218, 224f., 226, 229, 236
Hübner, Heinz Werner 38ff.

Hünecke, Hedwig 65
Hürlimann, Martin 83, 110
Hupfeld, Hans 176

Ihlenfeld, Kurt 31, 102

Jaeckel, Max (Buchhandlung) 147
Jaspers, Karl 61 f., 66, 126
Joachim, Richard 90
Josephson, Joseph 118, 119
Josephson, Raphael 118, 119
Jugo, Jenny 170
Justi, Ludwig 17, 80, 110, 163, 169, 190

Kaelter, Robert 119
Kaiser, Jakob 145, 158 ff., 167, 247
Kaldewey, Paul 197
Kaldewey (Familie) 92
v. Kameke, Egon 66
v. Kameke, K[C]arl-Otto 153
Kania, Hans 46, 64, 92, 108
Kann, Wilhelm 140
Karsch, Walther 74
Kasack, Hermann 8, 28, 29, 30, 31, 46, 49, 66, 67, 69, 81, 83, 93, 95, 97, 102, 103, 110 f., 115, 117, 119, 127, 128, 130 f., 133, 134, 135, 136, 140, 170, 178, 184, 185 ff., 188, 189 ff., 191 f., 193, 202, 204 f., 215, 217, 229
Kasack, Maria 134
Kasack, Richard 46, 69
Kayser-Eichberg, Carl 66, 69
Kellermann, Bernhard 73, 94, 104, 169, 170 ff., 176, 177, 178, 184, 229

Kempff, Wilhelm sen. 54, 56, 57, 223
Kempff, Wilhelm iun. 54 ff., 66, 73, 77, 78, 81, 112, 177, 188, 198, 210, 223, 235
Kempner, Robert W. 209
Kesten, Hermann 81
Kienle, Hans 202 f.
Kiepenheuer (Hürlimann), Bettina 81 ff., 83
Kiepenheuer, Gustav 81, 83, 92, 167
Kiepenheuer, Irmgard 81, 112
Kiepenheuer, Wolfgang 112
Kitschke, Andreas 137
Klarén, Georg C. 163 f.
Klausing, Friedrich Karl 155
v. Kleist, Ewald Heinrich 132, 148, 154, 155
v. Kleist, Heinrich 13, 103, 163, 216
Klepper, Hanni 110 f., 115
Klepper, Jochen 31, 110 f., 115, 234, 238
Knodel (Feldwebel) 154
Koch, Werner 24, 37 f.
Köhler, Charlotte 224
Köhler, Erwin 184, 218, 224
v. Koenigswald, Harald 73, 110 f., 115, 229
Köppen, Edlef 75
Korfes, Otto 151
Kraschutzki, Heinrich 207
v. Krieger, E. 212
v. Krieger, Svea 212
Krieger, Ulrich 225
v. Krockow, Christian Graf 10
Krumbholtz, Ferdinand 178
Krummacher, Theodor 99
Kühne, Johannes 89, 96, 100 f., 104

Personenregister

Kükelhaus, Hermann 167
Kükelhaus, Hugo 167
Kunkel, Kurt 97
Kunzendorf, Gottfried 150f., 209, 235
Kurth, Willy 17, 169

Lahr, Friedrich (Fritz) 24, 35, 96, 170, 222, 223
Lahr, Horst 221 ff.
Lahr, Mechthild 223
Lahr, Rolf 221 ff.
v. d. Lancken, Fritz 147
v. d. Lancken (Familie) 92, 180
Landgrebe, Karl 93
Landmann, Elisabeth 184
Landshoff, Fritz 81
Lattmann, Dieter 223
v. Lauppert, Albert 123
Lazarus, Julius (Uli) 125
Lepsius, Johannes 62, 80, 208 ff.
Lepsius, Veronika 80, 209
Le Seur, Paul 101, 210, 227
v. L'Estocq, Christoph 41
Liebknecht, Otto 8, 169 f.
Liebmann, Ernst 102 f.
Lindemann, Fritz 158
v. Linstow, Hans Otfried 155
Loerke, Oskar 66, 102, 117, 130, 192, 193
Loe[ö]wenfeld, Claire 89 ff., 104 f., 116, 119 ff.
Loe[ö]wenfeld, Günther 89 ff., 104 f., 119 ff.
Loe[ö]wenfeld, Peter 120
Loe[ö]wenfeld, Verena 120
Lorenz, Caroline 136 f.
Louis Ferdinand (Prinz) 94
v. Luckner, Heinz Graf 168, 189

v. Lüninck, Ferdinand Freiherr 141 ff., 146, 148, 151, 155
Lütgert, Wilhelm R. 73, 97
Luther, Hans 153, 210

Maaß, Hermann 148 ff., 158, 177
Maaß, Uta 148 f.
Maaß-Habich, Eva 149 f.
de Maizière, Lothar 234, 246
Mann, Thomas 14, 68, 94, 134, 193
Manoury, Karl 177
Marchwitza, Hans 169, 178
Marchwitza, Hilde 178
Matschenz, Helene 113 f.
Mattern, Hermann 73
Mayer, Karl Leopold 19 f., 119
Meier, Otto 7, 8
Mennicke, C[K]arl 70
Mertz v. Quirnheim, Albrecht Ritter 151
Mertz v. Quirnheim, Hermann Ritter 151 f.
Meyer, Hans-Joachim 234
Meyer, Hans-Werner 178
Meyer, Werner 178, 232
Meyer-Heidkamp (Müller), Christa 189
v. Mirbach, Ernst 123
v. Mirbach, Maimi 123 ff., 128, 158, 181 f.
v. Mirbach-Treichel, Gisela 123, 181 f.
v. Mirbach-Treichel, Marina 123, 181 f.
v. Moltke, Helmuth James Graf 94, 139, 148
Müller-Grote, Karl 74, 199

Nagel, Otto 169, 191
Narr, Charlotte 224
Nebgen, Elfriede 158ff., 247
Neher, Caspar(-Rudolf) 83
Nell, Peter (= Kurt Heinze) 178, 216
Neumeyer, Alfred 63f., 110
Niederastroth, Hugo 69, 178
Niekisch, Ernst 10, 11, 193
Niemöller, Martin 97, 102, 240
Niemoeller-v. Sell, Sibylle 240
Nippoldt, Alfred 62, 69
Nippoldt-Böhler, Ria 68ff.
v. Normann, Helmut 147
v. Nostitz, Hans Ernst Gottfried (Gogo) 154
Nuschke, Otto 196

v. Oesterreich, Fanny (= Tante Fanny) 162, 180
v. Oppen, Georg-Sigismund 132, 155
v. Ossietzky, Carl 65, 74
Otto, E. R. (Ernst Richard) 69

Pechel, Rudolf 50, 188
Peek, Werner 232
Pflug, Hans 115
Pietschker, K[C]arl 204
Pietschker, Werner Alfred 204
Pincus, Fritz 89ff., 104f., 119ff.
Pincus, Lily 89ff., 104ff., 116, 119ff., 211
v. Plettenberg, Kurt 142f., 150f., 240
Poczka, Niels 134
Poelchau, Harald 83
Poelzig, Hans 46, 69, 71
Polnariow, Alexander 123
Porikys, Gunnar 188

Posth, Walt[h]er 185
Priebe, Hermann 142f., 151, 155ff.
Pritzkow, Walter 93, 102
Protte, Alfred 17, 30, 83, 93, 103

Rabien, August 64
Rabien, Ernst 63ff.
Rabien (Frau) 63f.
Rabien, Hugo 63f.
Rathenau, Walther 61, 84ff.
Rauer, Max 169, 170, 195
Rauscher, Arno 177f.
Rave, Paul Ortwin 110
Redslob, Edwin 62, 66, 189
Reich, Ines 148
Reiche, Steffen 93
Reisner, Erwin 127f.
v. Rentzell, Marga 180
Riehl, Alois 73
Riemerschmidt, Ulrich 191ff.
Röder, Hendrik 225f.
Rö[oe]hrig, Karl 69
v. Roenne, Alexis Freiherr 155
v. Rohr, Sigrid 136f.
Rudnitzky, Oskar 123
Rutenborn, Günter 185

Sarre, Friedrich 73
Schadewaldt, Wolfgang 66, 168, 189
Schäfer (Frau) 107ff.
Schäfer, Karl Heinrich 69, 107ff., 151
Schäfer, Renate 109
Schäfer, Richard 209
Scharf, Kurt 98, 101
v. Scheliha, Günther 158
v. Scheliha (Familie) 92, 158
v. Schilling, Mechthild 148

v. Schleicher, Kurt 32
Schlemmer, Hans 232
Schleusener, Frank 69, 184, 218
v. Schlieben, E. M. Gräfin 180
v. Schlieben, Richard [-]Thassilo Graf 180
Schlotterbeck, Friedrich 12, 13, 238 ff.
Schneider, Reinhold 32, 46 ff., 58, 64, 68, 70, 80, 110, 134, 150, 158, 233, 248
Schnell, Gabriele 123 ff., 181 f.
Schobeß, Joachim 233
Schönemann, Heide 112, 114
Schönherr, Albrecht 97 f., 98 ff., 101
Schoeps, Hans-Joachim 10, 11
Schollwer, Wolfgang 218 ff.
Schreiber, Charlotte 117 f.
Schreiber, Hermann 8, 104, 117 ff.
Schreiber, Paul 117, 118 f.
Schuke, Alexander 229
v. d. Schulenburg, Fritz-Dietlof Graf 132, 138, 139 f., 141 ff., 143 f., 146 f., 148, 151, 153, 154, 155, 156
Schulze-Berghof, Paul 178
Schwarzschild, Karl 202
v. Schwerin, Detlef Graf 132, 138, 147, 153 ff.
Schwerin v. Schwanenfeld, Ulrich-Wilhelm Graf 146, 154, 155
v. Sell, Friedrich Wilhelm 240
v. Sell, Ulrich 52 f., 80, 150, 151, 181
Seyppel, Joachim 165 f., 233, 235
Siedler, Wolf Jobst 11
Siegmund-Schultze, Friedrich 210
Simon, Ernst 118
Sinn, Richard 161 f.

Skutsch, Karl Ludwig 127
Söhngen, Oskar 57
Sombart, Werner 74, 102
Spiegel, Georg 177
v. Sponeck, Hans Graf 155
v. Sponeck (Familie) 92
Spranger, Eduard 152
Sprotte, Siegward 66 f., 73, 117, 188, 206
Sprotte, Walther 178
Stargardt, Ernst 94
Stargardt, Jürgen 94
v. Stauffenberg, Berthold Graf Schenk 148, 154
v. Stauffenberg, Claus Graf Schenk 28, 142, 148 f., 150, 154, 157, 158, 235 f.
Stechele, Wolf 93
Stein, Edmund (Druckerei) 64
Steiner, Franz 170, 176, 205, 216
Steiner, Paula 176
Steinhoff, K[C]arl 172 f., 176
Stichnote, Annemarie 133 f.
Stichnote, Werner E. 66, 133 f., 167 ff., 185, 188, 189, 192, 219
Stitzer, Karl 178
Stolpe, Manfred 241
Stolte(-Iwer), Adele 197
Stolte, Konrad 177, 197
Strecker, Paul 168
Süring, Reinhard 202
Suhrkamp, Peter 66, 67, 130, 131, 133 f., 168, 197, 206

Thomas, Johannes 232
Tietze, Ekkehard 229
Tillich, Paul 30, 70, 74, 83, 90 f., 104, 116
v. Tresckow, Henning 28, 49, 138, 139, 140, 146, 152, 157, 240

v. Tresckow (Familie) 146, 151
Tripmacker, Wolfgang 132
v. Trott zu Solz, Adam 83, 103, 105, 154

Ullmann, Wolfgang 246

Valentin, Veit 23, 29, 30, 31, 60f., 63, 70, 95, 151, 163
v. Veltheim, Hans Hasso 186, 188, 229
Viebeg, Robert Heinrich Hugo 96
Vogel, Johannes 73, 118
v. Voß, Hans-Alexander 155

Wachsmann, Konrad 71 ff.
Wächtler, Ulrich 102
Wagner, Rudi 173
Wagner, Siegfried 157
Wallich, Paul 122 f.
v. Wedel, Julia Gräfin 127

Wei[ß]ss, Peter 15, 135
v. Weizsäcker, Richard 153
Wendland, Christian 225 f.
Wendland, Winfried 225
Wenzel, Georg 94
Wiener, Alfred 117, 119
Wilk, Werner 170, 173 f., 177, 192 ff.
Wilmsen, Friedrich 94
Winnig, August 62, 77 ff., 101, 142 f., 143 ff., 150, 158, 227
Winterhager, Jürgen W. 100
v. Witzleben, Job(st) 235
Wolf, Erika 184
Wolf, Wilhelm 184
Wolff, Andreas 167

Zappe, Hans 69, 92
Zborowski, Ernst 184
Zeller, Magnus 111, 177
v. Zitzewitz, Henry 95

Nachbemerkung

Es sollte wenigstens angemerkt sein, daß Ufastadt, die DEFA, das Babelsberger Filmgelände, dieser historische und ästhetische Ort eigener Art, ausgeblendet bleibt. Man müßte – auch im Sinne unseres Ansatzes – ein eigenes Buch hierüber schreiben. Analoges gilt für die Entwicklung der Bürgerrechtsbewegung in Potsdam, über die es allerdings ein Buch im Sinne unseres Ansatzes gibt: *Widerstand in Potsdam*, Berlin 1999 (vgl. S. 253).

Eckige Klammern im Text enthalten Erläuterungen des Verfassers. Hervorhebungen im Originaltext sind nicht immer berücksichtigt.

Der Dank des Verfassers gilt: Dr. Siegfried Unseld, der die Idee zu diesem Band hatte; Dr. Sigrid Grabner, Potsdam, die ihn immer von neuem in seinem Vorhaben bestärkte; Gunnar Porikys, Potsdam, dem manche Anregung zu verdanken war; Dr. Peter Walther, Berlin, der an der Herstellung der letzten Fassung mitwirkte; der Staatsbibliothek zu Berlin-Preußischer Kulturbesitz, Unter den Linden, wo die meisten der hier zitierten Bücher zu finden waren, sowie dem Brandenburgischen Literaturbüro und der Landeshauptstadt Potsdam, die das Unternehmen unterstützten. Außerdem ist Gabriele Hempel, Berlin, und Eberhard Wesemann, Leipzig, zu danken. Vor allem danke ich meiner Frau (aus Nowawes) für ihre Geduld.

»Betrachtungen und Erinnerungen«
Hans Mayer im Suhrkamp Verlag
Eine Auswahl

Hans Mayer, Literatur- und Kulturwissenschaftler und einer der letzten Universalgelehrten, wurde 1907 in Köln geboren. Er studierte Jura, Geschichte und Philosophie, emigrierte von 1935 bis 1945 nach Frankreich und in die Schweiz. Von 1948 bis 1965 lehrte er Literaturgeschichte in Leipzig. Hans Mayer lebt in Tübingen.

Brecht. 510 Seiten. Leinen

Goethe. Herausgegeben von Inge Jens. 448 Seiten. Leinen

Richard Wagner. Herausgegeben von Wolfgang Hofer. 620 Seiten. Leinen

Gelebte Musik. Erinnerungen. 240 Seiten. Leinen

Zeitgenossen. Erinnerungen und Deutungen. Leinen und st 3015. 374 Seiten

Ein Deutscher auf Widerruf. Erinnerungen I. Leinen und st 1500. 430 Seiten

Ein Deutscher auf Widerruf. Erinnerungen II. Leinen und st 1501. 412 Seiten

Reden über Deutschland. (1945-1993). BS 1216. 218 Seiten

Reden. Zwei Bände. 619 Seiten. Leinen in Kassette. Auch einzeln erhältlich

Reisen nach Jerusalem. Erfahrungen 1968-1995. st 2903. 173 Seiten